정연주의 기록

동아투위에서 노무현까지

동아루 위에서

청연주
기록 의

노무현까지

유리창

사상의 은사 故리영희 선생의 편지

오늘 아침 사설 〈야만의 시대〉는 한국 언론사에 어쩌면 〈시일야방성대곡是日也放聲大哭〉
이래 처음의 대사설(명사설)로 후세에 길이 빛날 것을 믿소. 한 언론인으로서, 그 직업 생
애에서 그 같은 사설 한 편 남기고 물러날 수 있다면, 그보다 큰 영광과 기쁨은 없을 것이
오. 한겨레신문도 이 사설로 그 존재 이유를 재확인했고, 한겨레신문 독자들은 이 '야만
의 시대'에 한겨레신문 독자임을, 그리고 훗날에는 그 독자였음을, 두고두고 자랑스럽게
말할 수 있게 되었소.

미국의 일방주의를 비판한 정연주의 사설을 보고

젊은 벗들에게 보내는 글 —
우리 시대 언론의 역사와 현실

세월이 참 빠르다. 동아일보사에 입사하여 언론계에 첫발을 들여놓은
게 얼마 전 같은데, 벌써 만 40년 전의 일이다. 그러고 보니 언론 문제
를 가슴에 품고 살아온 지도 40년이나 되었다. 그 세월 속에 이런저런
우여곡절도 적지 않았다.

'사람이 사람답게 살 수 있는 세상'을 만드는 일에 아주 조그마한 기
여라도 했으면 하는 마음으로 언론계에 발을 들여놓은 20대 햇병아리
기자 시절. 그러나 박정희 군부독재 아래서 권력에 대한 비판·감시 기
능은커녕 가장 기본인 '사실 보도'조차 하지 못했던 언론에 조롱과 비
판, 분노는 컸다. 그러던 어느 날 유신 독재에 저항하는 농성장에서
'개와 기자는 접근 금지'라는 팻말을 마주 대한 나는 한없는 부끄러움
으로 하늘을 볼 수가 없었다. 그 부끄러움에서 벗어나기 위해 동아일
보사의 젊은 언론인들은 1974년 10월 24일 '자유 언론 실천 선언'을 했
고, 군부독재 권력에 박탈당했던 '자유 언론'을 조금씩 찾아왔다. 그리
고 끝내 유신 독재 권력과 결탁한 회사 경영진에 의해 해직되는 아픔
을 맛보았다.

해직되면서 펜을 빼앗기고 직장을 잃은 뒤, 허허벌판 같은 세상에 살았다. 긴급조치 9호 시절에는 감옥에 갇히고, 전두환 쿠데타 이후에는 '국기 문란자'로 수배되어 떠돌아다니는 '도망자' 신세가 되기도 했다. 내가 한창 도망 다닐 때 연로한 부모님이 미국 형님네로 떠나셨다. '1계급 특진에 현상금 200만 원' 때문이었을까, 경찰은 공항까지 나를 잡으러 나왔다. 나는 부모님을 배웅하지 못했고, 부모님은 그 뒤 미국에서 세상을 떠나셨다. 나는 그렇게 부모님을 저세상으로 떠나보낸 불효자다.

부모님 묘소에 절하러 미국으로 갔다. 1982년 11월의 일이다. 여권을 받는 것도, 미국으로 가는 것도 참 어렵던 시절이다. 유일한 방편은 유학이었고, 서른여덟 늦은 나이에 경제학 공부를 다시 했다. 박사 학위를 끝낼 즈음 기적처럼 한겨레신문이 탄생했고, 나는 워싱턴 특파원으로 11년을 보냈다. 그때는 마침 냉전이 해체되는 과정이었고, 세계 정치의 중심이라 할 수 있는 워싱턴에서 냉전이 무너지는 모습을 지켜보았다. 바깥세상은 바뀌는데 한반도는 여전히 '냉전의 섬'으로 남았고, 그 한가운데서 북한 핵 문제는 늘 뜨거운 쟁점이었다.

2000년 6월, 18년 동안 이어진 미국 생활을 끝내고 귀국했다. 한겨레 논설위원과 논설주간을 하면서 행복한 시간을 보냈다. 수구 언론과 치열하게 싸우면서 '조폭 언론' '조·중·동'이라는 표현을 처음으로 쓰기도 했고, 남북 정상회담, 9·11테러 사건, 2002 한일 월드컵과 '바보 노무현'의 대통령 당선, 미국의 이라크 침공 등 여러 사건들을 지켜보면서 한겨레 논설이 제 역할을 하도록 전념했다. 그러다가 2003년 4월 말, KBS 사장이 되었다.

이 이야기들을 모았다. 이 책은 2002년 말에 출판되었다가 지금은 절판된 《서울-워싱턴-평양》을 크게 개정·보완한 것이다. 이 작업은 전적으로 출판회사 유리창 우일문 선생의 노력에 따른 것이다. 그가 책의 얼개를 새로 짜고, 나는 그의 요청에 따라 원고를 가감·수정하고 필요한 부분을 새로 썼다. 동아일보사에 입사하기 전인 고등학교와 대학 시절의 이야기, 바보 노무현과 KBS 사장이 되는 과정의 이야기는 모두 이번에 새로 쓴 것이다.

한편으로 부끄럽지만, 이 책을 지금 발간하는 이유는 간단하다. 내가 언론인으로 살아온 반세기 가까운 우리 시대의 이야기, 특히 언론과 관련된 우리 역사와 현실을 젊은이들이 이해하는 데 조금이라도 도움을 주고 싶어서다. 대학에 가서 강연을 할 때 지금 우리 사회 모순과 질곡의 뿌리가 된 군부독재 시절의 역사, 특히 언론의 이지러진 얼굴을 이야기하면 젊은 후배들은 '신기한 듯' 듣는다. 그들에게 좀더 자세한 이야기를 전해주고 싶었다. 이 책을 발간한 가장 큰 이유다.

나는 평생 많은 이들에게 커다란 사랑의 빚을 지고 살아왔다. 내가 어려울 때 물심양면으로 도와준 벗들과 선배들에게 이 자리를 빌려 고마움을 전한다. 무엇보다 나와 결혼하여 온갖 어려움을 겪으면서도 늘 든든한 기둥이 되어준 아내 조영화, 소년 시절을 함께 하지 못해 아픔을 준 두 아들 영빈과 웅세에게 이 책을 바친다. 그들의 사랑이 나를 지켜주었다.

2011년 여름
정연주

| 차례 |

5부 | 다시 기자가 되다

1부
절망부터 배운 올챙이 기자

절망부터 배운 올챙이 기자

—수습기자 연판장 사건

사람들은 모두 자기가 선택한 직업에 대한 긍지와 의미가 있을 것이다. 내게 기자라는 직업은 종교적인 것이었다. 노아의 방주 이야기는 내가 기자라는 직업을 선택하는 데 매우 중요한 영향을 주었다.

노아는 40일간 대홍수가 난 뒤에 바깥세상을 알아보기 위해 비둘기를 내보냈다. 비둘기는 얼마 뒤 나뭇가지 하나를 물고 방주로 돌아왔다. 노아는 비둘기가 물고 온 나뭇가지를 보고 암흑시대가 끝났음을 알았다. 아무것도 알 수 없는 캄캄한 방주 밖으로 나간 비둘기가 물고 온 나뭇가지는 암흑시대가 끝났음을 알리는 진실이고 희망이었다. 그리고 비둘기는 노아 시대의 언론이었다.

나는 작은 비둘기가 되기 위해 기자가 됐다. 1970년 12월 동아일보 출판국 기자로 입사했을 때, 많은 선배들은 하필이면 지금 같은 암흑기에 기자가 되려 하느냐고 힐난했다. 술자리에서도 그랬고, 맑은 정신에도 자조적인 소리를 했다. 이제 막 비둘기가 되어 날아보려는 우

18

리에게 선배들은 절망부터 가르쳐주었다.

절망과 좌절은 날이 갈수록 더했다. 당시 동아일보를 담당하던 중앙정보부 '방 중령'은 편집국을 제집 드나들듯 하면서 신문 제작에 간여했다. 박정희 정권의 눈에 조금이라도 어긋나는 기사가 나가면 선배들은 남산(중앙정보부 건물이 남산에 있었기에 중앙정보부를 '남산'이라고 지칭했다)으로 잡혀가 얻어터지고 왔다. 그런 일이 반복되다 보니 기사를 쓸 때부터 기자들이 알아서 기기 시작했다. 무서운 자기 검열이었다. 그것은 마치 원죄처럼 우리 몸의 일부가 되어갔고, 그것은 언론인 영혼의 죽음이었다.

처음에는 그런 자신이 밉고 증오스러웠으며, 언론 풍토에 절망했다. 그러나 시간이 지나면서 자기도 모르는 사이에 조금씩 자신의 한 부분이 허물어지기 시작했고, 절망적인 언론 풍토에 익숙해졌다. 결국 벼랑 끝까지 밀려가고 만 것이다.

월간 《신동아》에 근무하던 1972년 봄으로 기억한다. 동아일보 사회부 기자로 법원을 출입하다가 외신부로 자리를 옮긴 김두식 선배(전 한겨레신문 사장, 2010년 9월 작고)가 찾아왔다. 나보다 2기 선배인 그는 매우 긴장된 표정이었다.

"다방이나 음식점은 위험하니 그냥 걸으면서 얘기하자."

당시 분위기가 그랬다. 다방에서 얘기할 때도 누가 엿들을까 봐 늘 두리번거렸다. 공포가 사회 곳곳에 연탄가스처럼 스며들었다. 우리는 광화문 동아일보 사옥을 중심으로 무교동 일대를 걸으며 얘기했다.

"연판장 사건 때문에 애먹었지?"

1971년 여름의 일이다. 수습기자 시절(당시 동아일보의 수습 기간은 1년이었다), 함께 입사한 동료가 갑자기 해고당했다. 출판국 사진기자로 들어온 동료라 나와는 각별한 사이였다. 그에게 실수와 잘못이 없지 않았지만, 그게 해고 사유는 아니었다. 그리고 우리는 아직 배우는 처지에 있는 '수습 기간'이 아닌가?

나는 출판국장에게 해고는 사형선고와 같다며 철회해달라고 간청했다. 그의 집을 찾아가기도 했다. 그러나 내려진 결정을 번복할 수 없는 상황이어서, 동기생들이 모여 대책을 논의했다. 연판장을 만들어 김상만 동아일보 사장에게 직접 호소하자는 의견이 모아졌다. 이 연판장은 입사 동기인 강정문과 내가 작성했으며, 동기생 일동이 서명했다. 연판장을 사장 비서실에 제출한 다음 날, 김성한 출판국장이 나를 급히 불렀다.

"연판장을 제출했다는데, 주동자가 누구야?"

그의 목소리에는 노기가 가득했다.

"동기생 일동이 서명한 것인데, 주동자가 어디 있습니까? 우리의 뜻을 모은 것입니다."

"그래도 연판장을 작성하고 일을 주동한 인물이 있을 거 아냐?"

"연판장을 쓴 사람으로 주동자를 찾으신다면, 제가 주동잡니다."

"지난번 집에 찾아왔을 때 끝낸 얘긴데, 왜 또 이 문제를 가지고 시끄럽게 굴면서 사장님께 연판장을 올리고 그래?"

"국장님께 얘기해서 해결이 안 됐으니 회사 최고 책임자에게 마지막으로 호소한 것입니다."

김상만 사장은 연판장을 받고 화가 머리끝까지 났다고 한다. 연판장 내용은 읽어보지도 않고, 연판장을 냈다는 자체에 분기탱천했다는 것이다. 새파랗게 젊은 녀석들이 대학에서 데모하던 만용을 신문사까지 와서 부리다니, 당장 주동자를 찾아 엄벌에 처하라며 크게 화냈다는 얘기를 나중에 들었다. 결국 편집국과 출판국 수습기자들을 상대로 주동자 색출 작업이 벌어졌고, 강정문과 내가 연판장을 쓴 주동자로 밝혀졌다.

징계 받던 날의 모습을 지금도 생생하게 기억한다. 아주 무더운 8월이었다. 나는 《신동아》에서 수습 중이었는데, 《신동아》를 비롯한 출판국은 광화문 동아일보 별관 사옥에 있었다. 2층짜리 목조건물인 별관은 계단을 오르내릴 때마다 삐걱삐걱 소리가 났다. 지금 그 자리에는 거대한 동아일보 신사옥이 들어섰다. 낡은 건물인데다 에어컨 장치가 아예 없어 여름에는 말 그대로 비지땀을 흘리며 기사를 써야 했다. 더위를 식혀주는 것이라곤 선풍기가 고작인데, 그마저 원고지를 날려버리기 때문에 일하는 책상 아래쪽 다리에나 겨우 바람을 쐬일 정도였다. 그러니 여름에 넥타이를 매고 정장 차림을 한 사람은 거의 없었다. 온몸에 비지땀이 흐르는 무더위에 어떻게 목을 죄는 넥타이를 매고 양복을 입을 수 있겠는가.

그 무덥던 8월 어느 날 오전 10시쯤, 김성한 국장이 급히 나를 찾더니 사장실로 가자고 했다. 김 국장 뒤에 서서 본관 쪽으로 건너가는데, 2층 별관과 본관을 이어주는 긴 나무 복도 위로 뜨거운 열기가 훅 다가왔다. "빌어먹을, 오늘도 무진장 덥겠군." 나는 툴툴거리며 사장실로 향했다. 사장 비서실에서 기다리는데, 강정문이 박권상 편집국장(전 KBS 사장)과 함께 들어왔다. 강정문과 나, 박권상 편집국장과 김성한 출판국장이 사장실로 들어섰다.

그 순간, 갑자기 세상이 무진장 시원해졌다. 에어컨 바람이 정말 시원했다. '아, 세상에 이렇게 시원한 곳도 있구나.' 나는 그 생각뿐이었다. 김상만 사장은 입구에서 꽤 떨어진 책상에 앉아 있었다. 그는 우리가 들어서자 한동안 우리 쪽을 응시하더니, 얼굴이 이지러지기 시작했다. 그리고는 무조건 손을 휘저으며 강정문과 나더러 나가라고 손사래를 쳤다. 영문을 알 수가 없었다. 우리는 비서실에서 엉거주춤 서 있었다. 얼마 지나지 않아 김성한 국장이 나오더니, 버럭 화를 냈다.

"이 사람아, 징계를 받으러 사장님 앞에 오면서 옷차림이 그게 뭐야? 빨리 가서 양복 빌려 입고 와!"

징계를 받으러 온 녀석들이 남방셔츠 차림으로 사장실에 들어서는 것을 보고 김상만 사장이 무척 화가 났던 것이다. 별관으로 가는 동안 온갖 생각이 어지럽게 교차했다. 전날 밤 강정문과 술을 마시면서 나눈 얘기도 떠올랐다. 우리는 징계를 받으면 바로 회사를 그만두기로 했다. 도대체 이런 일로 징계하는 회사에 무슨 희망이 있겠느냐며 울분을 토했다. 입사한 지 8개월밖에 되지 않았는데, 우리는 절망과 자조, 울분과 체념 속에서 거의 매일 술에 취해 보냈다. 회사 바깥세상은 박정희 독재가 언론을 압살하고, 회사 안은 김상만 사장이 황제처럼 군림했다. 강정문과 나는 우리의 젊음이 더 엉망으로 부서지기 전에 이 치사한 곳을 떠나자고 했다.

그런데 이게 뭐야? 이 더운 여름에 양복을 입지 않고 사장실에 들렀다고 야단을 쳐? 에어컨이 잘 나오는 사무실에 앉아 있으니, 별관 2층의 그 혹독한 더위를 알 리 있으랴. 저런 몽매한 인간과 싸움 같은 싸움도 한번 해보지 못하고 그냥 물러서?

그즈음 나는 도스토예프스키의 《카라마조프의 형제》에서 읽은 한 구절을 몹시 좋아했다.

"내 나이 서른 이전에 내 앞에 놓인 이 쓴 술잔을 내 입에서 떼지 않겠노라."

얼마 뒤 강정문과 나는 김상만 사장 앞에 서 있었다. 우리는 한동안 헤매면서 간신히 양복 윗도리를 빌려 입었다. 김상만 사장이 일장 훈시를 했다.

"도대체 너희는 기본이 안 된 놈들이다. 징계를 받으러 사장 앞에 불려온 놈들이 복장이 그게 뭐냐."

김상만 사장은 우리가 남방셔츠를 입고 들어온 데 정말 화가 난 모양이었다. 그는 한동안 그 문제로 고함을 질러대더니 대학에서 데모하던 기분으로 회사에 다니느냐고, 그래서 사장한테 연판장을 써대는 버르장머리 없는 짓을 하느냐고 야단쳤다. 그는 우리의 옷차림과 연판장을 제출한 행위에 화내고 고함쳤을 뿐, 정작 이 모든 일의 핵심인 동료 기자의 부당 해고 문제는 일언반구도 하지 않았다.

사장실에서 나왔다. 한 편의 코미디를 보고 난 기분이었다. 강정문에게 말했다.

"나, 사표 내는 것 취소다."

"더러운 꼴 더 보려고?"

"저런 인간하고 싸움 같은 싸움 한번 못 해보고 물러설 수는 없어!"

"나는 더러워서 관둘란다."

나는 그를 만류하지 않았다. 어차피 자기 삶을 책임질 나이가 됐으며, 다른 사람에게 살아가는 길을 강요할 수도 없는 터였다. 강정문은 그 길로 사표를 던졌다. 그는 입사 동기 중에서도 기자의 자질이 돋보이던 인물이다. 강정문은 사표를 내고 2주일 동안 회사에 나오지 않았지만, 그의 능력을 아끼던 선배들이 집으로 찾아가 사표를 철회하라고 끈질기게 요구했다. 수습기자가 사표를 냈는데도 선배들은 후배를 아꼈다. 당시 선후배 사이에는 훈훈한 정이 있었다. 결국 그는 회사로 돌아왔고, 나와 함께 1975년 3월 17일 동아일보에서 쫓겨났다. 그 뒤 광고계에서 우뚝 솟는 인물이 된 그가 1999년 봄, 갑작스럽게 세상을 떠나고 말았다. 나는 지금도 그가 죽었다는 게 믿기지 않는다.

김상만 사장은 연판장 사건 이후 수습기자를 뽑지 않았다. 젊은 녀석들이 철없이 연판장이나 돌리고 사장에게 대든다는 것이 이유다. 그래서 1970년 12월에 입사한 우리 13기 동기생은 1975년 봄 대량 해고 사태가 있을 때까지 후배를 맞지 못하고 만년 막내로 남았다. 동아일보 해직 뒤 구성된 동아자유언론수호투쟁위원회(동아투위)에서도 우리는 늘 막내로 남았다.

개와 기자는 접근 금지

—실패한 거사 음모, 박정희의 유신 선포

김두식 선배가 얘기한 연판장 사건의 배경은 바로 이랬다. 그와 나는 광화문 동아일보 사옥을 중심으로 무교동 길을 걸었다. 한참 뒤 김두식 선배가 말문을 열었다.

"기자 생활 어때?"

"잘 아시면서 뭘 물어요?"

잠시 아무 말 없이 걷던 그가 갑자기 좌우를 살피고 목소리를 낮추더니 말했다.

"곧 한번 크게 붙으려고 하는데, 같이 할 수 있겠지?"

당시 나는 상당히 '종교적'이었다.

"성서에 예수는 평화를 주려고 이 땅에 온 게 아니라 칼을 주러 왔다고 했습니다. 정의를 위한 칼이 필요한 때입니다."

"개인적으로 큰 희생이 있을 텐데, 각오는 됐지?"

"저 혼자 당하는 것도 아니잖아요."

"오는 4월 1일 창간 기념일에 편집국에서 언론 자유 선언이 있고, 바로 제작 거부할 거야. 그때 외부와 연결을 차단해야 하는데, 정형이 할 일은 사회부의 전화선을 죄다 절단하는 거야. 이 일은 절대 아무한테도 얘기해선 안 돼. 말이 새면 일은 망쳐."

그날부터 일이 손에 잡히지 않았다. 정의의 칼을 휘두르는 것이 '작은 예수들'이 가야 할 길이라고 다짐했지만, 거대한 회오리 같은 것이 휘몰아치는 느낌이었다. 그 회오리 속에 묻히면서 지금까지 '일상적인 것들'은 모두 사라지고, 무슨 일이 일어날지도 모르는 '불확실한 미래'가 펼쳐질지 모른다고 생각하니 불안하기만 했다. 그리고 겁이 났다. 나는 유약한 인간에 지나지 않았다.

디데이 이틀 전쯤, 김두식 선배가 《신동아》로 내려왔다. 우리는 다시 무교동 길을 걸었다. 그는 '그 일'이 취소됐으니 그리 알라며, 어쨌거나 이 일은 아무한테도 얘기하지 말라고 했다. 그 말을 듣는 순간, 나도 모르는 사이에 깊은 안도의 숨이 내쉬어졌다. 역사의 고통에 동참하겠다고 큰소리치긴 했지만, 나는 공포에 떠는 나약한 인간이었다. 그날 저녁, 정신을 잃을 정도로 술을 퍼마시며 자학했다. 나중에 동기생 강정문과 술을 마시다가 우연히 '그 일'이 튀어나왔다. 그도 '그 일'에 참여하기로 했으며, 그가 맡은 일은 정치부의 전화선을 끊는 것이었다. 우리는 서로 얼굴을 쳐다보며 쓰디쓰게 웃었다. 그리고 자신의 나약함을 솔직하게 인정했다. 술기운을 타고 자괴감과 절망감, 분노 같은 것들이 온몸을 휘감았다.

동아일보에서는 그 뒤 몇 차례에 걸쳐 '언론 자유 수호 선언'이 있었다. 해마다 동아일보 창간 기념일이 되면 편집국에 모여 언론 자유 선언문을 낭독했다. 그 선언문에는 당시의 참담한 언론 상황에 대한 부끄러움과 박정희 군사정권에 대한 분노가 담겨 있었다. 그러나 그런 선언문 하나 읽는 '행사'로 그치고 말았다. 그 뒤를 이어주는 구체적 행동이 없었던 것이다.

긴급조치 1, 2호와 4호 민청학련사건

1973년 8월 일본 도쿄에서 김대중 당시 야당 지도자의 납치 사건이 발생한 뒤 국내 민주 세력은 반유신·반독재 운동에 다시 힘을 모았다. 10월 2일 서울대 문리대생의 유신 반대 데모를 시작으로 반유신·반독재 운동이 퍼졌다. 그해 12월 장준하 선생을 비롯한 재야인사 30여 명을 중심으로 '개헌 청원 100만 인 서명운동'이 시작되었고, 해를 넘긴 1974년 1월 초에는 문인 61명이 '개헌 서명 지지 선언'을 하는 등 유신헌법을 철폐하라는 개헌 서명운동이 본격적으로 벌어졌다.

그러자 박정희 대통령은 1월 8일 긴급조치 1, 2호를 공포하여 개헌 논의를 금지하고, 비상군법회의를 설치했다. 그러나 대학생들의 지하 신문 발행, 동맹휴학 등을 통해 지식인과 종교인들은 시국 선언문을 채택하는 등 저항이 계속되었다. 박정희 정권은 4월 3일 다시 긴급조치 4호를 선포하고, 민청학련사건을 발표했다.

1972년 10월 17일, 박정희는 영구 집권을 위해 유신 쿠데타를 일으켰다. 언론은 더욱 참혹한 암흑 속으로 빠지고 말았다. 이듬해 나는 《신동아》에서 동아일보 사회부로 옮겨졌다. 사건기자를 하던 1973년 10월 2일, 서울대학교 문리대에서 기적처럼 데모가 터졌다. 유신 쿠데타 이후 모두 입을 다물고 있던 때, 서울대 문리대생 일부가 그 철통같은 유신의 바위에 몸을 던진 것이다. 그 시위가 촉발제가 되어 시위는 각 대학으로 번져갔다.

내 모교인 서울대 상대에서도 시위가 있었다. 학생들은 시위를 끝낸 뒤 도서관에서 농성을 계속했다. 나는 성명서 한 장이라도 얻으려고 농성장으로 접근했다. 의자와 책상으로 바리케이드가 쳐졌고, 그 앞에 조그만 팻말이 하나 붙어 있었다.

'개와 기자는 접근 금지!'

그 글을 읽는 순간, 나는 자신이 부끄러워 견딜 수가 없었다. 그리고 분노가 치밀었다. 당시 언론은 대학가의 시위 사실을 거의 보도하지 못했다. 대학가의 데모뿐만 아니라 노동계에서 있었던 인간다운 삶을 위한 처절한 몸부림도, 종교계의 저항 움직임도 제대로 보도하지 않았다. 언론은 분노와 타도의 대상이었고, 마침내 언론인은 개가 되었다.

당시 동아일보에서는 10·2 서울대 문리대 시위를 보도하기 위해 젊은 기자들이 철야 농성을 벌였고, 그 결과 학생들의 시위와 유신 세력 반대 움직임을 그나마 조그맣게 보도하기도 했다. 그러나 조그만 성취조차 1974년 1월 8일 긴급조치 1, 2호로 물거품이 되고 말았다.

동아일보의 젊은 기자들은 '조직'의 필요성을 절감했다. 그 결과 1974년 3월 6일 밤, 대한민국 정부 수립 후 최초의 언론 노조인 전국출판노동조합 동아일보지부가 탄생했다. 동아일보 경영진은 즉각 노조 간부들에게 해임·정직의 칼을 휘두르기 시작했다. 두 차례에 걸친 징계로 19명을 해임하고, 6명을 무기 정직 조치했으며, 10명을 감봉 처분했다. 그러나 동아일보와 동아방송의 젊은 기자, 프로듀서, 아나운서들은 계속 노조에 가입함으로써 이에 맞섰고, 노조 측은 서울지방법원에 부당 해고 효력 정지 가처분 신청을 냈다. 동아일보 김상만 사장은 법원의 가처분 신청 판결을 하루 앞둔 4월 12일 사내 담화문을 통해 두 차례 징계 조처를 모두 사면한다고 밝혔다.

부당 해고 효력 정지 가처분 신청이 법원에 계류 중이던 4월 3일, 박정희 유신 정권은 긴급조치 4호를 선포하고, 민청학련 관련자들을 대량 구속했다. 이즈음 회사 간부들은 노조 주역들에게 "당신들도 학생들처럼 좌경 분자로 체포될지 모른다"고 협박하기도 했다.

회사의 사면령 이후 노조 활동은 계속 이어졌다. 그러나 잔혹한 고문을 당한 뒤 군법회의에서 재판을 받던 양심수들의 이야기는 전혀 보도되지 않았다. 다시 암흑이 찾아왔다.

불법 연행된 동료가 돌아올 때까지
퇴근하지 않는다

—10·24 자유 언론의 횃불

10월 24일이 됐다. 동아일보 기자 180여 명은 이날 오전 편집국에서 긴급 총회를 열어 '자유 언론 실천 선언문'을 발표했다. 과거의 언론 자유 선언문과 달리 '실천 선언'을 강조했다. 노조를 통해 다져진 조직력을 바탕으로 본격적인 자유 언론 투쟁의 깃발을 쳐든 것이다.

지금의 젊은 기자들은 '외부 간섭의 배제, 기관원 출입 금지, 언론인 불법 연행 거부'라는 이 결의안 내용이 이해가 되지 않을지도 모른다. 그 시대가 얼마나 혹독했는지 겪어보지 않은 사람은 왜 이런 결의안이 나왔는지 의아할 것이다. 실제 어느 후배는 이 결의안을 보고 웃음이 나왔다고 고백했다. 특히 "불법 연행된 동료가 귀사할 때까지 퇴근하지 않기로 한다"는 구절에서는 저절로 웃음이 나왔다는 것이다.

당시 문제 기사를 쓴 기자들은 걸핏하면 남산에 끌려가 얻어터졌으며, 중앙정보부 요원이 편집국에 상주하다시피 했다.

우리는 기자들의 자유 언론 실천 선언과 결의 내용을 10월 24일자

동아일보에 '최소한 1면 3단' 크기로 보도할 것을 요구했으며, 그런 요구가 받아들여질 때까지 제작을 거부하겠다는 입장을 밝혔다. 제작 거부는 기자들이 가진 유일한 무기였다.

당시 동아일보는 석간이었다. 1판 기사 마감이 오전 11시 30분이었으며, 1판 신문은 오후 12시 30분이면 제작이 완료되어 가판용 신문이 서울 시내에 깔렸다. 김상만 사장을 비롯한 동아일보 간부들은 우리의 요구를 거부했다. 우리의 요구가 거부되는 동안 신문은 나오지 않았다. 오후가 되어도 신문이 나오지 않자 독자들에게서 전화가 오기 시작했다. 그리고 동아일보에서 벌어

진 일을 안 뒤에는 "끝까지 싸우라"며 뜨거운 격려를 아끼지 않았다.

시간이 지나면서 김상만 사장을 비롯한 간부들은 초조해지기 시작했다. 초저녁 즈음 회사 쪽에서 타협안이 나왔다. '기관원 출입 금지' 조항만 삭제하자는 것이었다. 유신 독재와 그 체제를 떠받드는 중앙정

보부의 힘이 어느 정도였는지, 이에 대한 동아일보 경영진의 두려움이 어떠했는지 잘 보여주는 부분이다. 기자들은 단호히 거부했다.

마침내 밤 11시가 되어 김상만 사장은 굴복했다. 우리의 요구를 모두 받아들인 것이다. 그리고 바로 신문이 제작되어 나왔다. 동아일보 1면에 3단 기사로 '자유 언론 실천 선언' 관련 기사가 나갔다. 기관원이 마음대로 편집국에 드나들고, 기자들을 함부로 중앙정보부에 연행하는 등 온갖 외부 간섭이 판쳐온 한국 언론의 암흑 상황이 마침내 온 세상에 알려졌다. 그것을 얻어낸 순간, 우리는 자신에 대한 처절한 부끄러움과 분노, 좌절이 일시에 걷히는 환희를 느꼈다. 편집국에서는 새벽까지 소주 파티가 벌어졌다.

찬란한 10·24의 횃불이 밝혀진 뒤 전국의 신문과 방송들도 뒤를 이었고, 대학 시위와 명동성당의 기도회 소식 등 그동안 일절 보도되지 않던 뉴스들이 전해지기 시작했다. 동아일보와 편집국 입구에는 '기관원 출입 금지' 팻말이 붙었으며, 기관원들은 출입하지 않았다.

그러나 자유 언론의 영역을 넓혀가는 일이 쉬울 리 없었다. 시위 등에 대한 기사는 계속 1단으로 처리됐다. 편집부에서는 '고바우 만화' 아래 시위 사건을 모아 눈에 띄게 했지만, '1단 벽'은 여전히 높았다. 기사 자체를 죽이거나 핵심 사항을 누락하는 중간 간부들의 교묘한 방해도 계속됐다. 대표적인 사례로 다음과 같은 게 있었다.

• 1974년 10월 29일 연세대생 농성 기사 가운데 핵심이라 할 수 있는 '유신헌법 철폐' 주장이 기사에서 삭제됨.

• 10월 30일 성균관대생 시위 기사와 관련하여 이들이 채택한 성명서 가운데 '박정희 대통령 퇴진 요구' 부분이 사회부 데스크에 의해 삭제됨.

이런 일은 거의 매일 반복되었다. 당시 자유 언론 실천 운동의 주체는 '기자협회 동아일보분회'였다. 기자협회 동아일보분회는 자유 언론을 구체적으로 실천하기 위해 각 부에서 1~2명을 뽑아 '자유언론실천특별위원회'(이하 실천특위)를 두었으며, 이 가운데 8명을 상임위원으로 위촉했다. 상임위원회는 매일 점심때 회의를 열어 그날 제작된 신문을 검토하고, 시정돼야 할 문제들을 지적했다. 상임위에서 지적된 문제들은 그날 저녁 실천특위 전체 모임에 보고되고, 여기서 본격적으로 논의했다. 실천특위 모임에서는 주로 위에서 든 예처럼 마땅히 보도돼야 할 부분이 데스크에 의해 삭제되거나 작게 취급된 것을 지적했다. 그런 내용들은 '알림'이라는 유인물에 담겼다. 알림은 필경 등사기로 만든 유인물이지만, 회사 내의 '신문'으로 엄청난 영향력을 발휘했다. 특히 자유 언론 실천 운동에 냉소적이고 부정적이던 편집국의 일부 간부들에게 큰 압력으로 작용했다.

상임위원은 주로 회사에서 내근하는 사람들이 중심이 됐다. 나는 당시 시청 3진이어서 오전에는 내근하고 오후에 시청에 나가 취재를 했는데, 그 조건 때문인지 상임위원으로 뽑혀 매일 점심 상임위 모임에 참석해야 했다. 기사를 작게 취급하려는 일부 중간 간부들과 거의 매일 싸웠다. 그 과정에서 시위 관련 기사들이 다뤄졌지만, 10명이 시위를 해도 1단, 1000명이 시위를 해도 1단 기사였다. 그래서 당시의 최대

과제가 '1단 벽 깨기'였다.

1단 벽을 깨는 계기가 왔다. 1974년 11월 11일 저녁, 전국 13개 도시에서 일제히 천주교 인권 회복 기도회가 열렸다. 13개 도시에서 열린 인권 회복 기도회니, 그 규모나 중요성으로 보아 당연히 크게 다뤄져야 할 사안이었다. 그러나 그때까지 1단 벽은 높았다. 우리는 다시 기자 총회를 열어 이 기사를 1면이나 사회면 머리기사로 다뤄야 한다고 결의하고, 이것이 거부될 경우 제작 거부에 들어가겠다고 밝혔다.

회사는 이 요구를 거부했다. 기자들과 회사는 다시 팽팽하게 맞섰고, 그날 동아일보는 제작되지 않았다. 결국 천주교 인권 회복 기도회 기사를 사회면 4단 기사로 처리하기로 하고 제작에 복귀했다. 우리가 요구한 대로 1면이나 사회면 머리기사는 아니었지만, 처음으로 1단 벽을 깬 기사다.

다른 장벽도 있었다. 그것은 길들여진 언어의 사용이었다. 중앙정보부나 보안사령부는 '모 기관'으로, 부정부패는 '사회 부조리'로, 학생 데모는 '학원 사태'로, 물가 인상은 '물가 현실화'로, 임금동결은 '임금 안정'으로 분장됐다. 우리는 자신도 모르는 사이에 길들여져 분장된 표현이 의식 한가운데 들어와 있었다. 우리는 그런 표현을 사용하는 것을 거부하기 시작했으며, 그런 표현이 편안하고 익숙했던 일부 중간 간부들과 늘 부딪쳐야 했다.

"동아! 너마저 무릎 꿇는다면 진짜로 이민 갈 거야"

—광고 탄압과 격려 광고

치열한 싸움이 계속되는 동안 국민들의 엄청난 격려와 성원이 있었다. 국민적 지지와 성원은 박정희의 유신 독재에 큰 위협이 되었다. 유신 독재가 마침내 무서운 발톱을 드러내기 시작했다. 광고 탄압이었다.

광고 탄압의 최초 징후는 10·24 자유 언론 실천 선언이 있고 두 달도 채 안 되는 12월 16일에 보였다. 한일약품의 광고부장이 동아일보 광고부에 들러 광고 동판을 회수했다. 그리고 8일 뒤인 24일, 럭키그룹 등 7개 대형 광고주들이 아무런 예고도 없이 광고를 모두 해약했다. 당시 동아일보는 8면 체제로, 7개 대형 광고주가 일제히 해약했으니 큰 광고는 모두 사라진 셈이었다. 광고주들은 "괴로우니 이유를 묻지 말아달라"고 했다.

동아일보는 12월 26일자 3개 광고면을 백지로 내보냈다. 광고 탄압의 실체를 알리기 위한 것이었다. 뉴욕타임스는 〈유령과 싸우는 한 신문〉이라는 기사를 통해 동아일보 백지 광고 사태를 자세히 보도했다.

박정희 유신 독재 정부는 이 사건이 정부와 아무런 관련이 없으며, 단지 광고주와 신문사의 일이라고 시치미를 뗐다. 그러나 이 말을 누가 믿겠는가. 하루아침에 광고가 사라진 공식적인 이유가 밝혀지지 않았으니 뉴욕타임스는 동아일보의 목을 조르는 세력을 '유령'이라고 보았지만, 삼척동자를 제외하고 그게 박정희의 작품이라는 걸 모르는 바보는 없었다.

그런데 희한한 일이 생겼다. 동아일보를 죽이기 위해 광고를 죄다 없애버렸는데, 광고가 사라진 유령 같은 공간이 민주주의의 꽃이 활짝 피는 축제의 광장이 될 줄 누가 알았겠는가.

국민들의 열화 같은 격려 광고가 쏟아져 들어오기 시작했다. 격려 광고의 봇물을 터뜨린 것은 민주화 운동의 선봉 역할을 하던 천주교정의구현전국사제단(이하 정의구현사제단)의 1975년 1월 4일자 전면 광고다. 정의구현사제단은 '암흑 속의 횃불'이라는 제목 아래 "행복하여라, 옳은 일을 하다가 박해받는 사람들. 하늘나라가 그들의 것이니"라는 성경 구절과 함께 인권침해 상황과 유신 독재 정권의 비민주적 행위들을 낱낱이 폭로했다. 그러면서 원주교구 지학순 주교의 양심선언을 비롯하여 1974년 7월부터 1975년 1월 3일까지 64차례에 걸쳐 열린 인권 회복 기도회에서 나온 결의문, 선언문 등의 요지를 담았다. 그것은 가히 혁명적인 사건이었다. 그때까지 언론이 제 역할을 하지 못해 보도하지 않던 사실들을 격려 광고라는 형식을 통해 8면 전체에 낱낱이 담은 것이다. 거대한 봇물이 터진 모양새였다.

격려 광고가 줄을 이었다. 격려 광고의 문안은 그야말로 민주주의를 열망하는 함성이었다. 1975년 1, 2월에 실린 국민들의 함성을 들어보시라.

- 민족의 햇불은 외롭지 않다. 정의의 하나님은 살아 계신다.
  로스앤젤레스교포동아돕기회 회원 일동
- 배운 대로 실행하지 못한 부끄러움을 이렇게 광고하나이다.
  서울법대 23회 동기 15인 일동
- 동아여, 휘지 마라. 우리가 있다. 정신여고 졸업생 일동
- 빛은 어두울수록 더욱 빛난다.
  동아일보를 아끼는 한 소녀. 금반지 반 돈쭝을 놓고 가면서
- 동아일보 배달원임을 영광으로 생각합니다. 신동지국 배달원 15명 일동
- 의인이 고난을 받는 것은 새 역사를 창조하는 하나님의 고통이다.
  동아여! 새 역사의 징을 크게 울려라. 동부교회 신익호 목사 등
- 약혼했습니다. 우리의 2세가 태어날 때 아들이면 '동아'로, 딸이면
  '성아'(여성동아)로 이름을 짓기로 했습니다. 이묵·오희
- 새로 태어날 아기의 자유를 위하여." 아빠 조영준·엄마 김명렬
- 긴급조치로 구속된 동료 학생에게 사식비로 전하려 했으나 그 길마
  저 당국이 차단해서 동아일보에 성금을 바칩니다. 이대 사회학과 일동
- 작은 광고들이 모두 민주 탄환임을 알라. ○○출판사 편집부
- 유신 체제 반대. 자유 민주 동아 만세. 아현동 고바우
- 썩은 이를 뽑자. 젊은 치과 의사들
- 새해를 맞아 유신 정권에 선물하노라. 이 시민의 분노를. 군산 4우인
- 잔디는 밟을수록 더 잘 자란다. 불광동 시민
- 나는 조용히 미치고 있다. 어느 경북대 교수

그 유명한 이대생 S의 "동아! 너마저 무릎 꿇는다면 진짜로 이민 갈 거야"라는 광고도 1월 18일자에 실렸다. 격려 광고는 끝없이 이어졌다. 그곳은 민주주의의 꽃이 만개하는 축복의 장이었다. 격려 광고 읽는 재미로 산다는 말이 나돌았고, 동아일보 기사보다 격려 광고가 훨씬 낫다는 말도 나왔다. 지금껏 살아오면서 그때처럼 신바람이 난 때가 별로 없었다. 나는 매일매일, 하늘을 훨훨 나는 것 같았다. 어디 나뿐이었으랴. 자유 언론을 그토록 갈망하던 동아일보와 동아방송의 모든 기자와 프로듀서, 아나운서, 일반 직원, 아니 민주화를 원하던 이 땅의 모든 사람들이 그때 사는 것이 참으로 신났다. 유신 독재는 이제 저만치 종말이 다가오는 듯했다.

졸업 뒤 제대로 만나지 못하던 중·고·대학교 동창들이 전화했으며, 격려 광고 성금도 보내줬다. 미국 프린스턴대학에 유학 중이던 대학 동창 정운찬(전 국무총리)도 유학생들이 모금한 돈을 격려 광고에 써달라며 송금했다.

활활 타오르던 격려 광고와 자유 언론, 민주주의에 대한 열망은 박정희 유신 정권에게 감당하기 어려운 위기였다. 그 열기를 그대로 둘 리 없었다. 위기를 느끼기는 동아일보 경영진도 마찬가지였다. 동아일 보 경영진과 일부 간부들은 10·24 자유 언론 실천 선언 뒤 젊은 기자 들의 요구에 끌려오다시피 했을 뿐, 자유 언론을 위한 투쟁에 가담하 지 않았다. 아니, 많은 경우 자유 언론을 위해 힘겨운 싸움을 하던 젊 은 기자들의 발목을 잡거나 냉소했다. 자유 언론 투쟁이 도대체 마음 에 들지 않았으며, 그들의 체질에도 맞지 않는 일이었다. 젊은 기자들 이 중심이 된 자유 언론 실천 운동에 대한 혐오감과 위기의식은 박정 희 유신 독재 정권이나 동아일보 경영진과 일부 간부들 사이에 큰 차 이가 없었다고 생각한다. 그런 조짐들이 곳곳에서 보였다.

동아일보 사내 계엄령

―기구 축소와 일방적 해임 조처

1975년 2월 28일, 마침내 우려하던 일이 터졌다. 동아일보 주주총회에서 1970년대 초 회사를 떠난 이동욱 씨가 주필로 복귀한 것이다. 그에 대한 젊은 기자들의 평가는 매우 부정적이었다. 회사를 그만둔 뒤 행적이 그다지 선명하지 못하다는 소문이 나돌았다. 그는 취임하자마자 '사내 계엄령'을 선포했다. 사내 방송을 통한 취임 인사에서 그는 기자들의 '과열'을 질책했으며, 회사의 사전 허가 없는 집회를 일체 금지한다는 '포고령'을 내린 것이다. 3월 4일 편집국 부장 회의에서 이동욱 주필의 발언은 기자들이 왜 그의 복귀를 걱정했는지 잘 보여준다. 그는 "광고 탄압 이후 동아일보와 동아방송이 과열되었다. 광고 탄압이 일어난 12월 25일 이전으로 돌아가야 한다"고 말했다. 동아일보 경영진의 생각을 그대로 드러낸 발언이며, 자유 언론 운동에 앞장선 기자들을 '홍위병'이라 부르던 여당인 공화당 지도부의 생각과도 일치했다.

이동욱 주필은 이어 새로운 사규를 발표했다. 회사 내 부서가 없어질 경우 그 부서에 소속된 사원은 자동 해임된다는 것이었다. 그리고 "광고 탄압으로 경영이 악화되어 기구를 축소한다"면서 심의실, 과학부, 기획부, 출판부를 없애고, 이들 부서에 소속한 18명을 하루아침에 해임했다. 해임된 18명 가운데는 동아일보 노조와 자유 언론 실천 운동에 앞장선 기자들이 다수 포함되었다.

그것은 선전포고였다. 일방적 해임 조처에 기자들의 반응이 어떨지, 그 뒤 어떤 파문이 이어질지 불 보듯 뻔했다. 회사는 이 조처를 발표한 3월 8일 오후 경비과 직원을 급작스레 증원하여 외부 인사들의 출입을 통제했다. 기자들의 저항을 기대하는 도발처럼 느껴졌다.

그날 밤 긴급 기자 총회를 열어 대책을 논의했다. 모두 힘을 모아서 유신 정권과 싸워도 힘든 판에 18명을 해고하여 분란을 자초하는 것은 말이 안 되는 조처니, 회사는 해임 조처를 철회하라고 촉구했다. 그러면서 회사가 경영 악화를 이유로 기구를 축소한다면 기구 축소에 따른 경비 절감분만큼 기자들이 스스로 월급을 깎아 충당하겠으니, 해임은 취소해달라고 요구했다. 회사가 정말 경비 절감 때문에 기구를 축소했다면 기자들의 합리적인 제안을 마다할 이유가 없었다.

그런데 회사는 더 무서운 칼을 휘둘렀다. 3월 10일, 기자들이 사전 허가 없이 집회를 열었다며 기자 총회를 소집한 기자협회 동아일보분회 간부들을 추가로 해임했다. 회사 경영진의 의도가 명확해졌다. 그들은 자유 언론 실천 운동을 할 의사가 없었던 것이다. 해임이 이어지면 사태가 악화될 게 뻔한데도 초강경 대응을 계속하는 것으로 보아 유신 권력과 동아일보 경영진은 어떤 결론을 내렸음이 분명했다.

상황은 벼랑 끝으로 치달았다. 우리에게 선택의 폭은 너무나 좁았다. 거의 유일한 수단이 제작 거부였다. 10·24 자유 언론 실천 선언을 하고 결의문 내용을 신문에 보도할 때도 그랬고, '1단 벽'을 깨기 위해 싸울 때도 그랬다. 꽉 막힌 상황에서 우리가 취할 수 있는 수단은 달리 없었다.

그러나 우리는 마지막 수단으로 가지 않았다. 우리는 회사 쪽의 잇따른 강경책이 기자들의 강경 대응을 유도하여, 차제에 자유 언론 운동의 줄기를 잘라버리려는 것이라고 판단했다. 그렇지 않고야 어떻게 스스로 봉급을 삭감하여 경영난에 대처하겠다며 해임을 거둬달라는 간곡한 요청을 거부하고, 오히려 그런 결정을 내린 기자 총회가 허가 없이 집회를 열었다며 추가로 해임의 칼을 휘두를 수 있단 말인가. 벼랑 끝에 몰린 상황에서 우리가 할 수 있는 일은 제작 거부였지만, 강경 대응을 유도하는 회사 쪽에 말려들지 않기 위해 일단 농성에 들어갔다. 그러자 회사는 인사부장을 대기시키고, 농성을 풀지 않으면 이에 불응한 기자들을 즉석에서 처벌하겠다며 더욱 강경하게 나왔다. 선택의 여지가 없었다.

다음 날(3월 12일) 아침, 편집국에서 기자 총회가 열렸다. 이 자리에서 기자들은 부당 해임을 즉시 철회하고, 이러한 사태를 강행한 이동욱 주필은 즉시 퇴진할 것, 이 요구가 관철될 때까지 신문·방송·잡지의 제작을 일체 거부하기로 했다. 우리가 할 수 있는 유일한 수단인 제작 거부의 길로 들어선 것이다.

술 취한 폭도의 새벽 기습 작전

—정권의 품에 안긴 언론

그런데 그 전까지 제작 거부 사태 때와 다른 일이 벌어졌다. 제작 거부에 참여하기를 거부하는 제작 참여파가 생긴 것이다. 10·24 자유 언론 실천 선언 이후 회사 내의 투쟁 과정에서 항상 소극적이고 냉소적이던 인물들과 정치부·경제부·사회부 등 이른바 노른자위 부서의 상당수가 제작 참여파로 등장했다.

나는 지금도 역사의 결정적 대목에서 제작 참여 쪽으로 등을 돌린 인물들에 대해 비판적이다. 신문은 어떻게든 살아남아야 한다는 그들의 논리는 엄중한 역사의 고비에서 군더더기와 같은 자기변명에 지나지 않는다는 게 나의 생각이다. 그때 제작을 거부했다고 해서 동아일보가 없어진다는 가정도 받아들일 수 없거니와, 설령 동아일보가 잠시 문을 닫았다고 하더라도 유신 독재의 암흑기에 당연히 필요한 자기희생이며, 고통의 역사에 동참하는 것이기 때문이다. 그리고 그러한 희생은 곧 부활하게 마련이다.

동아일보 기자들은 결국 두 쪽이 나고 말았다. 제작 거부에 들어간 우리는 2층 공무국과 3층 편집국, 4층 방송국을 장악했다. 제작 참여파들은 다른 신문사에 가서 제작을 했다.

나는 2층 공무국에 있었다. 공무국은 납으로 된 활자를 뽑는 작업(식자)을 하는 곳이어서 활자판이 가득했다. 요즘이야 컴퓨터로 제작하지만, 그때는 일일이 활자를 뽑아서 지면을 만들었기 때문에 활자판이 없으면 신문을 제작할 수 없었다.

공무국에 있던 농성 기자는 23명이었다. 우리는 농성 다음 날부터 단식투쟁에 들어갔다. 옥수수차와 소금이 유일한 '식사'였다. 3층 편집국에는 제작 거부를 지원·격려하러 온 각계 인사들로 북적거렸다. 2층에 있는 우리는 원고 교정지를 운반하는 조그만 도르래가 오르내리는 두어 뼘 남짓한 구멍을 통해 3층의 소리를 전해 들었다. 당시 야당의 김영삼 총재가 이 도르래를 통해 2층에서 단식하는 기자들과 얘기를 나누는 사진이 몇 해 전 열린 '자유 언론 사진전'에서 소개되기도 했다.

제작 참여파는 별관 출판국에서 기사를 제작·편집했으며, 12일에는 조선일보사에서, 13일에는 한국일보사에서, 14일과 15일에는 신아일보사에서 4면짜리 '떠돌이 신문'을 만들었다.

운명의 3월 17일이 왔다. 그즈음 제작 거부 농성을 해산하기 위해 회사가 물리력을 동원할 것이라는 소문이 파다했다. 우리는 외부와 통하는 공무국 입구를 책상과 의자로 차단하고, 별관으로 통하는 2층 베란다 쪽은 신경을 쓰지 않았다. 그쪽은 밖으로 철문이 굳게 닫혔으며, 고리가 안쪽에 있었기 때문이다. 우리는 밤이면 불침번을 정해 언제 있을지 모를 기습에 대비했다.

17일 새벽, 나는 자정부터 새벽 2시까지 불침번을 선 뒤 베란다 쪽 창문 근방에서 곯아떨어졌다. 그런데 갑자기 고함과 왁자지껄한 소리가 들렸다. 빨리 일어나라는 다급한 소리도 섞여 있었다. 새벽 3시가 조금 넘은 시각이었다. 한 시간 남짓 자고 일어난 터라 얼얼했고, 닷새 동안 단식까지 해서 몸도 무척 피곤했다.

그때 바로 옆 베란다 쪽 철문에 불꽃이 일었다. 처음에는 대체 그게 무엇인지 몰랐다. 정신을 차리고 보니 산소 용접기의 불꽃이었다. 밖에서 산소 용접기로 철문의 가장자리를 도려내기 시작한 것이다. 몇 분이 지났을까, 커다란 망치로 치자 철문이 떨어졌다. 순식간이었다. 철문이 무너지자 그 뒤로 각목을 든 청년들이 떼 지어 들어왔다.

"이 새끼들, 다 죽여!"

그들은 각목을 흔들며 외쳤다. 살기마저 등등했다. 술 냄새가 확 풍겼다. 베란다 쪽 창문 옆에서 자다 일어나 멍하게 서 있던 내가 그들의 첫 공격 대상이었다. 그들은 다짜고짜 다가와서 쥐어박더니 나를 베란다 바깥쪽으로 집어던졌다. 공무국 바깥에 있는 베란다는 높이가 2층과 같았다. 내 몸은 그 베란다 바닥으로 나뒹굴었다. 등 뒤에서 "활자판 무너지니 조심하라!"는 동료들의 고함이 들렸다. 우리는 단식을 하면서도 활자판이 흐트러질까 봐 신문으로 싸놓았다.

아수라장이었다. 2층 베란다 바닥에는 철문 밖에 있던 유리창이 깨져 무수한 파편이 널려 있었다. 그 바닥에 내 몸뚱이가 내동댕이쳐졌다. 몸이 나뒹굴자 여기저기서 각목 세례가 퍼부어졌다. 안경이 날아가고, 머리통이 욱신거렸다. 건장한 청년 두 명이 달려들더니 나를 질질 끌어 아래층 차고 쪽으로 데려갔다. 눈에 익은 초록색 동아일보 차량이 즐비하게 서 있었다. 두 청년은 나를 그 차에 넣었다. 차 안에서 보니 내 손바닥에 피가 흥건했다. 베란다 바닥에 깔린 유리 조각에 심하게 찢어졌다.

나를 태운 차는 어디론가 질주했다. 새벽 3시가 넘었으니 통행금지 시간인데, 차는 아무런 제재도 받지 않고 서울 시내를 질주했다. 내 옆에는 건장한 청년들이 버티고 있었다. 나는 차를 세우라고 악을 썼지만, 차는 광화문과 중앙청 앞을 지나 어디론가 질주했다. 경찰 출입 기자로 야근할 때 통행금지 시간에도 시내를 돌아다녔기 때문에 검문소가 어디에 있는지 잘 알았다. 그날 새벽 우리는 어느 곳에서도 검문을 당하지 않았다.

그것은 3월 17일의 강제해산에 정부가 개입되었다는 확실한 증거 중 하나다. 통행금지 시간에 아무런 검문도 없이 서울 시가지를 질주한다는 것이 정부의 사전 양해 없이 가능한 일이겠는가. 나중에 확인된 일이지만, 폭력으로 해산할 그 시각에 기동 경찰이 동아일보사 외곽에 진주했다. 경찰이 회사의 강제해산을 외곽에서 보호한 것이다.

나는 중앙정보부로 직행하리라고 생각했는데, 도착한 곳은 우석대 병원이었다. 청년들은 나를 병원 뜰에 내려놓았다. 얼마 지나지 않아 단식에 참여한 다른 선배와 동료들이 잇따라 도착했다. 우리를 강제로 데려온 청년들은 깡패 같았다. 그들은 "이 새끼들, 다 죽인다"고 외치며 기세등등했다. 회사 쪽에서 동원한 보급소 직원들도 있었다.

우리는 우석대병원에서 긴급 치료를 받았다. 나는 안경이 깨지고 없어서 제대로 보이지 않았다. 그날 아침 기독교방송을 통해 강제해산 소식이 전해졌으며, 그 과정에서 나를 비롯한 몇몇 기자들이 '중상'을 당했다는 보도가 나갔다. 안경이 깨지고, 각목으로 몽둥이세례를 당했으니 큰 부상을 당한 것으로 전해진 모양이다. 집에 계시던 아버지가 라디오 뉴스를 통해 이 소식을 전해 들었다.

당시 아내는 만삭이었다. 출산 예정일은 내가 공무국에서 단식할 즈음이었다. 회사에서 바깥으로 통하는 전화를 끊어버리기 전날, 나는 아내가 다니던 산부인과 의사와 통화할 수 있었다. 의사가 아내 일은 걱정하지 말고 끝까지 잘 견디라고 격려해줬다.

라디오 뉴스에서 내 소식을 들은 아버지는 만삭의 며느리가 걱정할까 봐 알리지 않고 어머니와 함께 택시를 타고 부랴부랴 병원으로 달려오셨다. 아버지는 내가 옛날에 쓰던 안경을 가지고 오셨다.

동아일보사 쪽에서는 단식 후유증으로 불상사가 생길까 봐 단식 기자들을 우석대병원으로 옮겨놓은 것 같았다. 나는 다친 손을 치료받고, 다른 기자들과 함께 병원 복도에 앉아 무엇을 해야 할지 의논하고 있었다. 그날 아침 8시께, 제작 참여파에 속한 정아무개 기자가 병원에 나타났다. 단식하던 우리를 위로하러 왔을 리 만무하고, 아마도 라디오 뉴스를 통해 전해진 '중상'의 상태를 염탐하러 온 모양이었다. 그의 모습을 보는 순간 역겨움이 목구멍까지 치밀었다.

우리는 그렇게 폭력으로 회사에서 추방되었다. 4층에 있던 여자 아나운서들은 강제해산 되는 과정에서 술 취한 깡패들에게 성적 모욕까지 당했다. 많은 동료와 선배들이 엉엉 울면서 3월 17일 새벽, 동아일보사에서 동원한 폭력에 추방되었다. 우리가 힘들게 쌓아놓은 자유 언론은 그날로 조종을 울리고 말았다.

얼마 뒤 동아일보에는 슬그머니 광고가 다시 등장했다. 동아일보는 이 엄청난 배신에 아무런 해명도 하지 않았다. 격려 광고에 앞장서던 시노트 신부는 동아일보를 찾아가 그동안 낸 격려 광고 돈을 내놓으라고 호통을 치기도 했다.

동아일보 기자 생활은 막을 내렸다. 광화문에는 봄, 여름, 가을, 겨울이 어김없이 찾아왔건만, 내쫓긴 우리에게는 꽁꽁 얼어붙은 겨울밖에 없었다. 감옥의 겨울도 있었고, 실업의 겨울도 있었다. 형제보다 진한 동지애로 얽힌 동료들이 고생 끝에 병을 얻어 한을 품고 세상을 하직하는, 가슴을 찢는 고통의 엄동설한도 있었다.

천년이라도 유지될 것처럼 끝이 보이지 않던 박정희의 유신 독재도 10·26의 총성 몇 발로 막을 내렸다. 그러나 그 뒤에는 유신 독재보다 더한 전두환의 폭압과 학살이 뒤따랐다. 그 참담하던 시절, 나는 다시 기자가 될 수 있다는 꿈을 포기한 지 오래였다. 꿈속이라도 다시 펜을 잡을 수 있을까?

생애 최초 필화 사건

— '언론'과 첫 만남, 〈광야〉

어릴 때 내가 다니던 시골 교회 학생회에서는 〈광야〉라는 교지를 만들었다. 판형도 작고 페이지도 얼마 되지 않는, 필경 등사기로 만든 교회 신문에는 중·고등학생들이 쓴 시와 수필, 학생회 소식 등이 실렸다. 〈광야〉라는 제목은 아마도 세례요한처럼 광야에서 진실을 외치는 신문이 되라는 뜻에서 우리의 선배들이 정한 것이리라.

고등학교 2학년 때(1964년) 나는 경주제일교회 중·고등부 부회장이 되었다. 회장은 아주 어린 시절부터 함께 자라온 친구가 맡았다. 그와 나는 참으로 열심히 교회를 다녔다. 우리는 초등학생 때부터 학교도 함께 다녔고, 교회도 거의 빠지지 않았다. 일요일 낮 예배는 물론이고, 어른들과 함께 하는 일요일과 수요일 저녁 예배도 참석했다. 우리는 저녁 예배 때면 늘 맨 앞자리에 나란히 앉았다. 의자도 없는 마룻바닥에 교인도 많지 않던 시절이니, 맨 앞자리에 앉은 우리가 눈에 띄었다. 당시 우리의 모습은 일요일과 수요일 저녁 예배의 한 풍경이었다.

시골 교회에 열심히 다니던 시절의 정서는 아직도 내 가슴에 있다. 지금이야 넓게는 종교, 좁게는 기독교를 보고 이해하는 마음이 그때와는 근본적으로 다르다. 특히 편협한 도그마와 세속적 작태, 세습, 물신주의 등 예수를 팔아 장사꾼이 된 대형 교회를 예수의 제자라고 생각하지도 않고, 기독교의 혹독한 배타주의가 인류 역사에서 얼마나 많은 죄를 저질렀는지 절절하게 느끼고 있다. 그러나 어린 시절 시골 교회에 다니며 내 가슴에 담긴 정서는 여전히 고향처럼 따사롭다.

지금도 눈을 감으면 사진처럼 생생하게 떠오른다. 여름방학이면 서천으로, 남천으로 달려가 물놀이를 하고, 교회에 돌아와 옛날얘기도 듣고, 성경 공부도 하던 여름성경학교, 크리스마스를 앞두고 성가 연습을 하던 모습, 크리스마스 새벽에 수십 리 되는 캄캄한 밤길을 걸어 외딴 교우의 집 앞에서 새벽송을 부르던 맑은 소년의 시절……

친구와 나는 어린 시절과 중·고등학생 시절을 함께 보냈다. 고등학교 2학년 때 그가 학생회 회장이 되고, 나는 부회장이 되어 〈광야〉의 편집을 둘이서 맡았다. 글을 고르고, 필요한 글을 쓰는 일은 회장인 친구가 주로 했고, 나는 필경을 맡았다. 나는 필경을 꽤 잘하는 편이었다. 내가 필경에 익숙해진 연유는 오르간 때문이다.

당시에는 일요일 예배 순서와 소식을 담은 교회의 '주보'를, 일본말로 '가리방'이라 부르던 필경 등사기로 만들었다. 까칠한 강판에 투명한 등사 원지를 놓고, 뾰족한 철필로 직접 글을 썼다. 그 원지를 등사기 망에 붙이고, 등사 잉크를 묻힌 롤러로 밀었다. 그때는 활자를 쓰지 않은 유인물은 거의 필경 등사기로 만들었다. 학교 시험지도 그랬고,

1960~1970년대 대학가와 재야에서 성명서를 낼 때도 그랬다.

내가 다니던 교회의 주보는 교회 부속 공민학교(정규 초등학교에 다니지 못하는 가난한 아이들을 모아서 가르치던 곳) 교장이자 집사였던 분이 필경 등사기로 만들었다. 글씨를 참 예쁘게 잘 썼다. 그분은 토요일 오후 공민학교의 조그만 사무실에서 필경 등사기로 주보 만드는 작업을 했다. 그의 작업실이던 공민학교 사무실에는 아주 오래된 오르간이 있었다. 나는 그 오르간 소리가 참 좋았고, 오르간이 무척 치고 싶었다. 그래서 토요일이면 사무실로 찾아가 주보 만드는 일을 자원해서 도왔고, 그때 필경 등사기 작업을 배웠다. 작업이 끝나면 나는 사무실에 남아 오르간을 쳤다. 혼자서 찬송가의 4부 화음을 익히며 시간 가는 줄 몰랐다. 악보와 전혀 다르게 기타의 코드처럼 내 방식으로 화음 코드를 익혀갔다.

필경 등사기로 인쇄하는 방법을 배운 나는 학생회 부회장이 되어 〈광야〉를 만들 때 자연스럽게 필경 작업을 맡았다. 그런데 필화 사건이 터져 친구와 나는 당회(목사와 장로로 구성된 교회의 최고 의결 기구)의 결정에 따라 학생회 회장과 부회장 자리에서 쫓겨나고 말았다. 필화 사건의 전말은 이러했다.

당시 교회는 부속 건물을 짓기 위해 특별 헌금을 모으고 있었다. 그때나 지금이나 교회가 건물을 증축 혹은 신축할 때 무리하게 헌금을 모은다. 목표액을 정하고 이를 달성하기 위해 여러 가지 방법을 동원한다. "하나님 나라에 보물을 쌓으라"며 특별 헌금을 요구한다. 요즘에는 특별 헌금의 종류가 수십 가지나 된다고 한다. 그리고 교인들에게 얼마를 낼 수 있는지 금액을 약정하도록 한다. 말이 좋아서 '약정'이지 교인들끼리 경쟁시키고, 약정액을 늘리라고 '강요'도 한다. 이 과정에서 어느 교인이 얼마를 약정하고, 어느 교인이 얼마나 많은 특별 헌금을 내는지 떠들썩하게 광고한다.

우리 교회에서도 그랬다. 친구와 내 눈에 비친 이런 행태는 성경의 가르침과 크게 어긋나는 것이었다. 예수는 바리새파 사람이 교회당에 들어와 요란을 떨면서 헌금하는 모습을 비판했고, 부끄러운 듯 몰래 내는 과부의 동전 한 닢이 하나님 앞에 더 귀한 선물이라고 했다.

친구는 특별 헌금을 내는 사람들의 이름과 액수를 광고 시간에 발표하고, 그 내용을 다음 주보에 싣는 행태가 면죄부를 팔던 중세 암흑기의 기독교 행태와 무엇이 다르냐며 특별 헌금 모금 방식을 비판하는 글을 실었다. 그리고 내게 어떤 글을 하나 주면서 이 글도 〈광야〉에 담자고 했다. 한국 기독교가 새롭게 태어나야 한다는 내용의 글이었다. 나는 그 글을 쓴 '강원룡 목사'가 어떤 분인지도 몰랐다.

두 글을 주된 내용으로 한 〈광야〉의 필경은 내가 맡았다. 필경 등사가 끝나고, 〈광야〉가 나왔다. 학생회 친구들에게 나눠주었고, 일부는 교회 어른들에게도 전달되었다. 교회가 발칵 뒤집힐 정도로 소란했다. 특히 나의 아버지는 그 교회의 장로였다. 교회의 큰 기둥이던 아버지의 아들이자, 일요일과 수요일 저녁 예배에도 빠짐없이 맨 앞자리에 앉아 있던 두 녀석이 이렇게 무시무시한 일을 저지르다니…….

나는 그때 교회 어른들이 왜 그렇게 화를 내는지 이해가 되지 않았다. 헌금을 강요하거나 요란을 떠는 것은 분명히 성경의 가르침에 어긋나는 일이고, 한국 교회가 새로워져야 한다는 강원룡 목사의 글도 너무나 당연한 내용인데 왜 그렇게 화를 내고 우리를 제명까지 했는지 이해하지 못했다.

그 이유를 알기까지 꽤 많은 시간이 걸렸다. 대학에 들어가서 보수적인 기독교의 억압 구조에서 해방되는 과정에 강원룡 목사가 한국기독교장로회(줄여서 '기장')에 소속된 목사이며, 내가 어릴 적 다니던 교회는 예수교장로회(줄여서 '예장')에서도 아주 보수적인 어느 종파에 속한 교회고, 더욱이 이 교파에서는 기장을 이단으로 본다는 것을 알았다. 이단인 강원룡 목사의 글을 실었고, 특별 헌금을 강요하는 것이 면죄부를 팔던 중세 기독교의 행태와 같다고 했으니 교회가 발칵 뒤집힐 수밖에 없었다.

결국 〈광야〉를 제작한 책임을 물어 친구와 나는 학생회 간부에서 제명되었다. 그래도 나는 교회의 틀을 벗어나지 못했으나, 친구는 제명당한 뒤 교회를 떠나고 말았다.

나는 상당 기간 동안 보수적인 기독교 신앙 체계를 굳게 믿었다. 고등학생 때는 목사가 되려고도 했다. 대학에 입학한 뒤 서울 생활을 시작하면서 영락교회에 다녔다. 한때는 아침 7시에 시작되는 일요일 1부 예배의 성가대 활동도 열심히 했다.

그러다가 어느 때부터인가 보수적 기독교 신앙이 용납되지 않았다. 성서에 대한 이해와 해석, 다른 종교와 기독교의 관계, 유일 구원론과 같은 극도의 배타성, 성서 무오류설 등 보수적 신앙 체계가 내게 전혀 맞지 않았다. 오히려 나를 옭아매는 억압 체제에 불과했다. 그 억압에서 해방되기 위해 참으로 많은 노력을 하며 고뇌의 시간을 보냈다.

대학교 3학년 때 향린교회를 알았고, 거기서 내 삶에 가장 많은 영향을 준 민중신학자 안병무 박사를 만났다. 안병무 박사가 만든 《현존》이라는 신학 잡지를 빼놓지 않고 열독했으며, 함석헌 선생님의 《씨알의 소리》, 성서학자 김재준 박사가 만든 잡지 《제3일》도 빼놓지 않고 읽었다. 세 분이 나의 영혼을 해방해주었다.

나는 종교와 기독교에 대해 나름대로 '진화'되었다고 생각한다. 기독교 근본주의자들이 보기에 '타락한 이단'일지 모르겠으나, 나는 배타적인 기독교 근본주의의 틀에서 해방되었고, 모든 종교를 열린 마음으로 볼 수 있다.

돌이켜보면 학생부 시절의 〈광야〉는 내 삶에서 '언론'과 처음 맺은 인연인 것 같다. 〈광야〉에 수필도 쓰고, 편집도 하고, 필경으로 제작도 했으니, 아주 초보적 형태의 언론 행위를 한 셈이다. 그때 필화 사건으로 제명된 것은 어쩌면 언론인으로서 나의 삶에 운명적 사건이 아니었나 싶기도 하다. 1975년 3월 17일 동아일보사에서 쫓겨났고, 2008년 8월 11일 한국방송공사(KBS) 사장 자리에서 다시 강제로 '해임'되었으니 말이다.

학림다방과 라일락 향기

—⟨대학신문⟩ 기자 시절

대학에 입학해서 경제학 공부는 별로 하지 않고 ⟨상대신문⟩을 만드는 일과 태권도를 열심히 했다. ⟨상대신문⟩은 예산이 별로 많지 않아 부정기적으로 나왔다. 당시 서울대 상대 학장은 나중에 서울대 총장을 지낸 최문환 교수였는데, 그는 ⟨상대신문⟩이 학내 문제뿐만 아니라 박정희 정권에 너무 비판적이라며, "북한 로동신문보다 지독한 신문"이라고 혀를 내둘렀다는 이야기를 선배들에게 전해 들었다.

1학년 때 ⟨상대신문⟩에 기자로 들어간 동기생 가운데는 '국민의 정부' 때 기획예산처 장관을, '참여정부' 때 해양수산부 장관을 지낸 장승우(2010년 작고)가 있고, 나의 좋은 벗 이성열(전 외환은행 지점장)도 함께 기자 생활을 했다. 1년 위로는 안국신 선배(현 중앙대 총장), 2년 위로는 정운영(전 한신대 교수, 2005년 작고), 김동녕(한세실업, 예스24 사장) 선배 등이 생각난다. ⟨상대신문⟩ 선배 중에는 성공회대학 신영복 교수도 있다.

〈상대신문〉 시절은 내게 아련한 추억으로 남았다. 자주 발간하지는 못했지만 신문을 낼 때마다 선배들과 어울려 즐겁게 일했다. 아무 간섭도 없이 우리가 쓰고 싶은 글, 하고 싶은 이야기를 마음껏 쓸 수 있었고, 신문사 안의 자리를 놓고 으르렁대는 일도 없었다. 나는 기사뿐만 아니라 콩트를 써서 발표하기도 했다.

무엇보다 〈상대신문〉을 만들면서 편집하는 일을 배웠고, 신문이 제작되어 나오는 과정을 직접 경험했다. '언론'이라는 일에 좀더 관심과 흥미가 생긴 계기가 되었다. 1년 동안 〈상대신문〉 기자로 일하다가 대학 2학년 때 서울대 전체를 아우르는 〈대학신문〉에서 일할 수 있는 기회가 왔다.

당시 서울대는 관악캠퍼스로 옮기기 전(1975년에 관악캠퍼스로 이전)이어서 각 단과대학이 서울과 수원 등에 흩어져 있었다. 지금 소극장이 많은 서울 혜화동 근방 대학로에는 문리대와 법대, 미대, 의대, 치대, 약학대가 있었고, 음대는 을지로6가 쪽에 있었다. 공과대는 시내에서 꽤나 떨어진 공릉동 쪽에, 농대는 수원에 있었다. 내가 다니던 상과대학은 고려대 이웃인 종암동에 있었다. 학교 건물은 일제강점기 경성상업전문학교 시절부터 사용하던 것이다. 우리는 그 낡은 건물을 '고려대 변소'라고 불렀다. 언젠가 국산 반공 영화를 촬영할 때 상대 본관 건물이 북한 로동당 본부 건물로 쓰이기도 했다는 이야기가 전설처럼 내려왔다. 대학 캠퍼스의 낭만이라고는 도무지 찾아보기 어려운 삭막한 곳이었다.

각 단과대학 캠퍼스가 여러 곳에 흩어져 있다 보니, 이들을 한데 묶는 역할을 하는 학생 종합 신문이 필요했던 모양이다. 그게 〈대학신문〉이다. 기자 구성도 특이했다. 학생이 많은 문리대와 사범대는 남학생 기자와 여학생 기자를 한 명씩 두었고, 나머지 대학은 한 명만 두었다. 그러다 보니 단과대학을 대표하는 학생 기자는 선배가 그만두면서 자리가 비어야 들어갈 수 있었다. 내가 2학년 때 〈대학신문〉 학생 기자를 하던 상과대학 선배가 그만두면서 자리가 비었는데, 한 명을 뽑기 위해 공개 시험을 치렀다. 꽤 많은 친구들과 함께 시험을 쳤는데, 운 좋게 내가 합격했다. 대학 2학년 때인 1967년 봄의 일이다. 그때 나와 함께 〈대학신문〉에 들어간 동료 기자는 의대, 미대, 음대의 기자였다. 의대 기자는 본과 2학년으로 나보다 나이가 많고 입학이 빨랐으나, 미대와 음대 학생 기자는 나와 같은 2학년이었다.

〈대학신문〉은 부정기적으로 나오던 〈상대신문〉과 달리 1주일에 한 번씩 8면 신문이 나왔다. 학보사 일에 빼앗기는 시간이 적지 않았다. 게다가 〈대학신문〉이 지금의 대학로에 있는 의대와 약대 사이의 '함춘원'이라는 건물에 있었는데, 내가 다니던 상과대학에서는 상당히 멀었다. 종암동의 상대 캠퍼스에는 수업이 있을 때만 가고, 나머지 시간은 거의 대학로 근방에서 보냈다. 그때 자주 가던 곳이 '학림다방'이다. 클래식 원반이 가득한 그곳에서 나는 베토벤과 브람스, 모차르트 등을 즐겨 들었다.

〈대학신문〉의 일은 본격적인 기자 수업을 하는 데 도움이 되었다. 기사도 많이 쓰고, 취재도 많이 했다. 그러나 돌아보면 유쾌하지 못한 일도 적지 않았다. 가장 거슬리는 일은 간섭이 많았다는 점이다. 앞에서 이야기했다시피 〈상대신문〉은 기사 아이템 선정, 취재, 기사 작성, 편집, 제작 등 전 과정을 학생 기자들이 맡아서 했다. 그런데 〈대학신문〉은 편집 최고 책임자인 주필을 교수가 맡았고, 그 아래 학생 편집장이 있었다. 자문 교수단이 편집 방향과 제작된 신문에 대한 평가도 했다. 학생 편집장과 기자가 신문 제작에 관련된 실무를 했지만, 민감한 사안은 주필인 교수와 자문 교수단이 '간섭'하게 마련이었다. 그래서 교수와 학생 기자 사이에 갈등이 종종 일어났다.

학생 기자들 사이에 이상한 파벌 같은 것이 생기기도 했다. 지역 문제에 따른 파벌도 있고, 경기고 출신과 다른 학교 출신 따위의 문제로 갈등이 벌어지기도 했다. 주필인 교수에게 비판적이냐 아니냐에 따라 학생 기자들의 관계가 서먹해지기도 했고, 그런 분위기를 이용해서 후배를 자기편으로 끌어들이는 '못난 선배'도 있었다.

대학 3학년 때 〈대학신문〉 학생 편집장이 되었다. 4학년 선배들이 나간 뒤였으니, 어느덧 내가 고참이었다. 내가 학생 편집장일 때 주필 교수와 적지 않은 마찰이 있었다. 그는 드러내지 않았으나 박정희 정권에 우호적 입장을 취한 것으로 보였다. 박정희 정권의 정책을 비판하는 글을 다루려고 하면 이런저런 이유를 대면서 제동을 걸었다. 자연히 서로 언성을 높이며 싸우는 일도 있었다.

당시 〈대학신문〉은 덕수궁 옆에 있던 신아일보에서 토요일마다 제작을 했다. 금요일 저녁까지 기사를 모두 마감하여 편집을 끝낸 뒤 토요일 오전에 신아일보에 가서 제작을 마쳤다. 신문 제작을 끝내면 근방에 있는 식당에 가서 함께 식사를 했다.

어느 토요일에 신문 제작을 끝낸 뒤 식사하다가 주필 교수와 대판 싸웠다. 무슨 일 때문에 다퉜는지 정확하게 생각나지 않지만, 그날 주필 교수는 정말 화가 났다. 그는 숟가락을 집어던지면서 나에게 상스러운 욕설을 퍼부었다.

그는 나중에 박정희 대통령이 영구 집권을 위해 1972년 10월 도입한 유신정우회(약칭 유정회)의 국회의원이 되었다. 대통령은 장충체육관에 모인 통일주체국민회의라는 거수기 역할을 하는 인물들에 의해 선출되었고, 박정희 대통령이 미리 선정한 '유정회 국회의원 후보들'은 통일주체국민회의의 일방적 찬성으로 모두 승인되던 시절이다. 유정회는 전체 국회의원의 3분의 1을 차지하여 원내 교섭단체까지 꾸린, 박정희 직속 의회 조직이다. 나와 자주 싸우던 주필 교수는 유정회 국회의원을 두 번 역임했다.

어쨌거나 〈대학신문〉 학생 기자 시절의 추억은 그다지 유쾌하지 못하다. 아직 그 시절의 낭만이 조금이라도 남았다면 학림다방에서 듣던 음악, 삭막한 종암동 캠퍼스와 달리 봄이 되면 라일락 향내가 진동하던 문리대 캠퍼스를 즐긴 정도라고 할까. 그런 가운데서도 글을 쓰고, 주어진 한계 속에서 조그만 보람은 느낄 수 있었다. 돌아보면 언론인의 삶을 향해 조금씩 다가서는 과정이었던 셈이다.

'비둘기 통'의 반가운 해후

―그리운 아이들, 영빈이와 웅세

사방이 희뿌옇다. 짙은 안개 속이다.

아이는 저만치서 나를 우두커니 바라보았다. 그런데 아이의 형체만 보일 뿐, 얼굴은 도무지 선명하게 보이지 않았다. 안타까운 마음에 아이의 얼굴을 보려고 다가섰다. 그러자 아이는 흠칫 놀란 듯 뒷걸음쳤다. 나는 이름을 부르며 다시 아이에게 다가섰다.

"웅세야!"

아이는 계속 뒷걸음치다가 어느 순간 안개 속으로 사라지고 말았다. 나는 아이 이름을 부르며 계속 달려갔다. 안개는 끝이 없었다. 나는 계속 아이의 이름을 부르며 달려갔다. 그리고 지쳐 쓰러졌다.

눈을 떴다. 천장에 걸린 노란 전등알이 시야에 들어왔다. 성동구치소 감방이었다. 또 그 꿈을 꾼 것이다. 그즈음 나는 얼굴 모양새가 선명하지 않은 웅세의 꿈을 자주 꾸었다.

웅세는 내 둘째 아들의 이름이다. 1977년 11월 3일생. 1970년대 후반, 재야에서 친형님처럼 가깝게 지내던 시인 고은 선생이 지어준 이름이다. 이다음에 커서 '한 발자국을 움직일 때마다 세상을 흔들어놓는 인물'이 되라며 '웅보세중雄步世中'에서 두 글자를 따 웅세라고 지어주었다.

나는 웅세가 돌이 지났을 즈음 경찰에 잡혀가고 끝내 구속되어 지금쯤 얼마나 자랐는지, 어떤 모습인지, 얼굴은 어떻게 생겼는지, 세 살 위인 영빈이는 또 어떤 모습으로 자랐는지 알지 못했다. 늘 가슴 저미게 그립고 보고 싶은 얼굴이다.

아내는 아이들을 면회실에 데려오지 않았다. 나도 그것을 원하지 않았다. 아이들 마음속에 살벌한 감옥의 모습을 담게 하고 싶지 않았고, 그보다 나는 아이들에게 "신문학 박사가 되기 위해 미국으로 공부하러 간 아빠"가 되어 있었다. 요즘은 어떤지 모르겠으나, 당시에는 아이들 사진 반입도 허락되지 않았다. 면회실에서 슬쩍 아이들 사진을 볼 수도 있었을 터였다. 아내에게 몇 차례 아이들 얼굴이 보고 싶다고 말했지만, 아내는 사진을 가져오지 않았다. 아이들을 그리는 마음으로 남편의 감옥살이가 힘들어질까 염려했을 것이다.

1979년 7월 말께 웅세 꿈을 자주 꾼 이유는 8개월 동안 보지 못한 그리움과 곧 있을 2심 결심공판 때문이 아니었나 싶다. 재판 결과야 빤할 테지만, 오랜만에 바깥나들이를 하면서 그리운 얼굴들을 볼 수 있다는 기대감으로 그리움의 한가운데 자리 잡은 아이들의 얼굴이 자주 꿈에 나타나지 않았을까.

재판이 열리는 날이면 소풍 가는 아이들처럼 마음이 들떴다. 법정에서 만날 반가운 얼굴들에 대한 기대, 아니 그 전에 평소 서울의 거리 모습, 보통 사람들의 일상적인 생활 모습을 볼 수 있다는 기대에 가슴이 여간 벅차지 않았다. 갇힌 이들에게 가장 절실한 그리움의 대상은 극히 일상적인 것들이다. 아이들이 재잘거리는 모습, 부엌에서 일하는 아내의 뒷모습, 동네 아파트 어귀에 있는 과일 장사 아저씨의 담배 피우는 모습, 심지어 버스 정류장에서 만원 버스를 기다리는 사람들의 모습조차 정겹게 그리운 법이다.

법정에 들어가기 전에 0.3평도 되지 않는 '비둘기 통'(법정 대기실을 이렇게 불렀다)에서 홀로 앉아 몇 시간을 갑갑하게 기다려야 하지만, 법정에서 잠깐이나마 그리운 얼굴들을 보는 기쁨에 비하면 아무것도 아니었다.

유신 정권의 만병통치약, 긴급조치 9호

—〈보도되지 않은 민주 인권 사건 일지〉 사건

우리를 그 좁디좁은 비둘기 통과 밤새 노란 전등불이 켜진 감방에 처넣었던 사건은 흔히 '동아투위 민주 인권 사건 일지' 사건이라 불렸다. 동아투위는 자유 언론을 외치다 1975년 3월 17일 동아일보사에서 강제로 쫓겨난 기자, 아나운서, 프로듀서 등 140여 명이 모여서 만든 '동아자유언론수호투쟁위원회'를 줄인 말이다. 우리는 1978년 10월 24일, 권력에 재갈 물린 제도 언론이 일절 보도하지 않던 학생 시위, 노동운동, 농민운동, 재야의 움직임 등을 모아 일지로 만들었다. 1977년 10월부터 1978년 9월까지 벌어진 사건들을 모아 〈보도되지 않은 민주 인권 사건 일지〉라고 이름 붙였다. 10월 24일이 특별한 의미가 있는 것은 1974년 10월 24일에 동아일보 기자와 프로듀서, 아나운서들이 '자유 언론 실천 선언'을 하고, 이때부터 본격적인 자유 언론 투쟁에 나섰기 때문이다.

이 일지 사건으로 동아투위 열 명(안종필, 윤활식, 장윤환, 안성열, 이기

중, 박종만, 성유보, 김종철, 홍종민, 정연주)이 긴급조치 9호 위반으로 구속됐다. 우리 열 명을 감옥에 집어넣은 〈보도되지 않은 민주 인권 사건 일지〉는 발생한 사건을 아무런 논평 없이 간단하게 기록한 것에 불과했다. 예를 들어 1977년 10월 치를 보면 다음과 같다.

- **서울대 10·7 데모** : 10월 7일 오후 2시경 서울대생 1500여 명이 민주주의와 학원의 자유를 외치며 데모. 400여 명 연행. 심상완, 박홍렬, 최상일, 박관석, 김용관, 홍윤기, 강천, 진경재 등 8명 구속. 제적 8명. 무기정학 30명.
- **연세대 유인물 사건** : 10월 12일 연세대에 '구국 선언서'라는 유인물 살포. 유인물을 만든 노영민, 김거성 구속.
- **연세대 10·25 데모** : 연세대생 2000여 명이 25일 정오, 반정부 구호를 외치며 4시간 동안 유혈 데모. 연행 400여 명. 구속 7명(강성구, 공유상, 오성광, 이상훈, 박성훈, 김영환, 이대수).

이처럼 단순하게 사건을 기록하고 일지 형식으로 모아 만든 유인물이 〈보도되지 않은 민주 인권 사건 일지〉다. 필경 등사기로 만든 6쪽짜리 유인물이 유신 권력에 의해 '불온 유인물' '사실 왜곡'으로 둔갑했다. 발생한 사건을 있는 그대로 기술한 것도 사실 왜곡이었다. 그들은 왜 그렇게 사실 왜곡을 강조했을까? 긴급조치 9호에는 사실 왜곡일 경우 무엇이든 할 수 있게 되어 있었기 때문이다. 그것만 걸면 만사형통이었다.

공안검사 김기현이 쓴 공소장

피고인 : 정연주
생년월일 : 1946년 11월 22일생
직업 : 영어 번역(동아자유언론수호투쟁위원회 상임위원)
죄명 : 국가 안전과 공공질서의 수호를 위한 대통령 긴급조치 위반
적용 법조 : 동 조치 제7, 제2, 제1의 가, 나, 형법 제37조, 제38조
공소사실 : 피고인 박종만, 피고인 정연주는 동아일보사 해직 기자들로 조직된 동아자유언론
수호투쟁위원회 상임위원들로서,

1. 피고인 등은 1978년 10월 5일 오후 7시. 서울 종로구 청진동 291-1 소재 동화빌딩 303호
위 투쟁위원회 사무실에서 동 위원회 위원장인 안종필, 동 위원회 총무인 홍종민, 동 상임위
원인 임채정 등과 함께 상임위원회를 개최하여 1978년 10월 24일 자유 언론 실천 선언 4주
년을 맞아 동 투쟁위원회 위원들의 입장을 밝히고 〈보도되지 않은 민주 인권 사건 일지〉를 각
위원들에게 알리자는 결의를 하여 불온 유인물을 제작·배포할 것을 공모하고 박종만·정연
주·임채정 등은 원고 자료로 목요 기도회 등에서 제작한 각종 불온 유인물을 정리·참고하여
박종만이 〈진정한 민주 민족 언론 좌표〉라는 제목의 "우리 사회에 있어서 민주주의와 자유 언
론에 대한 가장 큰 장애 요소는 유신헌법과 그에서 파생된 긴급조치다" 등 대한민국 헌법과
긴급조치 9호를 비방하는 내용의 원고와 〈보도되지 않은 민주 인권 사건 일지〉라는 제목의
불온 내용 원고를 작성하여 동월 16일 10시경 위 사무실에서 위 홍종민 총무에게 교부하고,
홍종민은 동월 18일 10시 30분부터 동월 19일 8시 30분까지 위 같은 곳에서 등사기와 8절
모조지를 사용하여 위 원고 내용대로 등사하여 불온 유인물 160부(1부는 〈진정한 민주 민족
언론 좌표〉 2면과 〈보도되지 않은 민주 인권 사건 일지〉 6면으로 편철됨)를 제작하여 동월 24
일 19시 서울 종로 한일관 음식점에서 개최된 자유 언론 실천 선언 4주년 기념식 석상에서
참석한 공소 외 천관우, 송건호 외 투쟁위원회 위원 80여 명에게 1부씩 배포하고,

2. 피고인 정연주는
가. 1978년 11월 13일 19시경 위 동화빌딩 303호 사무실에서 동 위원회 위원장 직무대리인
공소 외 이병주와 동 총무 직무대리인 공소 외 양한수 등과 상임위원회를 개최하여 1978년
10월 24일 이후 있었던 사건 경위와 1978년 10월 17일 이후 보도되지 않은 사건 등을 11월
17일자 '동아투위 소식'이란 유인물에 게재하기로 결의하여 불온 유인물을 제작할 것을 공모
하고, 동월 15일 13시경부터 18시까지 피고인은 위 사무실에서 목요 기도회 등에서 제작한 각
종 불온 유인물을 참고로 하여 〈위원장 총무 등 6명의 구속 사태를 맞아〉라는 제목으로 "오늘
이 땅의 제도 언론은 길가의 돌멩이가 일어서 소리칠 만큼 침묵과 무기력으로 시종하고 있다.
국민이 알아야 할 권리를 묵살하고 알려야 할 의무를 포기한 그들 제도 언론의 작태는 이 땅
에 끝없는 암흑과 우민화의 풍토를 조성하는 데 기여할 뿐이다" "구속된 안종필 위원장 등 위

원을 즉각 석방하라" "자유 언론을 압살하는 모든 법과 제도를 철폐하라" 등 사실을 왜곡하고 긴급조치 9호의 철폐를 주장하는 내용의 원고를 작성하여 그날 19시경 같은 곳에서 위 양한 수에게 교부하고, 양한수는 동월 16일 10시경부터 12시경까지 같은 사무실에서 등사기와 16절지를 사용하여 위 원고 내용대로 등사하여 불온 유인물 400부(1부 전면 2매)를 제작하고,

나. 동월 17일 13시 45분경 서울 종로구 청진동 119 소재 한일관 음식점에서 개최된 동 위원회 월례회에서 제작한 위 유인물 200부를 참석 회원 43명에게 배포한 것이다.

1. 다음 각 호의 행위를 금한다.

(가) 유언비어를 날조·유포하거나 사실을 왜곡하여 전파하는 행위

(나) 집회·시위 또는 신문·방송·통신 등 공중 전파 수단이나 문서·도서·음반 등 표현물에 의하여 대한민국 헌법을 부정·반대·왜곡 또는 비방하거나 그 개정 또는 폐지를 주장·청원·선동 또는 선전하는 행위

(다) 학교 당국의 지도·감독 하에 행하는 수업·연구 또는 학교장의 사전 허가를 받았거나 기타 의례적·비정치적 활동을 제외한 학생의 집회·시위 또는 정치 관여 행위

(라) 이 조치를 공연히 비방하는 행위

2. 제1에 위반한 내용을 방송·보도·기타의 방법으로 공연히 전파하거나 그 내용의 표현들을 제작·배포·판매·소지 또는 전시하는 행위를 금한다.

......

7. 이 조치를 위반한 자는 1년 이상의 유기징역에 처한다.

8. 이 조치를 위반한 자는 법관의 영장 없이 체포·구금·압수 또는 수색할 수 있다.

......

1975년 5월 13일 오후 3시를 기해 시행된 '대통령 긴급조치 9호'의 주요 내용이다.

유신헌법의 개정에 대해 이야기할 수 없으며, 그런 내용을 전해서도 안 되었다. 대학에서는 학교장의 사전 허가 없이 열리는 집회와 시위가 금지되었다. 그리고 그런 내용을 알리거나 그런 내용을 담은 문건을 소지하고 있어도 긴급조치 9호 위반이었다. 법관의 영장 없이도 얼마든지 체포·구금·압수·수색할 수 있었다. 유신 정권의 입장에서 보면 긴급조치 9호는 만병통치약과 같았다.

'막걸리 긴급조치'와
'노란 딱지' '빨간 딱지'

—역사의 현장, 서대문형무소

〈보도되지 않은 민주 인권 사건 일지〉 사건으로 1978년 10월과 11월에 일곱 명이 구속되었고, 이듬해 1월 세 명이 추가로 구속되어 동아투위 열 명이 감옥에 갇혔다. 우리는 1심 재판이 진행되는 동안 모두 서대문 형무소(이 명칭은 1923년부터 1946년까지 사용되었고, 이후 경성형무소, 서울형무소, 서울교도소 등으로 명칭이 바뀌다가 1967년 이후 '서울구치소'가 되었다. 서울구치소는 1987년 의왕시로 이전했는데, 여기서는 역사적 상징성을 고려해 '서대문형무소'로 표현했다. 이후에는 서울구치소로 표기한다.)에 수감됐다.

당시 서울구치소에는 긴급조치 9호 위반, 반공법 위반 등으로 구속된 정치범이 60명 남짓 있었다. 술 한잔 마시고 외마디 소리를 지르다가 구속된 '막걸리 긴급조치' 혹은 '막걸리 반공법'을 제외하고는 모두 독방에 수감됐다. 서울구치소에 수감된 막걸리 긴급조치 위반자 가운데는 술에 취해 박정희 대통령의 큰딸 근혜 양의 용돈을 대주고 있다고 큰소리치다가 잡혀온 인물도 있었다. 막걸리 반공법 위반자 가운데는 외항선을 타는 선원들이 더러 있었는데, 술에 취해 북한 노래를 부르다 반공법 위반으로 잡혀온 경우도 적지 않았다. 이들은 긴급조치나 반공법을 위반했으면서도 정치범으로 분류되지 않아 일반 죄수들과 합방했으며, 긴급조치 위반자들의 죄수복 왼쪽 가슴에 붙이던 '노란 딱지'나 반공법 위반자들에게 붙이던 '빨간 딱지'도 붙이지 않았다. 교도관들은 긴급조치 위반자들을 '노란 딱지', 반공법 위반자들을 '빨간 딱지'라고 불렀다.

나는 4사 상 15방(네 번째 사동의 위층이라는 뜻. 네 번째 사동 아래층은 '4사 하'라고 부름)을 배정받았는데, 30방에 리영희 선생이 계셨고, 6방에는 김대중 선생의 비서 김옥두 선생(전 민주당 의원)이 있었다. 바로 앞 사동인 5사 상의 복도 건너편 쪽에는 김지하 시인이 있었고, 5사 하에는 민족경제학자 박현채 선생도 있었다.

아침 6시면 기상하여 기상 점호를 받은 뒤 1방 옆에 있는 세면실로 가면서 잠시나마 반가운 해후를 했다. 리영희 선생이 지나갈 때쯤 되면 나는 창살 앞에 서서 기다렸다. 그러면 리영희 선생이 내 방 앞에 2초 정도 머물면서 잘 주무셨는가, 묻곤 했다. 내 차례가 되어 문밖으로 나가면 5사 하에 있는 박현채 선생에게 "장비 형님, 안녕히 주무셨습니까?" 외치며 아침 문안 인사를 드렸다. 우리는 박현채 선생을 그렇게 불렀다. 6방 앞을 지나면서 김옥두 선생에게도 인사했다. 그는 중앙정보부에서 수없이 고문을 당해 한쪽 귀를 거의 듣지 못했고, 한쪽 다리도 절었다.

그즈음 '크리스찬아카데미 사건'으로 대학 동창인 나의 벗 황한식(부산대 경제학과 교수)도 서울구치소에 '합류'했다. 그는 한명숙(전 국무총리)·신인령(전 이화여대 총장)·이우재(전 한나라당 의원)·장상환(경상대 교수)·김세균(서울대 교수) 씨 등과 함께 반공법 위반으로 구속됐다.

이 밖에도 많은 학생들이 긴급조치와 반공법 위반으로 들어왔다. 서울구치소는 역사의 아픔에 동참한 수많은 사람들로 채워졌다. 내가 이 역사의 현장에 참여한 것은 1978년 11월 말께다.

종로경찰서 유치장에서 1주일을 보낸 뒤 검찰을 거쳐 어느 날 자정 가까운 시간에 서울구치소로 옮겨졌다. 구속영장이 떨어진 모든 피의자들과 함께 교도관 앞에서 발가벗긴 채 몸수색을 당했다. 그들은 인간 신체의 온갖 은밀한 부분까지 확인했다. 나중에 들은 얘기로는, 자주 감방을 들락거리는 전과자들이 담배를 항문에 숨겨서 들어오기 때문에 그런 조사를 한다고 했다.

6527 정연주 귀하

서울구치소에 수감된 지 열흘쯤 지났을까, 아내의 첫 편지가 왔다. 겉
봉에는 낯익은 아내의 글씨로 '서울 서대문구 현저동 101번지 서울구
치소 6527 정연주 귀하'라고 적혀 있었다. 6527은 나의 수번이다. 감옥
에서는 그게 내 이름이었다. 아내의 편지를 받는 순간, 눈물이 핑 돌았
다. 아이들 얼굴이 그 위로 겹쳐 떠올랐다.

1978년 12월 11일.

여보, 하늘은 온통 잿빛투성이입니다.

내내 영상이어서 김치가 시거나 말거나 참 좋아들 했는데, 오늘부터 기
온이 다시 영하로 떨어진대요. '올 겨울만큼은 제발 춥지 말았으면……'
하고 마음을 다하다 보니 당신이 가장 싫어하는 '이기적'이 되었어요. 그
렇다면 다른 해 겨울철은 혹한이어도 좋다는 말인가?

곤하게 자다가 벨 소리에 깜짝 놀라 현관문에 "누구세요?" 해도 묵묵부

답이었습니다. 렌즈로 봐도 어느 집 불빛이 커다랗게 보일 뿐, 바람을 가로지르는 자동차 소리뿐이었습니다. 비로소 나는 현실을 인식했습니다. 고요가, 모든 고요가 내 한 몸을 꽉 엄습해왔습니다.

당신은 그곳 회벽 네모진 시멘트 안에서 웅크리고 앉아 있어도, 당신과 피를 나눈 나는 배고파 밥 먹고, 움직이고, 웃고 떠들고…… 지구는 여전히 공전과 자전을 하며, 태양은 변함없이 동에서 떠 서쪽으로 지더이다. 역사는 수레바퀴처럼 모든 진실을 되새기면서 묵묵히 돌고 있습니다. 단종이 왕이었다는 사실이 알려진 것은 그가 영월에서 죽음을 당한 지 270년 만이었답니다. 세조가 단종을 없애면서 단종이 있었다는 사실을 모조리 없애버렸답니다.

그러나 최소한 영월에 살던 백성들은 그 이야기를 후손에게 구두로 전해줬겠지요. 270년 안에 산 사람들은 단종이 있었다는 사실을 모르고 살다 간 셈이지요. 그러나 오늘날 우리는 단종이 이조 역대 왕 중의 한 사람이었다는 사실을 역사 시간을 통해 배웠습니다.

정연주 씨, 당신이라는 실체는 무엇인지? '성경과 그리스도를 실존적 자아 속에 새기고 실천하려는 사람'일까?

아이들 걱정은 마세요.

웅세의 재롱이 한창입니다. 성질도 있고, 신경질도 많고…… 영빈이는 당신 편지를 화분의 화초 속에 꽂아놓고 그것을 꺼내 읽어보곤 한답니다. 크리스마스카드를 당신 이름으로 하여 영빈이에게 보내야 할 나이가 됐습니다. 산타 할아버지가 보내주신 양말도 만들어 걸어야 할 나이가 됐구요.

성 바오로는 옥중에서 그 귀중한 말씀을 남겼고, 송강 정철도 귀양살이를 하면서 우리 문학사에 '가사 문학'이라는 커다란 업적을 남기고 떠나갔습니다.

당신도 뭔가 쓰고 싶은 욕망이 가득할 겁니다.

인생은 유한하고, 역사는 무한하며, 그러기에 오늘 우리의 '선택받은 이별'을 남겨야 할 것입니다.

나는 당신에게 쓰는 이 편지로 남기려 하니, 이 편지는 절대로 없애지 마셨으면 합니다.

부디, 부디 건강만 하세요. 영 드림.

편지를 없애다니, 나는 그것을 신주단지처럼 모시면서 읽고 또 읽었다. 얼마나 읽었는지 얼마 지나지 않아 거의 외우다시피 했다. 재롱이 한창이라는 웅세, 내 편지를 화초에 넣어두고 읽는다는 영빈이……

그 편지를 받은 지 열흘쯤 지난 뒤 아내의 두 번째 편지가 왔다.

1978년 12월 23일.

여보, 면회를 하고 오면 당신 혼자만 아프리카 오지, 아니 우주의 어느 한복판에 놔두고 혼자 도망치는 것 같아 면회가 끝난 뒤에도 괜스레 구치소 굳은 마당에서 서성대다가 오곤 합니다. 그런 때의 하늘은 음울한 회색빛을 칠하고 있습니다. 당신같이 맑고 맑은 사람들이 그런 곳에 계시는데도 자연의 순리는 옛날과 다름없이 유지되고 있습니다. 우박이 떨어진다든지 비바람이 치는 광경은 없고, 모든 것이 여전했습니다.

하느님은 도대체 어디 계시는가? 바로 당신이 받는 그 고난의 현장에 계십니다. 외롭지 않도록, 춥지 않도록 바로 당신 안에 주님이 계십니다.

저는 당신을 믿습니다. 어떤 상황에서도 잘 적응하실 것이라는 생각이 나를 평안하게 합니다. 이 뜨거운 방에서 자는데 죄책감도 들지 않고요. 매일 일찍 일어나라고 깨우는 잔소리, 일찍 들어오시라는 잔소리가 없어서 얼마나 홀가분하고 좋으세요? 노아가 햇볕이 쨍쨍 내리쬐는 여름날 방주를 만들기 위해 못질만 해대니 그의 부인이 노상 바가지를 긁었겠지요?

그러나 그런 무능한(?) 남편 덕택에 홍수에 죽지 않고 오래도록 생을 누렸듯이, 나도 당신 덕으로 천당 갈지도 모른다는 계산을 열심히 합니다.

당신을 아는 모든 사람들의 염려는 당신이 추위에 약하다는 점입니다. 춥지만 주어진 상황이니 의미를 주세요. 또 쓸게요. 영 드림.

'검열 필' 도장이 찍힌 아내의 편지는 그 뒤로도 이어졌다.

영빈이가 당신에게서 온 편지를 크리스마스트리에 걸어놓고 아침에 일어날 때마다 읽어보곤 합니다. ……웅세는 몰라보리만큼 새로운 것이 많습니다. 과연 그는 '한 발자국 걸을 때마다 세상을 깜짝깜짝 놀라게 하는' 아이가 되려나 봅니다. 조용하다가도 화가 나면 뒤집어서 발을 동동 구르고, 손으로 제 가슴을 쥐어뜯곤 합니다. 당신처럼 세상에 불만이 많은가 봐요.

1979년 1월 1일자 편지에는 아이들 모습을 생생하게 담아 보내기도 했다. 그 뒤 아내는 때로는 원망을, 때로는 가슴 저미는 그리움을 담은 편지를 보냈다. 1주일에 한 번 허용되는 3분짜리 면회로는 채워지지 않는 갈망과 한이 있었을 것이다. 동아투위 기념일인 1979년 3월 17일 (동아일보에서 쫓겨난 1975년 3월 17일에 동아투위가 생겨났으며, 해마다 이날을 동아투위 기념일로 지켰다)에 쓴 편지에는 투정과 원망, 그리움이 서려 있었다.

당신들이 쫓겨난 것을 기념하는 장소에 갔습니다. 벌써 4년이나 지났다는 감회(?) 때문인지, 새벽 4시가 다 되어가는데도 잠이 오지 않아 이 글을 쓰고 있습니다.

당신은 차가운 감방에서 한창 재롱인 아이들 모습이 보고 싶어 얼마나 뒤척이는 밤이었을까요?

그저 좋아하는 마음 하나로 시집온 제가, 어언 5년을 어떻게 살아왔는지? 만삭이던 제가 당신을 기다리는 데 온 신경이 집중되어 임산부 섭생도 제대로 하지 못했지요. 밤새 라디오를 틀어놓고 잠들기 일쑤였다가 잠든 사이 혹 당신이 몰래 들어와 주무시겠지 하는 꿈속의 안도감이 깨어질 때 그 허전함과 공포심이란…….

생각하면 당신은 신혼 선물치고는 참으로 커다란 선물(?)을 주셨나 싶습니다. 이럴 줄 알았으면 텅 빈 버스를 그냥 타고 집에 오는 건데, 눈 내리는 호수 정경을 좀더 보려다 택시 같기도 하고 자가용 같기도 한 차에 아무 생각 없이 손을 들어버린 게 잘못이었습니다. 저는 늘 우리가 인연이 된 그 순간순간을 생각하곤 하는데, '인연'이란 참으로 기묘한 것 같아요.

영빈이는 당신 엽서를 받고는 이불 속으로 가지고 가더니 울었습니다. 아빠라는 말만 나오면 어쩔 줄 몰라요.

창밖은 달이 휘영청 밝습니다.

면회하고 집에 오면 허전해집니다. 그래서 당신한테 전화하려는 착각에 빠지기도 합니다.

당신의 여자 친구 한 분은 당신한테 전화 좀 할 수 없느냐고 묻더군요. 감옥이 '송광사 절골' 같다는 당신한테는 이 집이 어쩌면 '창살 없는 감옥'이었을 겁니다.

과연 역사란 무엇입니까? 당신의 고독과 나의 한숨을 다 삼켜버리고, 우리 아이들의 아빠에 대한 그리움을 모두 쓸어버리고, 그냥 흘러가는 저 강물 같은 게 아니겠습니까?

아직 우리에게 봄은 멀었건만, 봄이 어디에 와 있는지 까마득한데 정녕 봄은 오고 있나 봅니다.

출감하면 뭣이든 다섯 배로 보상해주겠다는 당신 말에 기대를 걸어보며 잠을 청하겠습니다. 어쩐지 당신도 지금쯤 잠 못 이루고 있을 것 같다는 생각이 드는군요. 건강하세요. 영 드림.

첫아들 영빈이는 내가 동아일보에서 쫓겨나고 닷새 뒤에 태어났다. 그래서 영빈이와 동아투위 나이는 같다. 그가 세상에 나오기 직전, 나는 동아일보 2층 공무국에서 동료 23명과 함께 마지막 제작 거부 농성을 벌이며 단식 중이었다. 그즈음 영빈이가 태어났다고 해서 동아투위 위원들은 그를 '단식이'라고 부르기도 했다.

영빈이는 어릴 때부터 밤잠이 없었다. 나는 당시 영어 번역을 하면서 지냈는데, 번역을 주로 밤에 했다. 내가 번역하느라 책상에 쪼그려 앉아 있으면 영빈이는 내 주위를 밤늦게까지 떠나지 않았다. 그가 세 살인가 되던 해, 나는 원고지에 글을 써서 한글을 가르치기 시작했다. 그때 가, 나, 다를 가르치며 사용한 낱말이 지금도 생생하게 떠오른다. 가위, 나비, 다람쥐, 라디오, 마루, 바보, 사자, 아빠, 자동차……

영빈이는 그렇게 익힌 한글로 내가 보낸 엽서를 읽을 수 있었다. 나는 큰 글씨로 그가 알 만한 낱말을 사용하여 엽서를 보냈다. 아빠는 미국에서 신문학 박사가 되려고 공부하고 있으니, 엄마 말씀 잘 듣고 건강하게 무럭무럭 크라고. 영빈이가 그 엽서를 들고 이불 속으로 들어가 울었다니, 나는 도대체 어떤 아빠인가?

내 아내 조영화

─우연과 필연

아내가 "텅 빈 버스를 그냥 타고 집에 오는 건데……"라고 한탄하면서 '인연'을 강조한 대목을 읽으니, 문득 눈발 흩어지던 만경의 겨울 들녘이 아련한 그리움으로 떠올랐다.

그날은 1973년 12월 19일이다. 동아일보 호남 기동 취재반이던 나는 마지막 취재로 금만경 평야 일대를 다니며 취재 중이었다. 농수산부 통계가 얼마나 엉터리인지 밝히기 위해 상부에 보고된 쌀 작황과 현지의 실제 작황을 비교해보려는 것이다. 그해는 실제 작황이 형편없는 마당흉년이었다.

당시 동아일보는 유신 독재 이후 비판적인 정치 관련 기사를 일체 다루지 못하자, 서울 본사 사회부 기자로 구성된 기동 취재반을 편성해 한 지역을 20일간 집중 취재했다. 첫 번째 기동 취재반은 영남 지역을, 두 번째 기동 취재반은 호남 지역을 맡았다. 자가용이 거의 없던 때인지라 회사 자동차 한 대가 지급됐다. 취재반장은 남중구 선배, 2진이 임부섭 선배, 3진이 나왔다. 사진기자로는 이중현 기자가 동행했다 (그는 아웅 산 폭파 사건 때 숨졌다).

1973년 12월 1일 서울에서 출발하여 전라도를 훑기 시작했다. 주요 도시마다 있는 주재 기자의 도움도 많이 받았다. 특별 기획이라 기사를 보내면 1면이나 사회면 머리기사로 반영됐다.

나는 그날 전주 주재 기자와 함께 초록색 동아일보사 차를 타고 금만경 일대 7개 면을 돌아다녔다. 마지막 한 곳만 더 취재하면 호남 기동 취재반 일도 끝이었다. 그 마지막이 만경면 취재였다.

아침부터 흐린 날씨였는데, 오후에는 희끗희끗 눈발이 흩어지기 시작했다. 차는 포장도 되지 않은 황톳길 위로 달렸다. 운전기사 오른쪽에 내가 앉고, 뒷자리에는 전주 주재 기자가 있었다. 나는 마지막 취재를 앞두고 취재 노트를 뒤적였다. 그때 전주 주재 기자가 차를 세웠다.

"저기 예쁜 아가씨가 손을 흔드는데, 눈도 오고 하니 웬만하면 태워 줍시다."

나는 취재 노트에서 눈을 떼고 돌아봤다. 첫눈에 시골 학교 선생님 같다는 생각이 들었다. 어릴 때 시골 학교 선생이 되겠다는 꿈을 키우던 나는 실제로 시골 학교와 거기서 근무하는 선생님들에게 유달리 따뜻한 마음이 있었다.

20일 가까운 기간 동안 밤낮을 함께 지내면서 무척 가까워진 운전기사 박형은 입가에 묘한 웃음을 띠더니 차를 뒤로 몰았다. 손을 흔들던 아가씨는 자동차가 다가서자 흠칫 놀란 듯 물러섰다. 자동차 앞에 꽂힌 동아일보 깃발을 본 것이다.

"미안합니다. 택시인 줄 알고⋯⋯" 하며 가라고 손짓을 했다.

"지금 군산 쪽으로 가는데, 방향이 같으면 모셔다드리겠습니다."

전주 주재 기자가 연신 싱글싱글하며 말했다. 아가씨는 손을 내저으며 뒷걸음쳤다. 내가 신분을 밝히고 말했다.

"방향이 같으면 타십시오. 눈도 오는데⋯⋯."

그녀는 머뭇거렸다. 그러나 신분을 알고 안심한 듯, 그러면 실례하겠다며 뒷자리에 탔다. 그녀가 자리에 앉자, 나는 혹시 시골 학교 영어 선생님이 아니냐고 물었다. 그녀는 어떻게 알았느냐며 깜짝 놀랐다. 나는 그냥 그런 생각이 들었다고 말했다.

우리는 그녀를 뒷자리에 태운 채 눈발 흩어지는 희뿌연 만경 들녘을 달렸다. 만경면사무소에 들러 마무리 취재를 하고 군산까지 달렸다. 군산 시외버스 정류장에 도착하여 그녀와 헤어질 때가 됐다. 나는 시간이 있으면 차 한잔 마시자고 했다. 그녀와 나는 시외버스 정류장 근처에 있는 다방에 들어갔다.

우리는 한 시간가량 얘기를 나눴다. 그녀는 시골 학교 영어 선생 같다는 나의 첫인상 그대로 대학을 졸업하고 만경고등학교에서 영어를 가르치고 있었다. 만경에서 하숙을 하던 그녀는 주말이면 전주 집에 다니러 간다고 했다.

12월 19일, 운명의 날. 그녀는 전주에 가기 위해 군산으로 가는 시외버스를 기다리고 있었다. 텅 빈 버스를 몇 대나 그냥 보냈다. 눈발 흩어지는 만경의 겨울 들녘 길을 그냥 걸었다. 버스 몇 대를 보낸 뒤 택시인 줄 알고 손을 들었으며, 운명의 남자 정연주를 만난 것이다.

다방에서 이런저런 얘기를 나누다가 그녀는 외사촌 오빠가 동양방송 기자라고 말했다. 그리고 자신도 서울에서 대학원 갈 준비를 하고 있다고 했다. 나는 서울에 오면 꼭 연락을 하라고 했다. 그리고 내 명함을 한 장 주고 헤어졌다. 그녀의 연락처도 알아놓지 않고 헤어진 것이다.

그해 말, 그녀에게서 전보 연하장이 왔다. 그러나 어디에도 연락처는 적혀 있지 않았다. 눈발 흩어지던 만경 들녘과 자동차 뒷자리에 다소곳이 앉아 있던 그녀의 모습이 눈에서 지워지지 않았다. 개학하면 만경에 꼭 내려가리라 마음먹으면서, 연락처도 묻지 않고 헤어진 나의 불찰을 탓할 수밖에 없었다.

해가 바뀌었다. 나는 서울시청을 출입하고 있었다. 1월인가 2월 초 어느 날 월간《신동아》김종심 선배(전 동아일보 논설실장)에게서 전화가 왔다. 사회부로 옮기기 전《신동아》에서 함께 일할 때 성님, 아우 하면서 무척 가깝게 지내던 선배다.

"성님, 웬일이시오?"

"어, 나 말이야, 장가가는데, 그 소식을 동양방송 오홍근 기자에게 좀 알려주라!"

당시 동양방송 오홍근 기자(국민의 정부 시절 국정홍보처장과 청와대 대변인 역임)는 서울시청을 출입하고 있었다.

"그런데 오홍근 선배와 무슨 관계요?"

"고등학교 동기야."

그날 저녁 버스를 타고 집으로 가는데 문득 머리에서 섬광이 번득였다. 김종심 선배가 전주고 출신, 그와 오홍근 기자는 전주고 동기, 만경 아가씨 조영화의 외사촌 오빠는 동양방송 기자. 삼각 구도가 섬광처럼 머리를 스쳤다.

다음 날 서울시청 기자실에서 오홍근 기자를 만났다.

"오 선배, 혹시 조영화라는 아가씨를 아십니까?"

"아니, 정형이 영화를 어떻게……?"

그는 깜짝 놀랐다. 그가 바로 조영화의 외사촌 오빠다.

"이제 됐다!"

나는 무릎을 치면서 좋아했다. 오홍근 선배에게 자초지종을 얘기하고, 조영화 씨의 전화 연락처 좀 알려달라고 했다. 그리고 열흘쯤 지났다. 매일 기자실에서 보는데도 오홍근 선배는 아무런 기색을 하지 않았다. 어느 날 내가 물었다.

"아니, 조영화 씨 연락처 좀 가르쳐달라는데 어째 소식이 없어요?"

그러자 오홍근 선배가 정색을 하면서 물었다.

"정형! 장난으로 그런 게 아니었소?"

"제가 장난으로 그런 것 같습니까? 아니에요. 정말 다시 만나보고 싶어요."

며칠 뒤 오홍근 선배가 전화번호를 하나 건네줬다. 조영화의 전주 집 전화번호였다. 나는 당장 전화를 걸었고, 다음 일요일에 전주로 내려가 조영화를 다시 만났다. 1974년 3월 1일이었다.

그리고 석 달 조금 지난 그해 6월 22일, 낮이 가장 길고 밤이 가장 짧은 날, 우리는 결혼했다. 결혼식 주례를 맡은 조순 선생님께서 우리의 '인연'을 소개하며 "몇 번의 우연이 모아져서 맺어진 귀한 인연"이라고 말씀하셨다.

　아내가 편지에 쓴 '텅 빈 버스를 그냥 타고 집에 오는 건데……'라는 구절은 우리의 인연을 두고 한 말이다. 아내는 그 뒤에도 살아가는 일이 힘들 때면 종종 그 말을 되뇌었다. 나로서는 "하늘의 뜻이었다"는 말 외에 달리 할 말이 없었다.

"정형, 잘 지내시오?"
—민주 교도관의 대부 전병용

사형수 최 선생과 소매치기 거물
—교도소의 군상

"정 기자, 환영합니다"
—교도소 농사꾼 김종완

"성님, 나갈 준비 합시다"
—사흘 뒤에 안 10·26

2부

역사의 현장

"정형, 잘 지내시오?"

—민주 교도관의 대부 전병용

동아투위 열 명은 1심에서 1년~2년 6개월의 징역형이 선고됐다. 나에게는 1년 6개월이 선고됐다. 1심 판결이 내려진 6월 초까지 우리는 서울구치소에 있었다. 그 전해 11월 말에 들어가서 겨울을 보내고 초여름이 된 셈이다.

그해 겨울은 몹시 추웠다. 추위를 유별나게 타는 나는 덜덜 떨면서 살았다. 아내가 넣어준 내복과 스웨터, 솜이 두툼한 한복을 입었지만 늘 추웠다. 방 안에는 온기라고는 눈을 씻고 봐도 없었다. 차가운 마룻바닥의 한기가 뼛속까지 스며들었다. 자고 일어나 보면 물통의 물이 꽁꽁 얼었다.

일반 죄수들 중 돈 한 푼 없는 '개털'은 이 호된 겨울을 얇은 관복에 팬티와 러닝셔츠로 버텼다. 그들 가운데 우리 사동의 소지(배식과 같이 궂은일을 도와주는 미결수. 보통 20대 전후의 빠릿빠릿한 아이들을 '소지'로 썼다. 사동에 소지 두 명이 있었는데, 이들은 궂은일을 하는 대신 배식 때 잠시나마 갇힌 방에서 밖으로 나갈 수 있는 '특전'을 누렸다.) 한 명은 정말 불알 두 쪽 밖에 없는 개털이었다. 집도 찢어지게 가난했거니와, 버린 자식 취급 하는 듯 면회 한 번 오지 않았다. 영치금이 있을 리 만무했다.

그는 열아홉 살이었는데, 강간 미수로 잡혀왔다. 감옥에서는 강간범 을 '물총 강도'라 불렀다. 비록 미수에 그쳤지만 그에게는 물총 강도라 는 별명이 늘 따라다녔다. 그는 지방에서 2심 재판까지 끝내고 대법원 에 상고 중이었다. 대법원 확정판결이 나면 남은 징역을 살기 위해 지 방 교도소로 이감될 터였다. 확정판결이 나는 날, 머리부터 박박 깎는 다. 기결수와 미결수는 머리에서 당장 표가 난다.

내가 서울구치소에 있을 때 같은 사동에 있던 리영희 선생이 대법원 확정판결을 받고 지방 교도소로 이감되기 전, 머리를 박박 깎이는 모 습을 직접 목격했다. 내 방이 15방이어서 복도 옆이었는데, 내 방 바로 앞에 교도관 자리가 있었다. 편지를 쓰거나 기결수로 확정되어 머리를 깎을 때는 교도관 자리를 이용했다. 그래서 나는 우리 사동의 일반 죄 수들 가운데 누가 대법원 확정판결을 받고 떠나는지 대강 알 수 있었 다. 리영희 선생도 어느 날 내 방 앞 교도관 자리에서 머리를 박박 깎 였다. 한국의 우뚝 솟은 지성인 리영희 선생의 머리카락이 무참하게 깎이는 것을 보는 순간, 나는 목이 메면서 말할 수 없는 슬픔과 분노를 느꼈다.

우리 사동의 소지도 대법원 확정판결을 받고 바로 머리를 깎았다. 내일이면 지방으로 길고 긴 징역살이를 하러 떠날 참이었다. 같은 사 동에 있는 죄수들 중 형편이 괜찮은 '범털'들이 징역살이 떠나는 개털에게 징역 선물을 줬다. 치약과 칫솔, 팬티, 러닝셔츠 등이었다. 서울 구치소에 있던 정치범들도 일반 죄수에 비하면 범털이었다. 그래서 챙겨야 할 개털이 있으면 이런저런 선물을 줬다. 나도 우리 사동 소지에게 치약과 칫솔, 팬티, 러닝셔츠를 줬으며, 겨울 추위를 걱정해서 내가 입던 내복을 줬다. 내가 워낙 추위를 타다 보니, 그 추운 겨울을 얇은 관복에 팬티와 러닝셔츠만 입고 지내는 게 늘 마음에 걸렸다. 하긴 그런 개털들이 어디 소지뿐이었겠는가.

호된 겨울을 보내고 3월에 들어서니 한결 살 것 같았다. 여전히 춥기는 해도 덜덜 떨지는 않았다. 몸이 덜 오그라들던 3월 어느 날, 전병용 교도관이 내 방 앞에 나타났다. 서울구치소 교도관이던 그는 '민주 교도관'의 대부였다. 그를 비롯한 민주 교도관들은 서울구치소에 들어온 정치범들에게 이런저런 편의를 봐주었으며, 바깥세상과 은밀한 연락도 취해주었다. 전병용은 민주 교도관들의 맏형 노릇을 하고 있었다. 그가 걸걸한 목소리로 안부를 물었다.

"정형, 잘 지내시오?"

그러면서 뭔가를 방 안으로 툭 던졌다. 빨리 뺑끼통(변소를 감옥에서 그렇게 불렀다)으로 가져가라고 눈짓을 했다. 방바닥에 떨어진 뭉치를 들고 얼른 뺑끼통으로 들어갔다. 가서 보니 '동아투위 5차년을 맞아'라는 동아투위 소식지였다. 보통 때의 유인물은 필경 등사기로 만드는 투박한 것인데, 5차년 기념호는 깨끗하게 인쇄되어 있었다. 신문을 비롯하여 바깥 시사물을 보는 게 불가능하던 교도소 분위기에서 동아투위 유인물을 읽다니, 꿈만 같았다.

당시 교도소 검열이 얼마나 엄격했는가 하면, '혁명'이라는 단어가 들어간 역사책은 무조건 불허되었다. 세계사 책을 넣어달라고 했더니 몇 권이 불허되었는데, 그 이유가 러시아혁명, 산업혁명 등 '혁명'자가 들어 있었기 때문이다. 한번은 아내에게 요가 책을 넣어달라고 했는데, 그것도 불허 딱지가 붙었다. 불허 사유가 정말 어이없었다. 요가를 배워서 자칫 교도관에게 위해를 줄 수도 있다는 것이었다. 그런 분위기에 전병용은 겁도 없이 정치범에게 동아투위 소식지를 던져주고 갔다.

그 소식지에는 아내의 사진과 글이 담겨 있었다. 그날 나는 수없이 뺑끼통을 드나들며 아내의 글과 사진을 보고 또 보았다.

일찍이 나는 '공부도 100점, 운동도 100점'이라는 만점 인생에 혼신의 힘을 기울이며 젊은 날을 어지럽게 맴돌았다. 그래서 나는 항상 방황을 하기도 하고, 허구의 늪에 깊숙이 빠져 허우적거리기 일쑤였다. 현실에서 부닥치는 문제들을 엄청난 일로 생각하여 겁이 목까지 차 있었던 것이다. 그리하여 단지 껍질에 불과할 나의 탑을 무너뜨리지 않으려고 얼마나 발버둥 쳤던가. 그렇기 때문에 진리와 마주 앉아 진실을 듣고 있던 마리아가 될 겨를이 없었고, 생각해볼 능력조차 없었다.
어느 관리의 따님처럼 영국에서 주문한 옷도 입고 싶었고, 지금은 고인이 된 어느 명사처럼 일본에서 비행기 편으로 주문해온 점심도 먹고 싶었으며, 꿈에서도 볼 수 없는 페르시아 양탄자를 소유하기 위해 땀으로 범벅된 노역을 다 바쳤다.
그러다 어느 눈발 흩날리는 날, 운명처럼 홀연히 나타난 남자 정연주 씨와 인연이 되어 나의 남은 생애를 던지고 말았다. 그러나 그 남자는 나의 이러한 인간적 욕망을 채우는 데 관심을 두기는커녕 나의 의식구조에 끊임없는 모험과 갈등을 불러일으켰고, 심장엔 마구 불을 질러댐으로써 머리와 가슴을 소요케 했다. 게다가 독설도 한몫 끼어들어 내 뾰족한 자존심에 분노까지 일게 했고, '커피 스푼으로 저울질'만 해오던 나의 생활에 짙은 회의감마저 들게 했다.

이제 그이와 하는 줄다리기는 끝났다. 나라고 언제까지 그의 역사에 대한 뜨거운 애정을 부러워만 하면서 살면 되겠는가. 사랑과 의의와 고난으로 가득 찬 그의 인생에 적극적으로 포개져야지.

오욕의 역사 때문에 비록 북받치는 서러움을 가슴속으로 삭이고 외로움을 뼛속에 새기고 있지만, 그리고 지금은 어둡고 괴로운 밤이지만, 영빈아, 웅세야, 머지않아 동트는 새벽이 오면 아빠는 금수레 타고, 금수레사 가지고 오실 것이야.

마리아여, 너는 무엇을 들었는가.

그가 오랏줄에 묶임으로써 나는 다시 태어났다. 그의 양손에 쇠고랑이 철컥 채워졌을 때, 나의 눈은 다시 떠졌다. 우리 모두 함께 살아간다는 그의 삶의 진리가 완벽하게 내게 투영되었다.

얼른 준비운동을 끝내고, 1등 할 차비를 해야지…….

아내와 아이들 생각이 다시금 절절하게 가슴에 저몄다.

사형수 최 선생과 소매치기 거물

—교도소의 군상

요가 책이 불허되어 담당 교도관과 옥신각신하고 나자, 옆방에서 나를 찾는 소리가 들렸다. 자기한테 요가 책이 있으니 가져가서 보라고 했다. 재일 동포 출신의 사형수 최 선생이었다(그의 이름은 생각나지 않는다). 그에게는 요가 책이 허용되었는데 왜 내게는 안 되는지, 교도소 행정이 개판이었다.

사형수는 살아 있는 한 미결 상태다. 대법원에서 사형이 확정되는 순간, 사형이 집행되기 때문이다. 그래서 사형수는 확정판결이 나기까지 머리를 깎지 않고 지낸다. 내 옆방의 최 선생도 머리를 기른 채 지냈다. 지금은 어떤지 모르겠으나 당시에는 사형수를 독방에 두지 않고 일반 죄수와 합방시켰다. 절망감에서 무슨 일을 저지를지 모르기에, 일반 죄수들과 함께 지내면서 '보호'하려는 뜻인 것 같다.

최 선생은 북한을 방문한 뒤 남한에 왔다가 잡혔다. 그는 24시간 '수정'(감옥에서는 수갑을 그렇게 불렀다. 그래서 사형수를 '수정수'라고 불렀다.)

을 차고 지냈다. 물론 교도관이 보는 앞에서만 그랬다. 그는 조그만 철사로 쉽게 수갑을 풀었다. 최 선생은 사형수가 된 뒤 가톨릭에 귀의했다. 그는 내게 반입되는 책 가운데 역사책이 있으면 반출하기 전에 꼭 빌려달라고 했다. 내가 성동구치소로 이감될 때 그는 몹시 서운해했다. 나도 살아생전 그를 다시 볼 수 있을지 가슴이 저렸다. 몇 해 뒤 그가 특별사면 되어 일본으로 돌아갔다는 소식을 전해 들었다. 가톨릭 쪽에서 힘을 많이 쓴 게 분명하다.

사형수들이 가장 싫어하는 것이 새벽에 들려오는 교도관 발자국과 열쇠 꾸러미 소리라고 한다. 사형을 보통 새벽에 집행하는데, 교도관 여럿이 함께 걸어오면 군화 발자국 소리와 그들이 차고 있는 열쇠 꾸러미 소리가 났기 때문이다. 내가 서대문에 있는 동안 사형이 한 번도 집행되지 않았다. 서울구치소에는 서대문형무소 시절에 쓰던 사형 집행장이 있었는데, 우리는 그 옆에서 운동을 했다. 긴급조치를 위반한 대학생들은 그 근방에서 운동을 하다가 돌을 던지기도 했다.

재일 동포 사형수가 있던 방에는 당시 우리나라 소매치기계의 '거물'이 있었다. 그를 아는 사람들은 그를 '사장'이라고 불렀다. 그는 한 방 사람들에게 자기가 밖에 있을 때 얼마나 날렵하게 소매치기를 했는지 신출귀몰한 얘기를 끝없이 해댔다. 옆방이어서 다 들렸다. 그는 버스에 오르면 어느 사람의 호주머니에 돈이 있는지 냄새가 난다고 했다. 필요한 도구는 날카로운 면도칼 하나면 충분했다. 그는 늘 자기 방 사람들에게 자랑했다.

"세상에 이처럼 간단한 도구를 가지고 돈 벌 수 있는 직업을 아는 사람은 말해봐!"

소매치기 사장님이 늘 그렇게 떠드는 이유도 갇혀 있는 지루한 시간을 견디기 위해서였다. 원주경찰서 유치장에서도 겪은 일이지만, 죄수들은 답답함과 지루함을 견디기 위해 온갖 수단을 동원했다. 자기가 사회에서 얼마나 대단한 일을 했는지 과장을 섞어가면서 끊임없이 설을 풀었고, 자신이나 동료의 생식기에 구슬을 박기 위해 치밀한 수술 작전을 펴기도 했다. 그런가 하면 플라스틱 칫솔대로 온갖 것을 만들었다. 앞에서 얘기한 우리 사동 소지는 지방 교도소로 이감되기 전, 나에게 직접 만든 것을 선물했다. 플라스틱 칫솔대로 만든 십자가인데, 그 안에는 '믿음 소망 사랑'이라는 글자까지 있었다. 도대체 어떻게 그 글자를 칫솔대에 넣어 십자가를 만들었는지 알 수가 없었다.

소매치기 사장과 사형수가 있던 방이 14방이다. 그런데 그 옆방인 13방에서 자주 싸움질하는 소리가 들렸다. 좁은 공간에서 치고받느라 퍽퍽 얼굴 터지는 소리가 나고, 마룻바닥이 쿵쿵 울리기도 했다. 싸움질하고 나면 벌방(벌을 주는 독방)으로 끌려가 치도곤을 당했는데, 그러고도 다시 주먹질을 해댔다. 교도관에게 끌려 나갈 때 보면 얼굴이 피투성이가 되었다. 피가 끓고 힘이 넘치는 젊은이들이 좁은 공간에 갇혀 있다 보니, 뒷일은 생각지 않고 힘으로 치고받는 일이 다반사였다. 13방의 단골 싸움꾼은 종종 나를 불렀다.

"15방 정 선생! 15방 정 선생!"

그들은 내가 '노란 딱지'라고 해서 선생이라 불렀다. 방 뒤쪽 뺑기통 문을 통해 열나게 나를 찾았다. 늘 그렇듯이 그들은 또 싸우지 않을 수 없는 '문제'가 있었다. 그래서 기자를 했다는 노란 딱지 15방 정 선생이 좀더 알 것이라며 정답을 요구했다. 그들이 피투성이 싸움을 벌이기 직전, 내게 정답을 요구하는 질문은 이런 것이었다.

"정 선생, 추풍령의 행정구역이 경상북도지요?"

"아니야, 씹쌔꺄! 추풍령 행정구역은 충청북도야. 내가 가봐서 알아. 그렇지요, 정 선생?"

참으로 난감했다. 우선 정확하게 알지도 못하는 문제고, 또 안다고 해도 어느 한 사람 편을 들 입장이 아니지 않은가. 나는 도저히 알 수 없는 어려운 질문이라며 발을 뺐다. 그들은 서로 경상북도다, 충청북도다 하면서 온갖 욕을 섞어가며 한참 동안 목청껏 싸움질을 해댔다. 추풍령 문제가 한동안 잠잠한가 싶더니, 어느 날 정 선생을 다급한 목소리로 찾았다. 이번 문제도 여간 까다로운 게 아니었다.

"정 선생! 서울시 동장이 3급 갑이지요?"

"아니야, 이 새꺄! 3급 을이야. 내 친척 중에 동장이 있어서 잘 알아. 씹쌔꺄!"

나는 다시 모호한 답을 하지 않을 수 없었다. 그들은 또 한동안 그걸 가지고 옥신각신 목소리를 높였다. 어디서건 그렇지 않겠는가만, 감옥에서는 특히 목소리 크고 힘센 놈이 장땡이다. 그러니 서울에서 기차를 타고 제주도에 갔다 왔다고 우기는 놈도 있다지 않은가.

모두 갇혀 있는 갑갑함과 그 지루한 시간을 견디기 위해 몸부림치는 것이다. 당시 서울구치소에서는 저녁을 오후 3시 30분에 주었고, 취침 시간이 오후 7시였다. 그러다 보니 저녁을 먹은 뒤 시간이 남아돌았다.

저녁 식사가 끝날 때쯤이면 빵끼통 뒤쪽이 소란스럽기 시작했다. 거의 예외 없이 한 녀석이 고함을 질러댔다.

"각방 욕쟁이들 나와라! 욕 시합하자!"

그때부터 우리나라 팔도에 있는 욕이라는 욕이 쏟아져 나왔다. 나는 그전에는 욕이 그렇게 다양한지 몰랐다. 그것은 갑갑함, 갇혀 있는 데서 오는 스트레스를 푸는 방법이었다.

어느 때는 외마디 소리도 들렸다.

"어머니이이이이……!"

"정 기자, 환영합니다"

—교도소 농사꾼 김종완

동아투위 열 명은 인생극장 같던 서울구치소에서 1979년 6월 초까지 있다가 1심 판결이 나온 뒤 얼마 지나지 않아 흩어졌다. 네 명은 성동구치소로, 세 명은 영등포구치소로, 나머지 세 명은 서울구치소에 있다가 9월에 영등포구치소로 이감됐다. 성동구치소에는 안종필 동아투위 위원장(1980년 작고), 홍종민 총무(1986년 작고), 김종철 선배(전 연합뉴스 사장)와 내가 이감됐다.

'새집'에 가보니, 이건 정말 너무했다. 새로 지은 구치소인데, 독방이 0.7평(2.3제곱미터)밖에 되지 않았다. 게다가 쇠로 된 철문에는 '식구통'(밥을 넣어주는 조그만 구멍)과 얼굴 높이의 쇠창살 얼개가 있을 뿐 사방이 꽉 막혔다. 서울구치소 독방은 1.3평(4.3제곱미터) 정도에 문이 나무로 돼 있고, 쇠창살이 있기는 하지만 밖을 내다볼 수 있는 공간이었다. 성동구치소 독방에서 맨손체조를 하니 손이 양쪽 벽에 닿을 듯했다. 정말 갑갑했다.

96

이 갑갑한 방에 도착하자마자 귀에 익은 반가운 소리가 들려왔다.

"정 기자, 환영합니다."

김종완 선생(전 민주당 의원)이었다. 부지런하고 성실한 김 선생을 여기서 다시 만나다니……. 그는 유신 독재가 가장 혹독하게 다룬 김대중 야당 지도자의 곁을 끝까지 떠나지 않고 지킨 다섯 손가락 안 되는 인물 중 한 분이다. 감옥 아니면 가택 연금으로 단절된 바깥세상과 연결해준 통로는 김대중 선생의 부인 이희호 여사였으며, 그 실낱같은 통로를 온몸으로 막고 지킨 인물이 김종완·한화갑·김옥두 선생 등이었다. 그런데 희한하게도 세 사람을 모두 그해 감옥에서 만났다. 서울구치소에서 김옥두 선생을 만났고, 성동구치소에서 김종완 선생을 만났으며, 나중에 10·26이 터진 뒤 한화갑 선생이 성동구치소로 이송되어 한방에서 지냈다. 하긴 유신 권력이 반대자들을 보낸 곳이 뻔하니, 감옥에서 그들을 줄줄이 만난 게 어찌 보면 당연한 일인지 모른다.

김종완 선생은 그때 벌써 세 번째 감옥살이를 하고 있었다. 1979년 봄 대공분실에 끌려가 온갖 고문을 당했다. 그는 민주헌정동지회를 조직하여 공동대표 지도위원으로 있었는데, 긴급조치 9호 위반으로 구속되어 성동구치소에 수감되었다.

김종완 선생은 당시 경기도 광주에서 돼지와 닭을 기르고 농사를 지으면서 생활을 유지했다. 그러면서도 재야 모임에는 빠지지 않고 참석했으며, 온갖 궂은일을 도맡았다. 그의 농사 실력은 '빵깐'에서도 유감없이 발휘됐다. 어느 날 면회를 갔다 오는 길에 김 선생이 내 방 앞에서 잠시 걸음을 멈췄다. 교도관이 한눈을 파는 사이에 옷소매에 감춰

둔 조그만 퐁퐁 병을 슬쩍 식구통에 넣고, 의미심장한 웃음을 띠면서
자기 방으로 돌아갔다.

처음에는 식기를 닦는 퐁퐁이 남아돌아 주었나 했는데 그게 아니었
다. 거기에는 머루주가 들어 있었다! 나는 단숨에 들이켰다. 식도를 따
라 싸하니 알코올이 담긴 머루주가 내려갔다. 오랜만에 알코올이 들어
가자 내 몸의 모든 세포들이 신바람이 나 일제히 춤을 추는 것 같았다.
당장에 취기가 가슴을 타고 머리끝으로 차올랐다. 절로 흥얼흥얼 노래
가 흘러나왔다.

"오, 천국이여!"

교도소에서는 공짜로 주는 관식 외에 사식을 판매했다. 그런데 성동
구치소에 와보니 사식의 종류가 서울구치소보다 훨씬 다양했다. 여름
철이라 머루도 팔았다. 김종완 선생은 이 머루를 사다가 퐁퐁 병에 넣
어 햇볕이 잘 드는 뺑끼통 창문턱에 두기도 하고, 담요 속에 묻어두기
도 하여 발효시킨 것이다.

그는 나중에 다른 구치소로 이송되면서 말했다.

"조금만 더 같이 있으면 막걸리도 맛볼 수 있게 해줄 텐데……."

나는 하도 신기해서 어떻게 막걸리를 만들 수 있느냐고 물어보았다.
그가 설명한 바에 따르면, 뺑깐에서 막걸리를 제조하는 방법은 이러했
다. 우선 사식으로 판매하는 찐빵의 밀가루 부분을 잘게 썰어서 모아
둔다. 거기에는 효소인 이스트가 들어 있어서 누룩 구실을 한다. 그리
고 쌀밥을 햇살에 말려 고두밥을 만든다. 병에 고두밥과 찐빵 가루를
넣고 물을 부은 다음 담요 속에 묻어 적당한 열을 내게 하면 막걸리가

된다는 것이었다.

그의 막걸리 솜씨를 맛보기 전에, 동아투위 네 명은 어느 날부터 문짝을 발로 차는 '투쟁'을 시작했다. 우리는 좁디좁은 0.7평의 독방을 거부하고 다른 사동으로 옮겨줄 것을 요구하면서, 소리가 요란한 쇠문을 발로 차기도 하고 물건으로 때리기도 했다. 구치소 건물이 울릴 정도로 소리가 요란했다.

우리가 발길질을 시작한 이유는 성동구치소 맨 앞쪽 사동 2층이 정치범을 위한 특별 사동으로 사용되며, 그곳에 있는 긴급조치 위반 학생들은 합방한다는 소식을 들었기 때문이다. 소리가 요란한 쇠문에 계속 발길질을 해댔다. 김종완 선생도 가세했다. 결국 우리가 이겼다. 우리는 정치범들을 한곳에 모아놓은 맨 앞 사동으로 옮겨갔다. 김종완 선생은 바로 다른 구치소로 이감되어 헤어졌다.

이사 간 특별 사동은 지금까지 지내온 독방에 비하면 완전히 '호텔'이었다. 방도 넓고, 담장 너머로 극히 부분적이지만 바깥세상의 조그만 조각이 보이기도 했다. 더욱이 긴급조치를 위반한 정치범들만 모아놓은 곳이라 완전히 '우리 세상'이었다. 일반 사동과 뚝 떨어진 특별 사동은 1층 감방에 죄수들이 없고, 2층 방도 긴급조치를 위반한 정치범들뿐이었다. 성동구치소는 골치 아픈 정치범들을 그런 식으로 '격리 수용'했는데, 우리 입장에서 보면 완전히 살판나는 빵살이(감방살이)였다. 거기서 긴급조치를 위반해 들어온 대학생들을 많이 만났다. 지금 한겨레의 환경 전문 기자로 이름을 날리는 조홍섭도 1979년 여름 그곳에서 만났다.

게다가 우리를 황홀하게 만든 것은 '합방' 조처다. 줄곧 독방에서 지내다가 마침내 긴급조치 위반자들끼리 합방한 것이다. 이때부터 빵살이가 얼마나 쉬워졌는지 모른다.

8·15 가석방으로 긴급조치를 위반한 대학생들이 대부분 풀려나거나 다른 교도소로 이감됐다. 그해 여름을 보내니 우리가 있던 특별 사동은 한산한 느낌마저 들었다. 동아투위 네 명과 고대에서 데모를 주도하다 제적당한 뒤 잡혀온 유구영까지 모두 다섯 명이 남았다.

"성님, 나갈 준비 합시다"

—사흘 뒤에 안 10·26

우리가 있던 사동 앞쪽 너머로 동사무소가 하나 있었는데, 2층 감방 앞
문을 통해 동사무소의 깃대 윗부분이 보였다. 갇힌 곳에서 볼 수 있는
바깥 풍경의 전부였다. 거기엔 낮이면 늘 태극기가 꽂혀 있었다.

1979년 10월 27일 아침, 동사무소 깃대 끝에 있어야 할 태극기가 밑
으로 내려가 있었다. 그러나 별 신경을 쓰지 않았다. 이상한 일은 또
있었다. 아침에 교대로 들어온 교도관이 평소와 달리 전투복을 입었
다. 무슨 비상사태라도 생겼느냐고 물었더니, 어물어물하면서 가버렸
다. 당시 교도관들은 우리 다섯 명이 있는 두 방을 거의 감시하지 않았
다. 그 큰 사동의 맨 끝 방 두 개가 우리 차지였고, 나머지 방은 죄다
비어 있었다. 운동 시간 외에는 우리가 있는 쪽에 나타나지 않으니, 전
투복을 입은 교도관이 잠시 들렀다가 무슨 일이냐는 질문에 어물거리
다 가도 그냥 넘어갈 수밖에 없었다.

그날 오후 부모님께서 면회를 오셨다. 아내는 고향인 전주에 가고 없

었다. 면회실에 들어서자 연로한 아버지께서 엄지손가락을 아래로 뒤집는 시늉을 몇 차례 하셨다. 나는 도대체 무슨 뜻인지 알 수가 없었다.

"허, 그놈 되게 눈치도 없네."

아버지는 그 말만 하셨고, 어머니는 계속 울기만 하셨다. 나중에 들으니 교도관들이 면회하기 전에 부모님께 절대 박정희 저격 사건을 얘기해서는 안 된다고 몇 번이고 우격다짐을 했다는 것이다. 면회 시간 3분이 금방 지나갔다.

서울구치소나 다른 곳이라면 금방 알 수 있었을 소식이다. 그러나 성동구치소에서 우리는 뚝 떨어진 '우리만의 세상'에 갇혀 있었다. 가깝게 지내던 교도관이 다른 곳으로 옮겨가고, 새로 온 교도관은 우리와 거의 말도 하지 않고 지냈다.

사흘 뒤 일요일, 지도가 사식을 주문받으러 왔다. (형이 확정된 기결수 가운데 행형 성적이 좋은 사람을 뽑아 교도관 보조로 일을 시키는데, 이들을 '지도'라 부른다. 주로 사식 판매 등을 담당한다. 지도 가운데는 징집됐다가 집총 거부로 실형을 선고받은 '여호와의 증인' 신자들이 많았다. 이들은 일전 한 푼 챙기는 법이 없어 교도관들이 안심하고 돈 만지는 일을 맡긴다고 했다. 집총을 거부한 이들을 굴복시키기 위해 군 교도소에서 끔찍한 고문을 가했다는 사실을 많은 지도들에게 들었다. 완전히 일어설 수도, 앉을 수도 없는 조그만 먹통 속에 사람을 가두는 매우 야만적인 고문이었다. 한참 동안 먹통 속에 있다가 밖으로 나오면 오금이 굳어 땅에 나뒹군다. 그들은 혹독한 고문에도 '살인하지 말라'는 성경의 가르침에 따라 사람을 죽이는 무기를 들 수 없다는 신앙을 버리지 않았다. 그래서 결국 실형을 선고받고 교도소에 와서 지도 노릇을 했다.)

지도가 깜짝 놀란 표정으로 물었다.

"아니, 왜 아직 안 나가고 여기 계세요?"

우리는 의아한 눈으로 무슨 소리냐고 되물었다.

"그럼 아직도 모르시는 거예요?"

"모르긴 뭘 몰라?"

"박정희가 총 맞아 죽었잖아요?"

그 말을 듣는 순간, 우리는 모두 고함을 질렀다.

"박정희가 죽다니?"

우리는 그때 처음으로 김재규 중앙정보부장이 박정희 대통령을 암살했다는 소식을 들었다. 나는 박정희 암살 소식을 들었을 때의 '감격'을 아직도 잊지 못한다. 태어나서 그렇게 기쁜 날이 없었다. 장가가던 날보다 기뻤다. 이제는 정말 죽어도 한이 없다는 생각이 들었다. 나는 그때 처음 환희를 온몸으로 느꼈다. 갇힌 우리는 모두 해방되고, 모든 족쇄가 풀리고, 유신 독재는 모래성처럼 무너지고, 자유 언론과 민주주의가 우리 곁으로 줄달음쳐서 다가오고……

한 인간의 죽음을 놓고 그토록 감격스러워했다는 것은 분명 역사의 비극이다. 그러나 처절했던 유신의 암흑기를 경험한 이들에게 그것은 분명 환희였다. 그리고 모든 독재자들에게 엄중한 경고가 될 것이라 생각한다. 그들의 죽음이 많은 이들에게 환희가 될 것이라는……

"성님, 나갈 준비 합시다."

나는 같은 방을 쓰던 김종철 선배에게 말한 뒤 주섬주섬 옷가지를 챙기기 시작했다.

안종필, 홍종민, 김종철, 유구영, 나 이렇게 다섯 명은 그날 교도관에게 특별 주문을 하여 모두 한방에 머물렀다. 그리고 돼지고기튀김 등 푸짐한 사식을 주문해, 박정희 암살과 유신 독재의 종말을 축하하는 파티를 벌였다.

살아 있다는 것이 얼마나 즐거운지 몰랐다. 유신 권력의 핵심이 뽑힌 이상, 유신 체제와 그것을 떠받치는 긴급조치가 붕괴될 테니 어찌 즐겁지 않을 수 있겠는가! 무엇보다 우리가 석방되어 곧 바깥세상으로 나간다고 생각하니 온몸이 저려왔다.

외상 징역이 남았다고?

―박정희가 암살돼도 세상은 달라지지 않았다

환희 속에서 석방되는 것은 시간문제라고 생각했는데 1주일이 지나도, 2주일이 지나도 아무런 소식이 없었다. 오히려 바깥에서는 희한한 일들이 벌어졌다. 박정희의 장례식이 국장으로 치러졌으며, 11월 14일에는 동아투위 이병주 위원장과 이부영 위원(전 국회의원), 조선투위 정태기 위원장이 종로서에 연행되었다고 했다. 온 국민이 바라는 민주주의 구현을 위해 긴급조치 9호와 계엄령을 즉시 해제할 것, 구속된 모든 양심범을 즉각 석방할 것 등을 요구하며 5개 단체(해직교수협의회, 자유실천문인협의회, 민주청년협의회, 조선투위, 동아투위)에서 발표한 성명서가 빌미였다.

이부영 선배는 계엄 포고 1호 위반으로 11월 17일 구속되었고, 12월 4일 첫 공판이 열린 뒤 이튿날 3년 형이 선고되는 등 초고속 재판을 받았다. 수도경비사령부 보통군법회의 재판부(재판장 이진백 대령, 법무사 김영삼 중령, 심판관 김대풍 중령)는 다음과 같이 판결 이유를 밝혔다.

……성명서 나부랭이를 만들어 사회 혼란을 조성하려는 것은 마치 미꾸라지 몇 마리가 방죽을 다 흐려놓는 것과 같다.

얼마 지나서 다시 끔찍한 소식이 전해졌다. 11월 24일 당시 통일주체국민회의 대의원을 통해 대통령을 선출하려는 신군부를 막기 위해 명동 YWCA 강당에서 개최된 '통대 선출 저지 국민대회'(속칭 '명동 위장 결혼 사건') 때문에 동아투위 임채정 선배(전 국회의장), 문학평론가 김병걸 선생, 백기완 선생 등 모두 14명이 잡혀가 참혹한 고문을 받았다는 것이다.

'통대 선출 저지 국민대회'는 취지문에서 "통대 선거는 유신 체제의 부패한 특권 지배를 끝내 온존하겠다는 반민주적·반민족적·반국가적 망국의 발상"이라고 통박하고, 김종필·이후락·백두진·김성진(문공부 장관)·김치열(법무부 장관)·구자춘(내무부 장관)·이철승·선우휘(조선일보 주필)·이동욱(동아일보 주필)·정주영·한태연(유신헌법을 기초한 헌법학자) 등을 "민중을 기만·탄압하고 유신 독재에 적극 조력한 자들"로 규정했다.

세상은 제자리였다. 박정희가 사라졌을 뿐 달라진 게 없었다. 우리는 유신과 이를 뒷받침한 수구 세력, 기득권 세력의 뿌리가 그렇게 깊은 줄 몰랐다. 지금 돌이켜보면 '재야'라 불리던 들판의 사람들은 순진하기 그지없고, 세상을 객관적이고 냉정하게 보기보다는 그렇게 됐으면 하는 시선으로 본 게 분명했다. 아마도 그런 순진함이 엄혹한 시절을 견디게 했으며, 그 가운데 바위를 향해 달걀 같은 몸을 집어던지며 살아가지 않았나 싶다.

11월 초로 기억한다. 김대중 선생의 비서였던 한화갑 선생이 김종철 선배와 내가 있는 방으로 이감되었다. 한화갑 선생은 매일 아내에게 편지를 썼다. 김종철 선배와 나는 "미인 아내 잃어버릴까 봐 그러느냐"며 놀리기도 했지만, 그는 아랑곳없이 매일 편지를 썼다. 보통 정성이 아니었다.

시간이 지나면서 다른 구치소에 갇힌 동아투위 위원들이 하나 둘씩 풀려나기 시작한다는 소식이 전해졌다. 그런데 김종철 선배와 나는 '외상 징역'이 남아, 그것까지 치르고 나오느라 12월에야 출옥했다. 징역에 무슨 외상이 있느냐고 묻겠지만, 우리가 외상 징역을 산 사연은 다음과 같다.

1978년 여름, 강원도 원주 원당성당에서 한국 양심범의 상징이던 김지하 시인 석방을 위한 기도회가 열렸다. 1970년대 후반 유신 시절, 기도회는 거의 유일한 '정치 마당'이었다. 어느 사람이 잡혀갔으며, 재판은 언제 열리고, 세상은 어떻게 돌아가는지 기도회에서 알 수 있었고, 거기서 유신헌법과 긴급조치 철폐를 외치고, 구속자들의 석방을 외쳤다. 종로5가 기독교회관에서 매주 목요일 저녁에 열린 '목요 기도회'는 그 시대의 '성지'이자 '피난처'였다. 거기서는 편협한 종교적 교조주의, 너와 나의 차별 없이 모두 하나였다.

원주 원당성당에서 열리는 기도회에 참석하기 위해 서울에서 여럿이 원주로 갔다. 당시 그런 모임에는 '단골'이 있었다. 지식인 재야 집단으로는 해직교수협의회, 자유실천문인협의회, 동아투위, 조선투위 등이 있었다. '김지하 시인 석방을 위한 기도회'에는 자유실천문인협의회 쪽에서 시인 고은, 소설가 이호철·송기원이 참석하고, 동아투위에서는 박지동(광주대 교수 역임)·임채정·이부영·김종철·정연주가 참석했으며, 통일당 선전부장을 하던 전대열 씨도 동행했다.

이날 기도회는 성황이었다. 원당성당을 가득 메울 정도로 많은 사람들이 참석했다. 지학순 주교의 영향을 받아 오랫동안 반독재 투쟁의 저항 정신이 옹골차게 이어진 곳이어서, 서울과는 또 다른 열정이 있었다.

기도회는 밤 10시가 넘어서 끝났다. 기도회를 끝내고 성당 정문으로 내려오던 400여 명의 무리 속에서 간간이 구호가 나오기 시작하더니, 어느새 구호는 함성이 되었다. 마침내 400여 명의 무리가 거대한 시위의 흐름으로 바뀌었다. 성당 정문에는 많지 않은 기동 경찰이 지키고 있었다. 그러나 400명이 넘는 사람의 물결이 몰아치자, 기동 경찰의 벽은 싱겁게 무너지고 말았다. 성당 정문을 나선 무리는 원주 시내로 나가 시가지를 내달리며 구호를 외쳤다.

"김지하를 석방하라!"

"양심범을 석방하라!"

"유신헌법 철폐하라!"

"긴급조치 해제하라!"

정말 오랜만에 신나는 굿판을 벌인 셈이다. 당시 분위기에서 400여 명이나 되는 시위대가 길바닥을 휘몰고 다니며 이런 구호를 외친다는 것은 보통 일이 아니었다. 때는 유신 독재가 발악을 하던 1978년 여름이 아닌가.

한 시간 넘게 목청껏 외친 뒤 서울에서 온 우리와 원주에서 유신 반대 운동을 해오던 분들이 한자리에 모여 술을 마셨다. 다음 날 아침, 우리는 김지하 시인의 본가에 들러 해장국을 얻어먹은 뒤 고속버스를 타고 서울로 향했다. 사달은 이 버스에서 벌어졌다.

버스가 터미널을 출발하고 얼마 지나지 않아 내 옆에 앉아 있던 소설가 송기원이 나지막한 목소리로 노래를 부르기 시작했다. '뿌리파'라 불리던 운동 가요였다.

"우리들은 뿌리파다, 좋다 좋아. 같이 죽고 같이 살자, 좋다 좋아. 무릎을 꿇고서 사느니보다는 서서 죽기를 원한단다, 우리들은 뿌리파다."

그다음부터는 첫 소절을 바꿔서 불렀다.

"유신 독재 물러가라, 좋다 좋아…… 박정희는 물러가라, 좋다 좋아…… 긴급조치 철폐하라, 좋다 좋아……"

우리는 버스 안에서 '박정희는 물러가라' '유신헌법 철폐하라'고 노래 불렀다. 버스 안에 있던 승객들은 이 '끔찍한 노래'에 공포감마저 드는 모양이었다.

버스가 고속도로 톨게이트에 도착했을 때, 버스는 톨게이트로 들어서지 않고 그 옆 공간으로 몸체를 돌렸다. 얼마 지나지 않아 원주경찰서 형사들이 들이닥쳤다.

우리는 원주경찰서에서 밤새도록 조사를 받았다. 시퍼렇게 살아 있는 긴급조치 9호에 따르면, 우리는 그것을 수없이 위반한 셈이다. 유신

헌법을 개정하거나 폐지를 주장하는 것조차 긴급조치 9호 위반인데, 박정희까지 물러나라고 했으니 성할 리가 없었다. 원주경찰서는 조사를 끝낸 뒤 모두 긴급조치 9호 위반으로 상부에 보고했다.

꼬박 하루가 지난 뒤 우리 아홉 명에게 긴급조치 대신 경범죄 위반이라는 '가벼운 형벌'이 내려졌다. 인권 탄압이다, 독재국가다 해서 국제적 비난이 한창이던 때여서, 박정희 정권은 지식인 아홉 명을 정치범으로 만드는 것이 정치적으로 부담이라고 여겼을지 모른다. 우리는 모두 원주경찰서 유치장에 갇혔다. 이것이 당시 재야에서 '반체제 가요 사건'이라 불린 사건의 전말이다.

"신고식은 관둡시다!"

―정치범을 대우하는 강력범 재소자들

원주경찰서 유치장은 매우 특이했다. 일반 경찰서의 유치장은 구속영장이 발부되어 검찰로 기소되기 전에 하룻밤 묵고 가는 버스 정류장 같은 곳이다. 그런데 원주경찰서 유치장은 구치소까지 겸하고 있었다. 하룻밤 머물고 가는 정류장이 아니라 1심이나 2심 재판이 끝날 때까지 미결수를 가두는 '감방'이었다. 당시 원주 근방에는 구치소가 없었기 때문이다.

여느 경찰서 유치장처럼 반타원형으로 방이 배치되고, 타원의 가운데 약간 높은 곳에 담당 경찰관이 자리 잡고 감방을 감시했다. 원주경찰서 유치장에는 방이 13개 있었으며, 마지막 13방은 여자 방이었다.

우리 9명은 각자 다른 방에 분산 배치됐다. 내가 배치된 7방에 가보니 2평(6.6제곱미터) 남짓한 방에 11명이 들어찼다. 그 방은 강력범 방이었다. 11명 중 사람을 죽이고 들어온 살인범이 6명이며, 강간에다 상대방에게 중상을 입힌 폭력범도 여럿이었다. 방에 들어서자 좌상인 듯

한 건장한 사내가 점잖게 한마디 했다.

"무슨 일로 들어오셨는지는 담당님(교도소에서는 교도관을 그렇게 부른다. 이곳에서도 경찰관을 그렇게 불렀다)한테서 대략 들어서 잘 알고…… 정치 사건으로 들어오셨으니 신고식은 관두기로 하고…… 그저 여기 계시는 동안 우리 개털들한테 먹을 거, 피울 거나 잘 대주슈!"

그리고 좌상과 차석 옆자리에 내 자리를 지정해주었다. 신참이면 뺑기통 옆자리에 가는 게 감방 관례인데, 정치 사건으로 들어왔다고 특별 대우를 해준 셈이다.

김지하 시인 어머니를 비롯해서 원주 분들이 급하게 영치금을 넣어주어, 그 돈으로 사식을 샀다. 쌀은 구경하기 힘들고 콩과 보리로 만든 '가다 밥'(관식을 그렇게 불렀다. 모양이 사각형이라 일본식 발음으로 붙인 이름이다. 사회 전체가 그렇지만 특히 경찰과 감옥에는 일본의 극악했던 잔재가 많았다.) 대신 하얀 쌀밥이 들어왔으며, 반찬도 돈 맛이 담긴 음식이 들어왔다. 같은 재료를 가지고 아무리 작정을 해도 그렇게 만들기 어려울 정도로 조악한 관식과는 맛부터 달랐다. 돈을 아낀다고 사식을 두 개밖에 주문하지 않았으니, 기름이 잘잘 흐르는 쌀밥과 돈 맛이 담긴 사식 반찬은 늘 좌상과 차석, 내 것뿐이었다. 다른 감방 동료들에게 무척 미안했다. 그래서 며칠 지나 좌상과 가까워진 뒤, 앞으로 사식은 반찬만 넉넉하게 주문해서 12명이 같이 먹자고 제의했다. 좌상은 잠시 섭섭한 눈치를 보이다가, "전주殿主가 그러자고 하니 별수 있소?" 하면서 동의했다.

12명이 2평도 안 되는 공간에서 지내다 보니 칼잠을 잘 수밖에 없었다. 바로 누우면 공간을 많이 차지하기 때문에 모로 누워야 했으며, 한 사람은 북쪽으로 머리를 두고, 그다음 사람은 남쪽으로 머리를 두는 식으로 엇갈리게 자는 것이다. 생선을 상자 속에 넣을 때 머리를 모두 한쪽으로 하지 않고, 머리와 꼬리 부분을 엇갈리게 하는 것과 같은 이치다. 좁은 공간을 최대한 활용하는 방법이다. 그렇게 자다 보면 옆 사람 발이 내 얼굴에 닿았다. 처음에는 고린내와 불편한 자세 때문에 잠이 오지 않았는데, 조금 지나니 누우면 금방 곯아떨어졌다. 인간은 어떤 환경에도 적응하게 마련이라는 점을 그때 원주경찰서 유치장에서 수없이 확인했다.

2평도 안 되는 방의 뒤쪽에는 뺑끼통이 있었다. 뺑끼통 바로 옆자리는 신참 자리고, 고참이 될수록 거기서 조금씩 멀리 자리를 잡았다. 여름이라 냄새가 지독했는데, 그 냄새도 얼마 지나면서 잊고 살았다.

10년 형이면 싼 징역

—술김에 살인범이 된 좌상

몸집이 건장한 좌상은 원주 근방에서 아버지의 조그만 과수원을 직접 경영하던 스물여덟 살 청년이었다. 가다 밥도 두 그릇을 뚝딱 해치우는 이 청년은 어처구니없이 사람을 죽이고 감방에 들어왔다.

결혼한 지 1년도 지나지 않은 1978년 구정 때, 그는 동네 여기저기서 퍼마신 막걸리와 소주로 어지간히 취했다. 문득 얼마 전 결혼한 친구가 생각났다. 동네에서 조금 외진 곳의 친구 집에 가보니, 새색시 혼자 그를 반갑게 맞이했다. 외지에서 들어온 새색시를 처음 본 순간부터 은근히 마음이 두근거린 터여서, 그는 자전거를 마당 구석에 세워놓고 "설날인데 술 한잔 달라"고 청했다. 새색시는 날씨가 추우니 방에 들어가 기다리라고 했다. 구들목이 따뜻하니 술기운이 전신으로 번졌다. 새색시가 술상을 들고 들어왔다. 벌컥벌컥 술을 들이켰다.

"정 선생, 내가 미쳤지. 술 마신 것까지는 생생한데, 그 뒤에는 군데군데 일만 생각이 나요. 내가 미쳤지……."

당시 좌상은 1심에서 10년 형을 선고받고 항소 중이었다. 항소이유서를 제출하면 곧 다른 곳으로 이감될 터였다. 그는 글 쓰는 일은 딱 질색이라며 나더러 항소이유서를 대필해달라고 부탁했다. 당신이 말하는 것을 글로 옮겨줄 테니, 죄다 얘기하라고 했다. 그는 "내가 미쳤지"를 수없이 되풀이하면서 이야기를 이어갔다.

새색시 손목을 끌어당겨 와락 껴안고 방바닥에 눕힌 생각이 나고, 그다음 중간은 전혀 기억이 없으며, 새색시가 고함을 질러 주먹으로 얼굴을 한 방 내리친 게 희미하게 떠올랐다. 몸에 한기가 느껴져 깨어보니, 그는 동네 뒷산의 묘지에 누워 있었다. 어떻게 묘지까지 왔는지 기억이 없었다. 옆에 자전거가 나동그라져 있었다. 기억을 더듬어보니 이런저런 일들이 뒤엉켜 떠올랐다.

산 아래 와보니 동네가 발칵 뒤집혔다. 새색시가 안방에서 숨져 있었던 것이다. 아랫도리는 벗겨졌으며, 술상도 엎어져 있었다. 바로 경찰이 조사를 시작했고, 조그만 마을은 삽시간에 벌집을 쑤셔놓은 것 같았다.

청년은 온몸의 털이 곤두서는 한기와 함께 엄청난 공포에 사로잡혔다. 그는 다시 뒷산으로 올라가 정신을 모으려 했다. 그러나 뭐가 뭔지 갈피가 잡히지 않았다. 한밤중이 되어서야 그는 조심조심 자기 집으로 돌아갔다. 아내가 어디 갔다 오느냐, 새색시가 죽어서 동네가 발칵 뒤집혔는데 몰랐느냐면서 호들갑을 떠는데, 도무지 그런 말들이 귀에 들어오지 않았다. 그때 갑자기 아내가 정색을 하며 물었다.

"목에 상처는 뭐예요? 또 누구하고 싸웠어요?"

그는 급히 거울을 들여다보았다. 손톱에 할퀸 자국이 움푹 났으며, 말라서 딱지가 붙은 핏자국도 있었다. 온몸에 소름이 끼쳤다. 그때부터 그는 목이 긴 스웨터를 밤낮으로 입고 다녔다. 아무 일도 손에 잡히지 않았다. 경찰이 와서 이런저런 것을 물었을 때, 그는 그날 여기저기서 술 마신 얘기며, 술이 취해 뒷산에 올라가서 정신없이 잔 얘기를 했다. 경찰도 별 의심을 하지 않았다.

그러나 경찰이 뱉고 간 말이 가시처럼 목에 남았다. 숨진 새색시의 손톱에서 나온 피와 살점, 정액 검사가 끝나면 범인 잡는 건 시간문제라고 했다. 마치 자신에게 하는 최후통첩처럼 느껴졌다. 청년은 사흘 밤낮 동안 한숨도 자지 못했다. 가슴이 터질 것 같았고, 엄청난 공포가 커다란 바윗덩어리처럼 온몸을 짓눌렀다. 그는 결국 나흘 만에 자수했다. 담당 검사는 자수한 정상을 참작해 선처하겠다고 약속했다.

그는 1심에서 10년 형을 선고받았다. 사람을 죽인 값치고는 '싼 징역형'을 선고받았다는 게 같은 감방에 있던 '변호사' 얘기였다. 변호사는 별(전과)이 여러 개 달린 감방 동료의 별명인데, 하도 감방을 자주 들락거려 기소장만 보고도 구형은 몇 년, 1심은 몇 년, 2심은 몇 년 하고 족집게처럼 집어내는 인물이었다.

그 변호사가 '싼' 징역형이라고 말했지만, 좌상은 10년 형을 선고받은 뒤 더욱 난폭해졌다는 게 감방 동료들의 말이었다. 그는 입을 열었다 하면 욕이고, 한 문장을 끝내는 데 '씨팔'과 '씹째끼'가 열 번은 들어가야 직성이 풀리는 듯했다.

'피 뽑기' 신고식

― 까막소 풍경

　내가 있는 동안 스무 살짜리 신참이 들어왔다. 용돈을 주지 않는다고 어머니를 밀쳤는데, 어머니가 넘어지면서 부엌 문지방에 머리를 부딪혀 그 자리에서 숨졌다고 했다. 좌상의 문책이 엄중했다.

　"이런 씹쌔꺄! 용돈 안 준다고 낳아준 어머니를 죽여? 이런……."

　그러고는 가슴팍을 냅다 걷어찼다. 불의의 공격을 받은 신참은 나동그라졌다. 그는 열 번 이상 나뒹굴어야 했다. 좌상은 제 어머니를 죽인 놈을 어떻게 용서할 수 있겠느냐며, 정말 분노한 것처럼 신참을 사정없이 걷어찼다. 그리고 차석을 향해 "신고식 시작하라!"고 지시했다.

　신고식은 '김일성 눈깔 빼기'부터 시작됐다. 벽에는 여러 신참을 반쯤 죽였을 조그만 동그라미 하나가 그려져 있었다. '김일성 눈깔'이라고 했다. 왼손으로 오른쪽 귀를 잡고, 오른손으로 왼쪽 발목을 잡고는 제자리에서 스무 번 맴돌게 했다. 스무 번이 끝나면 일어나서 벽에 있는 김일성 눈깔을 짚어야 했다.

그러나 그게 어디 쉬운 일인가? 스무 번을 맴돌고 난 신참은 몸도 제대로 가누지 못했다. 눈깔은커녕 그 근방에도 가보지 못하고 비틀대다 바닥에 넘어졌다. 좌상은 비틀거리는 신참을 또다시 사정없이 걷어찼다. 바로 앞에서 퍽퍽 때리고 치는 소리가 나는데, 담당 경찰관은 말릴 기색도 없었다. 아니, 그렇게 신참을 혼쭐내어 감방 질서를 잡는 것을 은근히 바라는 것처럼 보였다. 어느 때는 슬그머니 일어나서 자리를 피하기도 했다. 그러는 동안 신참은 김일성 눈깔 빼기, 원산폭격 등을 거친 뒤 마지막 단계인 '피 뽑기'에 이르렀다.

"우리 좌상님께서 까막소(감옥에서는 '감옥소' 발음을 그렇게 한다)에 오래 계시다 보니, 원기가 부족하고 영양이 형편없어졌단 말씀이야. 그래서 젊은 놈 피를 좀 드려야겠는데…… 다들 피 뽑을 준비해!"

차석이 명령을 내렸다. 좌상은 엄숙한 표정으로 가만히 앉아 있었다. 신참의 얼굴이 하얗게 질리고, 옆에 있는 다른 감방 동료들이 부산을 떨기 시작했다. 피를 받을 밥그릇, 어디에선가 나온 끝이 뾰족한 사금파리(감방에서는 칼, 바늘 등 몸에 위해를 가할 위험이 있는 물건을 절대 소지할 수 없다. 바느질할 때도 교도관 입회 아래 바늘을 교도관에게서 받아야 했다. 사금파리를 소지하는 것도 범칙이다), 수건, 고무줄 등을 준비했다.

"피가 줄줄 흐르는 걸 보면 기분이 안 좋을 테니, 이 새끼 눈을 가리도록 해!"

차석의 지시에 따라 신참의 눈이 수건으로 가려졌다. 신참은 아예 몸을 덜덜 떨기 시작했다. 감방 동료들이 달려들어 왼쪽 소매를 걷어 올린 뒤 팔목을 고무줄로 졸라맸다.

"주먹을 단단히 쥐어, 이 새꺄!"

차석이 신참의 머리통을 냅다 쥐어박으면서 소리를 버럭 질렀다. 고무줄로 졸라맨데다 주먹까지 꼭 쥐자, 신참의 손목에는 금방 파란 핏줄이 선명하게 돋아났다.

"핏줄 따!"

차석의 명령이 떨어지자 한 감방 동료가 사금파리로 신참의 팔목을 세차게 긁었다. 그러나 사금파리로 핏줄을 긁은 게 아니고, 그 옆 팔목을 긁었다. 그러자 옆에 있던 다른 감방 동료가 물을 적신 수건을 몰래 가지고 와서 신참의 팔목에 가만히 짰다. 신참의 팔목에는 물이 흘러내리기 시작했다. 신참은 자기 팔목에서 피가 흘러내리는 줄 알 것이 분명했다. 그의 얼굴이 하얗게 질렸다.

"아따, 젊은 놈 피는 역시 다르네. 좌상님께서 오랜만에 원기 돋우시겠구만. 좌상님 원기 돋우신 뒤 나도 한 잔 해야겠는데? 너 신참 새끼, 어지러우면 어지럽다고 해. 피 너무 많이 쏟아 뒈지는 꼴 보고 싶지 않아. 여기서 송장 치기는 싫으니까……."

차석이 능청을 떨었다. 신참의 팔목을 타고 흘러내리는 '피'가 밥그릇에 뚝뚝 떨어지는 소리도 들렸다. 신참의 얼굴은 백지장처럼 하얗게 질렸다. 신참은 울면서 말했다.

"어, 어지러워요."

그러자 차석이 신참의 머리를 쥐어박으며 버럭 고함을 질렀다.

"참아, 이 새꺄! 아직 좌상님 드실 피가 반도 모이지 않았어."

신참은 온몸을 덜덜 떨면서 기어드는 목소리로 말했다.

"어, 어지럽고 속이 메스꺼워요. 너, 넘어질 것 같아요⋯⋯."

좌상이 눈짓을 하자 차석이 신참의 눈을 가린 수건을 풀었다. 신참은 그제야 눈앞에서 벌어진 일의 진상을 알았다. 감방 동료들이 일제히 웃음을 터뜨렸다. 신참도 멋쩍은 듯이 웃었다.

피 뽑기 의식을 끝으로 신고식은 막을 내렸으며, 그 의식을 통해 신참은 감방의 끈끈한 구성원이 되었다. 몰래 담배도 피우고 이런저런 범칙도 같이 하는, 말 그대로 빵깐 동료가 되는 것이다. 비록 아직은 빵끼통 옆의 말석이지만, 처음 들어올 때보다는 훨씬 익숙한 몸짓으로 감방의 일원이 되었다. 시간이 지나 신참이 들어오면 빵끼통에서 한 자리 위쪽으로 옮겨갈 것이고, 그도 이제는 피 뽑기 의식을 치르게 하는 주체가 될 터였다.

나는 원주경찰서 유치장에서 강력범들과 함께 지내며 '까막소' 풍경을 어느 정도 볼 수 있었다. 서울구치소와 성동구치소에서는 독방이나 특별 사동에 있었기 때문에 일반 죄수들의 이런저런 범칙 생활을 볼 기회가 없었다.

원주경찰서 유치장에 있을 때 신고식 외에 그들의 다른 범칙도 보았다. 감옥에서는 담배를 피울 수 없으니, 범칙 가운데 많은 것이 담배와 관련되었다. 꽁초 하나로 어떻게 열 명이 넘는 식구들이 '홍콩에 가는지'(오랜만에 담배를 피우면 핑 돌게 마련인데, 이런 기분 좋은 상태를 '홍콩 간다'고 말했다) 보았다. 담배 구하기도 어렵지만, 불을 붙이는 것도 보통 일은 아닐 터였다. 성냥도 없고 라이터는 생각조차 할 수 없는 일이기 때문이다. 그런데도 그들은 불 피우는 것을 식은 죽 먹듯이 해결했다. 화장지를 꼭꼭 말아서 뺑끼통의 시멘트 바닥에 정성스레 문질러 부푸러기를 만들고, 그 부푸러기를 벽에 살짝 붙인 뒤 사금파리나 손톱깎이 쇠끝을 세게 부딪쳐 불꽃을 만들었다. 불꽃이 화장지 부푸러기에 옮아 불이 붙으면 꽁초에 옮겼다. 그 작업은 놀라울 정도로 순식간에 진행되었다. 나는 그들의 숙련된 기술에 탄복을 금할 수가 없었다. 그래서 까막소에는 이런 말이 나돌았다. 검방(교도관들이 불시에 나와 담배 등과 같은 범칙물이 없는지 검색하는 일)만 없으면 죄수들은 헬리콥터를 만들어 탈출할 거라는…….

세상은 참 좁다. 원주경찰서 유치장에서 좌상을 하던 그 난폭한 사나이를 이듬해 2월 서울구치소에서 다시 만났다. 그는 2심까지 끝낸 뒤 상고하여 대법원 확정판결을 받으러 서울구치소에 와 있었다. 운동하러 나갔다가('노란 딱지'와 '빨간 딱지'는 운동할 때도 늘 혼자 했다) 운동장에서 우연히 그를 발견했다. 오래 얘기할 수는 없고, 그저 몇 마디 나눴다. 그는 나에게 또 무슨 위험한 짓을 하고 들어왔느냐고 물었다. 나는 그냥 웃으면서 2심 재판 결과는 어떻게 됐느냐고 물었다. 그는 하나도 깎이지 않고 10년 형으로 굳었다고 대답했다. 내가 써준 항소이유서도 별반 효력이 없었던 모양이다. 그때 운동장에서 잠시 본 게 마지막이었다.

"이 재판은 한마디로 좆같은 재판입니다"

—원주 '반체제 가요 사건'의 최후진술

원주경찰서 유치장에 수용된 다음 날, '반체제 가요 사건' 죄수 아홉 명은 오랏줄에 묶인 채 재판을 받으러 나갔다. 경범죄인데도 약식재판을 하지 않고 정식재판과 똑같은 절차를 밟았다. 방청석에는 김지하 시인의 어머니와 원주에서 유신 반대 운동을 해온 분들이 있었다.

내 또래 젊은 판사가 검은 법복을 입고 입정했다. 한 사람, 한 사람 간단한 심문을 했으며, 나중에는 최후진술 순서까지 있었다. 일사천리로 진행하는 경범 재판치고는 매우 특이했다. 내 차례가 되었다.

"이 재판은 한마디로 좆같은 재판입니다."

나는 한마디만 하고 자리에 앉았다. 그때의 솔직한 심정은 그 말뿐이었다. 젊은 판사가 한동안 나를 노려보더니, "지금 피고가 한 말은 법정을 모독하는 것입니다"라고 했다. 그리고 한참 뒤 우리 아홉 명에게 모두 30일 형을 선고했다. 경범죄로는 최고형이었다.

우리는 바로 항소했다. 경범죄는 항소하면 일단 신병을 풀어주며,

122

나중에 형이 확정되면 나머지 형을 살아야 했다. 우리는 2심에서 20일 형을 선고받았다. 열흘이 깎인 셈이다. 원주경찰서 유치장에서 8일을 살았으니, 12일이 외상 징역으로 남은 것이다.

외상 징역까지 살고 성동구치소 문을 나선 것이 1979년 12월 2일 새벽이었다. 바깥세상으로 나오기 전, 성동구치소 사무실에서 절차를 밟는 동안 어느 교도관이 물었다. 필요한 게 없느냐고. 나는 대뜸 담배 한 대 달라고 했다. 1년 이상 끊었는데 담배 생각이 간절했다.

새벽 6시쯤 되었을까. 밖으로 나오니 동아투위 식구들이 많이 나와 있었다. 아버지와 아내도 거기 있었다. 어디 먼 곳을 떠났다 돌아온 게 분명한데, 바깥세상은 금세 나의 일부가 되었다. 집에 와보니 두 아들도 일어나 있었다. 미국 유학 간 아빠가 신문학 박사가 되어 돌아온 것이었다. 이른 아침에 정운찬(전 국무총리)이 찾아왔다. 정이 참 많은 친구였다.

출옥한 지 열흘 만에 12·12 쿠데타를 목격했다. 하나도 달라진 것이 없는 신군부와 그 기생 세력들의 뿌리 깊은 권력 구조를 거듭 확인했다. 그런데도 나는 정치 모리배의 권력 바탕은 모래성과 같은 것이어서 곧 와르르 무너지리라는, 그래서 동아일보에 명예롭게 복직하는 것은 시간문제라는 낭만적 환상을 떨치지 못했다.

"도도한 역사의 흐름을 그 누가 거스르랴."

역사에 대한 이런 낙관은 엄혹한 시절 우리를 떠받쳐 준 힘이자 신앙이었다.

원주에서 내 또래 젊은 판사가 누구였는지 훨씬 나중에 알았다. 1982년 11월 미국으로 떠나기 전, 김지하 시인과 이별주를 마셨다.

"정형, 김상철 변호사라고 알아?"

"모르겠는데요, 형님."

"이 친구가 말이야, 내가 출소해서 원주 집에 있는데 찾아왔더라고. 자기를 인권 변호사라고 소개하면서, 나에게 '형님'이라고 불러도 되겠느냐고 그러대. 그래서 내가 잘 알지도 못하는데 어떻게 그런 호칭을 받을 수 있겠느냐고 했지. 그랬더니 자기가 인권 변호사 길로 들어선 게 나하고 관련이 있다는 거야. 법복을 벗고 변호사가 된 건 정형 때문이라고 하던데?"

"제가 어쨌게요?"

"1978년 내 석방을 위해 원주에서 기도회가 있었는데, 그때 서울에서 내려온 아홉 명이 고속버스에서 반체제 가요를 부르다 잡힌 사건이 있었다며?"

"그런 일이 있었지요."

"그때 아홉 명에 대한 재판을 이 친구가 했다는 거야. 정형이 최후진술에서 '좆같은 재판'이라고 해서 굉장히 충격을 받았대. 얼마 뒤 판사를 그만두고 변호사로 개업했다는데?"

나는 그때까지 김상철 변호사를 직접 만나본 적이 없었다. 그러니 그런저런 사정을 알 리가 없었다. 그가 정말 그 일로 그만뒀는지도 본인에게 직접 물어본 적이 없으니, 내가 알 턱이 없었다. 그는 김영삼 정권이 들어서면서 서울시장으로 임명됐으나, 개발제한구역 내 불법

건축물 시비로 7일 만에 사표를 냈다. 그가 쓴 《7일간의 서울시장》이라는 책에 나오는 지은이 경력을 보니 대학을 졸업한 연도가 나와 같고, 1977년 춘천지법 원주지원 판사, 1979년 서독에 법관 연수, 1980년 변호사 개업으로 되어 있었다. 나는 워싱턴 특파원 시절 워싱턴에서 그를 몇 번 보았으며, 그가 한국 신문에 기고한 글을 통해 매우 보수적인 생각을 하는 인물임을 알았다.

3부
도도한 역사의 흐름

"빨리 튀자!"

—5·17과 도망자 신세

우리의 역사를 처절한 비극과 절망의 나락으로 떨어지게 한 운명의 날, 5월 17일. 역사의 아이러니인가, 동아투위 위원들은 전날 수유리 뒤쪽 우이동에 있는 가톨릭휴양관에 모여 밤을 새우며 '새 시대, 새 언론'을 이야기했다. 신군부가 계엄을 전국으로 확대하면서(전국이라고 해 봐야 제주도를 포함하는 사기극이었다) 그들이 권력을 장악하는 데 귀찮은 '문제 인물들'을 싹쓸이할 때, 그리하여 우리의 역사를 참담한 시궁창 속으로 넣을 때, 우리 순진한 무리는 새 시대, 새 언론을 이야기하고 있었다. 우리는 열띤 토론으로 밤을 꼬박 새우고 새벽녘에야 간신히 잠자리에 들었다.

"정연주, 빨리 일어나!"

다급한 목소리였다. 아침 7시가 조금 지난 시각, 박종만 선배(전 파이낸셜뉴스 편집국장)였다.

"다들 잡혀가고 세상이 뒤집혔어. 빨리 튀어!"

급히 밖으로 나갔다. 동아투위 선배와 동료들이 긴장된 표정으로 마당에 나오기 시작했다. 밤새 반체제 인사들이 깡그리 잡혀갔으며, 동아투위 위원들 집에도 계엄군이 덮쳤다는 소식이 전해졌다. 그러면서 블랙리스트에 올랐을 위험이 있는 인물들은 빨리 도망가라고 일렀다. 바로 그때, 저 멀리 산길로 까만 지프가 올라오고 있었다. 더 생각할 겨를이 없었다.

"빨리 튀자!"

김종철 선배와 나는 무작정 수유리 뒷산으로 올라갔다. 한적한 곳에 이르러 숨을 돌리며 지갑과 수첩을 꺼내 주소, 전화번호 등이 적힌 쪽지를 죄다 찢었다. 혹시 잡히면 불필요하게 노출되어 곤란을 겪을지도 모르기 때문이었다. 김종철 선배가 종이쪽지를 찢다가 불쑥 말했다.

"자네, 지난번에 간이 나빠서 집에서 쉬고 있을 때 약값 하라고 건네준 20만 원 있지?"

"예, 그랬지요."

"그 돈, 일초(시인 고은의 호) 형님이 김대중 선생한테 얘기해서 구해준 거야. 일부러 말을 안 했는데, 알고는 있어."

우리는 수유리 뒤 우이산에서 망연히 서울을 내려다보며 몇 시간을 보냈다. 집에 무슨 일이 일어났는지, 앞으로 어떻게 될지 그저 막막한 심정이었다. 요즘처럼 휴대전화가 있다면 바로 전화했을 테고, 그 전에 계엄사에서 집을 덮쳤다면 아내가 내게 휴대전화로 연락을 했을 터였다. 그때는 집으로 전화하기 전에는 밤새 무슨 일이 있었는지 알 길이 없었다.

해가 중천에 떠올랐을 때 산 아래로 내려갔다. 근처 공중전화에서 집으로 전화를 했다. 전화를 받는 아내의 목소리가 예사롭지 않았다. 도청될 게 뻔해 자세한 얘기를 나눌 수도 없었다. 밤에 무슨 일이 있었냐고 물었더니, 아내는 그렇다고 대답하면서 나더러 몸조심하라고 했다. 우리는 서로 몸조심하라는 얘기밖에 달리 할 말이 없었다. 당분간 연락하기 어려울 테니, 아이들에게도 잘 얘기하라고 했다. 신문학 박사 공부하고 미국에서 돌아온 지 반년밖에 안 됐는데, 또 뭐라고 얘기해야 할지…….

아내는 미국 휴스턴에 계시는 형님이 한국 뉴스를 보고 걱정이 되어 전화했으며, 오늘 날짜로 부모님을 미국에 초청하는 서류를 보냈다는 소식도 전해줬다고 말했다. 형님은 1968년 휴스턴으로 떠나 줄곧 그곳에서 지내왔는데, 그동안 한 번도 귀국하지 않아 연로한 부모님께서 항상 그리워하셨다. 내가 출옥한 1979년 12월 2일 형님에게 전화를 걸어 안부를 전하면서 부모님을 미국에 한번 초청하라고 부탁했다. 형님은 그 뒤 부모님 초청에 필요한 서류를 준비해오다가 우연히 이날 발송한 것이다.

(나중에 안 일이지만, 계엄군은 5월 17일 자정이 막 지나 내가 살던 아파트 1층과 같은 아파트 5층 홍종민 선배 집을 덮쳤다. 20평[66제곱미터]짜리 아파트에 계엄군 12명이 군홧발로 쳐들어온 것이다. 이들은 두 시간 동안 집 안을 샅샅이 뒤졌으며, 나에 대해 온갖 것을 물어보았다. 옷장도 뒤지고, 심지어 냉장고 속까지 뒤졌다. 그 북새통에도 여섯 살, 세 살짜리 두 아들은 흉측한 모습을 보지 않고 곤히 잠들어 있었

다. 아내는 지금도 이를 두고 '하느님의 은혜'라고 감사해한다. 두 아들은 다음 날 아침 아빠가 '미국 유학'에서 돌아온 지 여섯 달도 안 돼 다시 갑자기 미국 유학을 떠났다는 얘기를 엄마에게서 들었다.)

1980년 5월 17일. 전두환의 신군부는 블랙리스트에 오른 800여 명 가운데 600여 명을 체포했으며, 200여 명을 잡지 못했다. 이날 각 신문과 방송은 '국기 문란자들'의 명단과 그 '죄명'을 발표했다. 내 이름 뒤에도 국기 문란자라는 죄명이 붙어 있었다.

당장 갈 곳이 막막했다. 계엄군이나 경찰이 주변부터 뒤질 테니 초·중·고·대학교 동창은 우선 멀리해야 했다. 그들의 시선이 닿지 않는 '은밀한 거처'를 찾아내야 했다.

수유리 뒷산에서 내려온 김종철 선배와 나는 맨 먼저 민주 교도관의 대부 전병용의 집에 찾아갔다. 그런데 그는 단칸 셋방에서 아내와 네 살배기 아들과 함께 살았다. 단칸방에 장정 두 명이 더부살이를 할 수는 없는 노릇이었다. 전병용은 우리를 그의 형님네로 안내해주었다. 판잣집이 모여 있는 곳이었다. 거기서 급한 대로 며칠을 보냈다. 계엄군이 워낙 살벌하게 수배자들을 찾고 있어 섣불리 나돌아 다닐 수도 없는 처지였다. 다음에 갈 곳이 막막했다. 전병용은 "어떻게 돈을 구해서 변두리에 방 두 개짜리 연립주택을 구할 테니, 그때까지 견뎌보라"고 했다.

다급해지니 결국 찾는 것은 친구뿐이었다. 대학 동창 박기봉(현 비봉출판사 대표)에게 연락하고, 다급한 사정을 얘기했다.

"자네 집은 안 되고, 어디 한두 다리 건너서 잠시 숨어 있을 곳이 없을까?"

그에게도 계엄군에 속한 남영동 대공분실 요원 두 명이 다녀갔다. 나에게서 연락이 있었는지 물어보고, 앞으로 소식이 있으면 자기들에게 꼭 연락해달라고 말했다는 것이다. 당시 나의 중·고·대학교 동창생들에게 대부분 이런 일이 있었다. 심지어 중앙정보부에 근무하는 동창에게도 계엄군 요원들이 다녀갔다는 말을 나중에 들었다. 내 목에는 1계급 특진에 상금 200만 원이 붙었다.

서울을 벗어나서 피신한다는 것은 자살행위였다. 연일 신문과 방송에서 국기 문란자라고 떠드는 판에, 사람이 없는 시골에서는 금방 눈에 띄게 마련이었다. 수배자 가운데 시골에 숨었다가 잡힌 경우가 적지 않았다. 복작거리는 서울이 제일 안전했다. 얼굴을 아는 경찰이나 정보기관 요원들만 피하면 됐다.

'국기 문란자'를 숨겨준 사람들

—잊을 수 없는 은인들

다음 날 박기봉에게서 연락이 왔다. 그런데 박기봉이 김종철 선배와 나를 안내한 곳은 뜻밖에도 그의 처가였다. 셋이 함께 택시를 타고 가보니 장인, 장모와 처남, 가정부가 있었다.

미안해서 말도 꺼내기 어려운데, 박기봉의 장인께서 "있을 동안이라도 마음 편하게 지내라"며 위로해줬다. 세상에 이런 사위와 처가가 있을까? 국기 문란자를 숨겨줬다가 발각되면 그들도 곤욕을 치를 텐데, 아무리 부탁해도 안 된다고 하면 사위인들 어쩌겠는가. 박기봉의 장인과 장모는 그 끔찍한 상황에서 사위 부탁을 받고 국기 문란자를 둘이나 숨겨줬다. 너무나 미안했지만, 2층 방에 올라가 숨죽이며 지낼 수밖에 없었다.

박기봉의 처가에 숨어 있을 때 TV 뉴스를 보고 광주 봉기가 일어난 것을 뒤늦게 알았다. "폭도에게 고한다!"며 일갈하던 이희성 계엄사령관의 어깨에서 번득거리는 별들이 그렇게 저주스러울 수가 없었다. 광주 봉기 이후 수배자에 대한 압박은 더욱 급박해졌다. 시내 곳곳에서 불심검문을 했다. 도청될 것이 뻔해서 집에는 전화도 할 수 없었다.

박기봉 처가에서 몸을 숨긴 지 2주쯤 지났을 때 박기봉이 급히 찾아왔다. 당장 떠나자는 것이었다. 광주 봉기 이후 연일 TV에서 폭도와 국기 문란자들 문제를 떠들어, 아무래도 처가에 있는 가정부가 마음에 걸린다고 했다. TV에 국기 문란자들의 얼굴이 자주 비치니 가정부의 태도가 전 같지 않고, 남영동 요원들도 박기봉과 나 사이를 눈치 챈 것 같다는 이야기였다. 우리는 마침 집을 비운 박기봉의 장인과 장모께 고맙다는 인사도 제대로 하지 못하고 급히 그 집을 떠났다.

(훨씬 나중에 박기봉에게서 들은 얘긴데, 그즈음 어느 날 박기봉을 한 번 찾아온 적이 있는 남영동 대공분실 요원 두 명이 다시 퇴근 시간 무렵 그의 사무실로 왔다는 것이다. 그들은 박기봉과 내가 연락하고 있을 것으로 확신하고, 그날 사무실에 와서 분위기를 살피다가 여차하면 박기봉을 남영동으로 데려갈 계획이었다고 했단다. 남영동의 그 공포스런 분위기라면 박기봉인들 어떻게 하겠는가. 박기봉은 시침을 떼고 사무실에서 중국 요리와 술을 시켜 밤 10시경까지 얘기를 나누며 신경전을 벌였다. 그는 대학 때 정연주와 별로 친하지도 않았는데, 도대체 그 친구가 무슨 짓을 했기에 이렇게 찾느냐고 능청을 떨었다. 떨리는 속을 감추며 능청을 떠는데, 마음 한편으로는 끌려가서 고문당하는 모습을 상상하며 고문당해도 '불지 않을 수 있을지' 생각하느라 말이 자연스럽지 못했다. 그러나 눈동자만은 그들을 직시하고 피하지 않았다고 한다. 중국 요리와 배갈을 걸친 남영동 요원들은 자리에서 일

어서며 이렇게 말했다고 한다. "박기봉 씨, 당신하고 정연주가 연락하는 게 틀림없어서 오늘 당신을 연행하러 왔는데, 일단 당신 말을 믿고 오늘은 그냥 가겠다.")

박기봉과 함께 택시를 타고 간 곳은 잠실 3단지에 있는 15평(50제곱미터)짜리 아파트였다. 그곳은 대학 동창 이근식(현 서울시립대 교수)의 부모님 댁이었다. 당시 이근식과 그의 형 이근영은 미국 유학 중이었다. 근영 형은 서울대 상대 2년 선배였으며, '상송회'라 부르던 태권도부에서 이근식과 함께 운동을 했다. 황한식·안국신(현 중앙대 총장)·이상교 등이 함께 운동하던 친구와 선배다.

잠실 아파트에는 이근식의 부모님과 그의 동생 이근수가 살았다. 방이 두 개인데, 김종철 선배와 나는 이근식의 동생 방에서 함께 지냈다. 이근식의 부모님은 우리가 대학 2학년 때인 1967년 여름 '경제복지회사건'으로 이근식이 수배를 당하고, 끝내 잡혀 구속되는 사태까지 생긴 일을 되새기며 우리를 친자식처럼 대해줬다. 박기봉은 우리가 잡히지 않도록 몇 다리를 건너 지낼 곳을 찾다 보니 이근식의 집까지 왔다며, 근식이 부모님도 이해해주실 것이라고 했다. 김종철 선배와 나의 마음은 바늘방석이었으나, 사정이 워낙 다급하다 보니 염치고 뭐고 따질 수도 없었다. 우리는 어디든 빨리 자리를 옮겨야 했다.

그러던 어느 날, 경찰이 잠실 일대를 집집마다 뒤지며 수배자를 일제 검색 중이라는 소식이 급히 전해졌다. 김종철 선배와 나는 이근식 부모님께 "이 은혜를 평생 잊지 않겠다"고 인사드린 뒤, 마땅한 행선지도 정하지 못한 상태에서 무조건 튀었다.

급할 때 찾아갈 곳이 어디 있겠는가. 우리는 전병용에게 다시 연락했다. 당시 김정남 형('문민정부' 초기 청와대 교육문화수석)이 수배자들의 거처를 마련하기 위해 백방으로 노력 중이었는데, 마침 천호동의 김문숙 형님 집에 갈 수 있다는 것이었다. 우리는 주먹이 세고 배포가 큰 문숙이 형님 집에서 그 여름을 편하게 보냈다.

편하게 지내던 어느 날, 김정남 형이 다급한 모습으로 나타나 빨리 움직이자고 했다. 문숙이 형님 집 옆에 있는 구멍가게 주인이 통장인데, 이자의 눈치가 아무래도 이상하다는 문숙이 형님 얘기를 듣고 김정남 형이 한달음에 달려왔다. 우리는 뒤도 돌아보지 않고 그 집을 떠났다. 우리가 떠난 다음 날 경찰이 문숙이 형님 집을 덮쳤다. 배짱이 두둑한 문숙이 형님은 "아무 일도 없는 남의 집에 왜들 와서 이러느냐"며 되레 경찰을 호되게 꾸짖어 보냈다고 한다.

김정남 형은 우리를 이돈명 변호사 댁으로 데려갔다. 인권 변호사의 대부로서 박정희 정권 때부터 줄곧 박해를 받아온 1급 요시찰 인물 이돈명 변호사 집에서 도피 생활을 한다는 것은 위험천만한 일이지만, 김정남 형은 당장 피신처가 없는데다 등잔 밑이 어두울 수도 있다며 우리를 그곳으로 안내했다. 상황이 그만큼 절박했다. 전병용과 김정남 형의 노력도 눈물겹게 고마웠다. 법정에서 우리를 변호하던 이 변호사께서 따뜻하게 맞아주었다. 우리는 한동안 거기서 지냈다.

마침내 전병용이 목동 근방에 연립주택 한 가구를 세냈다. 우리는 이돈명 변호사께 무척 고마웠다는 인사를 남기고 전병용의 집으로 옮겼다. 그는 교도소에서 민주 교도관의 대부로 찍혀 해직됐으며, 왜관 수녀원에서 기르는 식용 지렁이를 판매하는 일을 시작해 사직터널 근방에 사무실을 냈다. 나는 지렁이 약효를 선전하는 광고지 문안을 만들어주었다. 주변 사람들의 도움으로 코미디언 송해 씨가 하던 MBC 라디오 프로그램에 나가 지렁이 약효를 선전하기도 했다. 방송이 나간 뒤 손님이 좀 몰려들기는 했지만, 그 장사도 오래가지는 못했다.

김종철 선배와 나는 목동으로 거처를 옮긴 뒤 얼마 지나지 않아 헤어졌다. 그때쯤 되니 수배자들에 대한 수배 강도가 드러나기 시작했다. 동아투위에서는 이병주 위원장(2011년 5월 작고)과 내가 끝까지 수배자 명단에 있었다. 이병주 선배야 동아투위 위원장이니 그렇다 치더라도, 내가 왜 동아투위 마지막 수배자 두 명 중 한 명이 됐는지 도무지 이해가 되지 않았다.

아무튼 그때까지 잡히지 않은 수배자 40여 명과 함께 내 사진과 약력이 포함된 수배 전단이 전국 곳곳에 붙었다. 다방 입구와 계산대 뒤쪽 벽, 여관 입구, 경찰서와 파출소 등 관공서 게시판, 골목길 벽에 내 얼굴 사진과 약력이 담긴 수배 전단이 있었다. '체포하면 1계급 특진, 200만 원 포상'이라는 문구도 있었다.

동아투위 위원 가운데 홍종민 선배는 일찍 체포됐다. 그는 동아투위 총무였으니 수배 서열로는 매우 앞자리에 있었을 터였다. 그는 5·17 일제 검거 이틀 뒤 집 근방으로 가다 잠복한 경찰에 붙잡혔다. 지금은 고인이 됐으니 물어볼 수 없지만, 그의 깔끔한 성격으로 보아 다른 사람에게 신세 지기 싫어 집으로 돌아가지 않았나 싶다. 당시에는 이런 저런 인연을 피해 은신처를 찾는다는 게 보통 힘든 일이 아니었다.

홍종민 선배는 남영동 대공분실로 잡혀갔다. 그가 남영동에 있는 동안 아무도 행방을 알지 못해 그의 부인은 뜬눈으로 밤을 새우기 일쑤였다. 다른 도망자들은 이런저런 경로를 통해 집에 연락이라도 오는데, 그는 연락이 두절된 것이다.

나중에 들은 얘기지만, 그는 남영동 지하실에서 주로 김대중 씨와 관계에 대해 집중적인 조사를 받았다. 아무리 털어도 나오지 않자, 남영동에서는 그를 여러 차례 고문실 앞까지 데려갔다. 그는 거기서 몸서리쳐지는 비명을 들었으며, 온몸을 뒤덮는 공포를 경험했다. 홍종민 선배는 한 달 동안 그곳에 있으면서 여러 차례 심장이 덜컥덜컥 내려앉는 무서운 경험을 했다. 한 달 가까이 지나자 과연 살아서 바깥세상으로 나갈 수 있을까 하는 생각이 들었다고 한다.

홍종민 선배는 나보다 1년 먼저 입사했으며, 같은 아파트에 살았기 때문에 아주 가깝게 지냈다. 동아투위 위원들이 '타고난 총무'라고 말했듯이, 그는 빈틈없고 성실하게 주어진 일을 해내는 인물이었다. 그러던 그가 1981년 겨울에 첫 심장마비로 쓰러졌다. 남영동에서 겪은 엄청난 고문의 공포가 준 병이었다. 그는 다행히 목숨을 건졌으나, 끝내 병을 이기지 못하고 1986년 저세상으로 갔다. 나는 그의 이름이 떠오를 때마다 너무나 어이없고 억울하여 목이 멘다. 지금도 그렇다.

선보러 가는 길이라고?

—아내를 만나러 가는 길

언제 끝날지도 모르는 수배 생활이 계속되면서 아내와 아이들에 대한 그리움이 짙어갔다. 아내가 하도 보고 싶어서 박기봉 편에 연락을 넣었다. 연락을 받은 아내는 있을지 모르는 미행을 따돌리기 위해 백화점을 돌아다니고 버스를 수없이 갈아타면서 약속 장소인 어린이대공원 주변의 중국집 2층에서 나를 기다렸다. 박기봉도 거기에 나와 있었다. 그때 나는 머리를 짧게 깎았으며, 안경 대신 콘택트렌즈를 끼고 다녔다. 아내를 만나러 갈 때는 천호동 어느 시장에 들러 흰 와이셔츠와 넥타이를 사서 맸다. 나는 가게 주인에게 "선보러 가는 길"이라며, 입고 있던 옷을 잠시 맡겼다. 우중충한 모습을 보이면 아내가 비참한 생각을 할지 모른다 싶었기 때문이다.

버스를 타고 천호동을 지나 어린이대공원 쪽으로 들어서는데, 경찰과 계엄군이 버스를 세웠다. 그들은 버스에 올라와 거수경례를 한 뒤 "검문을 실시하겠습니다"라고 말했다. 가슴이 덜컹 내려앉았다. 그러나 경찰과 계엄군은 새 와이셔츠에 넥타이를 단정하게 맨 나를 그냥 지나쳤다. 버스가 다리를 건너 시내 쪽으로 가는데 정류장마다 경찰과 계엄군이 깔려 있었다. 나는 도저히 약속 장소에서 내릴 수가 없어 종점까지 갔다.

아내와 박기봉은 이런 사정도 모르고 중국집 2층에서 네 시간 동안 나를 기다렸다. 내가 끝내 나타나지 않자 아내는 오래 울었다고 나중에 박기봉이 전해줬다.

목동의 전병용 연립주택에서 지낼 때, 아내가 경찰에 잡혀갔다는 소식이 들렸다. 그때 아내는 방송국 스크립터로 일하고 있었다. 남편이 결혼한 지 9개월 만에 회사에서 쫓겨나고 감옥을 들락거리면서 생활이 불안해지자, 아내는 적극적으로 일거리를 찾아 나섰다. 다행히 타고난 글솜씨에 외사촌 오빠인 오홍근 형님이 애써준 덕분에 동양방송에서 스크립터 일을 시작했다. 당시 동양방송 FM 라디오 책임을 맡은 조승환 부장이 오홍근 형님의 고등학교 선배였으며, 그 인연으로 아내가 방송국에서 일할 수 있었다.

아내는 〈안녕하십니까? 한순옥입니다〉라는 FM 아침 프로그램의 스크립터였다. 한순옥 선배는 1970년 내가 동아일보에 입사했을 때 동아방송 아나운서로 명성을 날렸다. 한 선배는 뉴스를 가장 잘 읽는 아나운서라는 평가를 받았으며, 경향신문 기자를 하다 정부 쪽 공보관으로 옮긴 박신일 씨와 결혼했다. 박신일 씨는 내가 워싱턴 특파원으로 있을 때 주미 대사관 공보공사로 와서 만났으며, 한 선배도 그때 다시 만날 수 있었다.

동양방송은 1980년 신군부에 의해 KBS로 통폐합됐다. 그러나 〈안녕하십니까? 한순옥입니다〉는 KBS FM으로 옮겨져 살아남았다. 아내를 동생처럼 보살펴준 조승환 형님도 KBS로 자리를 옮겼다. 나는 조승환 형님에게 가끔 전화를 걸어 아내의 소식을 묻기도 하고, 외로울 때면 그의 집을 찾아가 술을 마시고 잠도 잤다.

계엄군 쪽에서는 아내가 방송국 일을 하는 것을 제대로 파악하지 못한 모양이었다. 원고를 써서 방송 하루 전에 갖다주면 되는데, 매일 출근하지 않았다. 아내는 밥줄이 끊어질까 봐 극도로 조심했다. 방송국에 원고를 주러 갈 때도 미행을 따돌리기 위해 백화점을 돌아다니고 버스를 몇 차례 갈아탔다.

나와 조승환 형님 사이에는 둘만 아는 비밀 대화가 있었다. '형수님'은 나의 아내, '건강 상태'는 아내의 상황을 나타냈다. 나는 종종 전화를 걸어 "형수님 건강이 어떻습니까?"라고 물었다. 조승환 형님이 "아무일 없다네"라고 대답하면 말 그대로 별일이 없는 것이고, "감기가 들었어" 하면 가택 연금 등 귀찮은 일로 상당히 시달린다는 뜻이며, "독감에 걸렸어" 하면 경찰에 잡혀갔다는 뜻이었다.

어느 날 전화를 했더니 "형수가 독감에 걸렸다"는 것이었다. 가슴이 덜컥 내려앉았다. 아내가 방송국에 원고를 건네주고 오다가 집 앞에서 강남서 형사들에게 잡혀갔다고 했다. 아내는 어느 경찰서 지하실로 끌려가 1주일 동안 "남편 있는 곳을 대라"는 문초를 받았다. 그 과정에서 아내는 얻어맞기도 하고, 여자로서 참을 수 없는 언어폭력에 시달렸다. 강남서 문종휘 형사가 특히 아내를 모질게 대했다고 한다. 아내는 1주일 동안 고초를 겪고 귀가하다가 집 앞 근방에서 기절해 쓰러졌다.

　나는 아내가 어느 정도 고초를 당했는지 알지 못했다. 아내는 그때 일을 자세히 얘기해주지도 않았다. 그러다가 1995년 12월 말《한겨레 21》에 기고한 글을 통해 당시 참담한 경험을 털어놓았다. 나는 그때 처음으로 아내가 어떤 고초를 겪었는지 자세히 알 수 있었다. 아내는 성질 급한 내가 그 얘기를 들으면 무슨 일을 저지를지 몰라 일부러 말하지 않았다고 했다.

"이년아, 서방 있는 곳을 대!"

—아내가 《한겨레21》에 기고한 글

1980년 10월 9일 아침 7시께, 일찍 방송국에 원고를 건네주고 오던 중 집 앞 길에서 나는 정체불명의 남자 두 명에 의해 강제로 검은 승용차에 태워졌다.

얼마나 지났을까. 나를 붙잡고 내려가는 것을 보니 계단을 지나 지하실로 가는 것임이 분명했다. 눈가리개를 풀자마자 한 사람은 지하실 방을 떠나고, 남아 있던 사람이 내 가방을 샅샅이 뒤지기 시작했다. 손수건을 꺼내 냄새까지 맡아보았다.

"이년아, 서방 있는 곳을 대!"

그들이 '서방'이라고 부른 나의 남편 정연주는 동아일보 해직 기자로 유신 때 긴급조치 9호 위반으로 잡혀 들어가 서울구치소, 성동구치소에서 복역하던 중 박정희가 죽은 뒤 12월 초 어느 날 출소했다. 그는 출소한 뒤 잃은 건강을 되찾기 위해 안간힘을 썼으며, 그런 가운데 '서울의 봄'이라고 하던 1980년 봄, 몇몇 대학의 요청에 따라 '1970년대 한국 언론'에 대한 강연을 했다.

그 정도의 활동만 했기에, 5월 17일 자정에 계엄사 요원들 12명이 아파트 주위를 포위한 뒤 집 안으로 쳐들어와 두 시간이나 구석구석을 뒤질 때도, 왜 이토록 남편을 체포하려 하는지 알 길이 없었다. 그날 밤 이후 매일 두 사람씩 찾아와 남편에 대해 온갖 것을 물었다.

얼마 지나지 않아 전국 방방곡곡에 남편을 포함한 '잡히지 않은 국기 문란자들'에 대한 현상문이 붙기 시작했다. 남편 얼굴 사진 아래에는 '국기 문란자. 체포하면 200만 원 상금, 1계급 특진. 특징은 미남형'이라는 말이 적혀 있었다.

"저놈들이 정 서방을 지독하게 찾는 걸로 봐서 어디 엮는 데 필요한 게 틀림없어"라던 홍근 오빠(당시 동양방송 기자)의 말이 귓전에서 떠나지 않았다.

손바닥으로, 파리채로 내 얼굴을 때린다. 이번에는 내가 앉아 있던 의자를 발로 걷어찼다. 나는 의자와 함께 땅바닥에 내동댕이쳐졌다. 걷어 올려진 치맛자락을 손으로 끌어내리고 의자에 앉으면 그는 다시 의자를 걷어찼다.

"야 이년아, 네년이 애새끼를 둘이나 낳아 남자 맛을 알 텐데, 서방을 만나지 않고 있다면 너 딴 놈하고 붙었지?"

그가 욕을 할 때마다 그 욕지거리를 듣지 않으려고, 그가 때릴 때마다 나 자신이 무너질까 봐 마음속으로 주기도문을 외웠다. 주술 들린 사람처럼 주기도문을 한없이, 한없이 되풀이했다. 그런데 그가 조금 전에 뱉은 그 말을 듣는 순간, 전신의 세포가 분해되는 것 같았다. 나 자신에 대한 자존심 하나로 여기까지 버티어왔는데 이런 모욕을 당하다니. 꼿꼿한 등뼈 마디마디의 석회가 다 용해되어 꾸깃꾸깃 한 움큼도 안 되는 휴지 조각이 되어버린 내 꼴. 여기에 인격이라는 게 도대체 무슨 의미가 있겠는가?

'죽자!'

나는 혀를 깨물었다. 그 순간, 나는 왼쪽 벽 위와 천장 사이에 난 조그만 구멍을 쳐다보았다. 그 구멍 사이로 푸른 하늘이 한 뼘가량 보였으며, 그 위로 엄마를 기다리는 아이들의 모습이 또렷하게 겹쳐졌다.

"죽을 용기가 있다면 살 용기를 내봐."

그런 목소리가 환청으로 다가왔다.

두들겨 패고, 의자를 걷어차던 그의 말투가 달라졌다. 점심은 자장면이었다. 입에 들어갈 리 없었다. 그러나 그는 잘도 먹었다. 사람 때리는 일과 먹는 일이 그에게는 분명히 다른 일이었던 것이다.

"그 주전자와 고춧가루는 놓고 가."

배달 소년에게 그가 명령조로 말했다. 나는 이곳으로 끌려오면서, 아니 남편이 늘 잡혀가는 생활을 한 뒤로 물고문 정도는 각오하고 있었다. 종로5가 기독교회관에서 열린 목요 기도회에서 고문당한 사람들의 애기를 수없이 들었으며, 코로 물을 붓는 물고문은 기본적인 고문으로 여겼던 것이다.

공포, 그것은 당하기 직전에는 공포지만, 일단 그 지점을 통과하고 나면 공포가 아니다. 나는 두렵지 않았다. 혀 깨물고 죽으나, 고춧가루 물고문을 당해 죽으나 마찬가지 아닌가. 그러나 그 순간에도 아이들의 모습이 눈앞에 아른거렸다.

그는 주전자 뚜껑을 열고 고춧가루를 넣고 다시 뚜껑을 닫았다.

"태어나서 기억이 있는 순간부터 오늘 이 시간까지 일어난 일에 대해 하나도 빼지 말고 써!"

그 지하실에서 나는 1주일 동안 얼마나 많은 자술서를 쓰고 또 썼는지 모른다. 그러나 그들의 질문은 항상 한 점으로 모였다. 남편 있는 곳이 어디냐.

나는 사실 남편이 어디에 있는지 몰랐다. 5월 16일 밤, 수유리 가톨릭휴양관에서 동아투위 위원들과 함께 밤새워 '새 시대 새 언론'에 대해 토론하느라 집에 들어오지 않은 남편은 천행으로 난을 피했다. 다음 날 아침 남편이 전화를 했다.

"대답만 해. 집에 누가 다녀갔지?"

"네."

"당분간 집에 연락할 수 없으니 그렇게 알아. 몸조심하고."

그는 그렇게 자기 얘기만 하고 전화를 끊었다. 그 뒤 남편의 소식은 내가 스크립터로 일하던 KBS 제2FM 라디오(통폐합되기 전에는 동양방송 FM 라디오)의 조승환 부장을 통해 몰래 듣곤 했다. 남편은 조승환 부장에게 가끔 전화를 걸어 나의 안부를 묻고, 자신의 안부를 전했다. 그는 '조만열'이라는 가명을 사용하면서, 조승환 부장과 이런 선문답을 했다고 나중에 들었다.

"형님, 저 만열입니다. 형수님 건강은 어떠세요?"

"자네 형수, 감기 기운이 좀 있어. 자네는 어떤가?"

"저는 괜찮아요."

'형수님'은 '나'였으며, "감기 기운이 있다"는 말은 "상당히 시달리고 있다"는 감추어진 말이었다. 내가 잡혀갔을 때는 "형수가 독감에 걸렸다"고 했다던가?

조승환 부장은 내 곁을 슬쩍 지나치면서 "만열이 요즘 건강하대" 그런 말을 전해주곤 했다. 엄혹하던 시절, 그는 우리 둘 사이에서 다리 노릇을 해주었다. 들통 나면 어떻게 될지 뻔히 알면서도……

해거름이 되니 아이들 생각에 미칠 것 같았다. 새벽 1시쯤 되자 여태껏 나를 취조하던 사람과 아까 밖으로 나간 사람이 교대를 했다. 그는 때리는 당번은 아닌 모양이었다. 밤새도록 자술서를 쓰게 했다. 첫날은 잠이 쏟아지는데도 아예 잠을 자지 못하게 했다. 쓰고 또 쓰라는 것이었다. 꽃뱀에게 놀라 멍석에다 오줌 싼 어린 시절 얘기부터 지금 이 순간까지 얘기를 다 쓰고 나면, 그것을 죄다 가져갔다. 그러고 나서 꽃뱀에 놀란 얘기부터 다시 쓰기 시작했다. 사흘 밤낮을 그렇게 보냈다.

"당신들 때문에 집에도 못 들어가고 이게 뭐야?" 하는 소리에 깜짝 놀라 눈을 떠보니 여태껏 있던 깡마른 남자 대신 뚱뚱한 사람이 앞에 앉아 있었다.

"약국에 좀 가야 해요."

"어디 아파? 내가 약을 사다 주지."

"아니 여자들이 가야 하는……."

바로 1주일 전에 끝난 생리가 다시 시작됐다. 15년 동안 한 번도 불규칙하지 않았는데, 신의 섭리였을까?

"우리 과장이 알면 나 모가진데……."

약국으로 걸어가면서 나는 그에게 간청을 했다. 방송 원고로 우리 식구가 먹고사는데, 며칠 동안 펑크를 냈으니 제발 담당 프로듀서에게 전화를 하게 해달라고.

그는 선선히 응해주었다. 당시 내가 맡고 있던 〈안녕하세요? 한순옥입니다〉 프로그램의 김정태 프로듀서는 모든 것을 짐작하고 있었다며 방송국 일은 걱정하지 말고 부디 몸조심하라고 했다. 나는 시부모님께 연락해달라고 부탁했다(나중에 들은 얘기지만, 시아버지께서는 강남경찰서에 며느리 실종 신고를 했다는 것이었다).

다음 날 체구가 작은 또 다른 형사가 들어왔다.

"당신 천주교 신자야? 나도 군대 가기 전에는 독실한 신자였는데…… 정말 남편 있는 곳 몰라?"

묵주를 쥐고 있는 내게 그가 물었다.

"천주교 신자였다면 천주 대맹세가 무슨 뜻인지 아시겠네요. 대맹세예요. 저는 정말 애들 아빠가 어디 있는지 몰라요."

그가 위층 사무실로 몇 번 오르락내리락하더니 나를 어디로 데려갔다. 강남경찰서 정보과장실이었다. 정보과장은 내게 종이 한 장을 내놓더니 여태껏 있었던 일을 밖에 나가서 일절 입 밖에 내지 않겠다는 각서를 쓰라고 했다. 나는 단번에 완강히 거절했다. 여기서 겪은 모든 일을 세계인권위원회에 보고하겠다고 대들었다. 그리고 어린 아기와 어미를 며칠씩이나 떼어놓았으니 당신은 간접 살인자라고 입에 거품을 물고 대들었다. 한 시간 넘도록 그렇게 버티었다. 정보과장이 들락날락하더니 나에게 가라고 했다. 나는 못 간다고 했다. 당신들이 나를 잡아온 그 장소까지 태워줘야 한다고 버티었다. 사실 나는 현기증이 나서 한 발자국도 움직일 수 없었다. 얼마 뒤 한 형사가 따라오라고 하더니 택시를 잡아주며 기사에게 택시비를 건네주었다.

아파트 앞에서 내려 비틀거리며 겨우 발걸음을 옮기는데, 저만치 어디선가 많이 본 듯한 부부가 손짓을 했다. 그들을 본 순간 나는 그 자리에서 정신을 잃고 쓰러졌다(큰시누님 부부였다는 것을 나중에 알았다).

"아이고, 네가 시집을 잘못 와서 이 고생을 하는구나!"

눈을 떠보니 시어머니가 방바닥을 치면서 통곡을 하고 계셨다······.

"저쪽에 얽어놓은 것 같아"

─ 동아투위 막내인 나를 지독하게 찾는 이유

아내가 1주일 동안 강남서 형사들에게 곤욕을 치르고 한 달쯤 지나서였다. 이번에는 일흔이 넘은 아버지가 잡혀갔다는 소식이 전해졌다. 놈들은 아버지까지 잡아다 아들 있는 곳을 대라고 했다.

경찰에 잡혀간 경험, 교도소 경험으로 따지면 아버지는 나보다 선배다. 일본 놈들이 조선 청년을 징용으로 마구 잡아가고 놋쇠 그릇이란 그릇은 죄다 탈취하던 1944년, 경북 월성군 강동면 인동리 조그만 시골의 장년이던 아버지는 동네 반상회에서 "내가 징용에 가면 총을 거꾸로 메겠다"고 말했다가 그 자리에 있던 조선 사람의 밀고로 잡혀갔다. 아버지는 경주경찰서, 대구경찰서, 서대문형무소를 거쳐 흥남 질소비료 공장 근방의 정치범 수용소에 끌려갔다.

아버지가 잡혀가자 어머니는 그 먼 길을 걸어 경주경찰서로, 기차를 타고 대구경찰서로 찾아갔다. 도착해보면 아버지는 오래전 그곳을 떠난 뒤였다. 어머니는 대구까지 찾아갔다가 머나먼 서울은 엄두도 내지 못하고 아이들과 호랑이 같은 시어머니가 있는 인동리로 돌아갔다.

전쟁 말기 흥남 수용소에는 먹을 게 없었다. 주변 산의 소나무는 죄다 껍질을 벗긴 상태였다. 아프면 그냥 내버려두었기 때문에 아픈 사람들은 죄다 죽어 나갔다. 그 절박한 시점에 해방이 찾아왔다. 아버지는 기차를 타고 흥남을 떠나 서울, 대구를 거쳐 고향으로 돌아왔다. 아버지가 대문에 들어섰을 때, 어머니는 귀신이 나타난 줄 알았다.

어릴 때부터 수없이 들은 얘기다. 나는 어릴 때 "왜 총을 거꾸로 메는 게 죄가 되느냐?"고 물었다. 키 큰 미군들은 긴 총을 늘 거꾸로 메고 있었는데……. 그런 때면 아버지는 그냥 웃으셨다.

아무리 서대문과 경찰서 출입이 나보다 선배라지만, 일흔이 넘은 노인이 아닌가. 짐승이 아니고야 어떻게 노인을 데려다 아들 있는 곳을 대라고 족치느냐 말이다.

이번에는 내가 견딜 수 없었다. 가족과 주변 사람들 그만 괴롭히고 나 하나 들어가 징역살이하는 게 훨씬 마음 편할 일이었다. 나는 전병용에게 이런 뜻을 밝혔다. 그는 버럭 화를 냈다.

"아니, 자수하겠다는 거요? 군바리 새끼들한테 고개 숙이고 투항하겠다고? 말도 안 되는 소리……."

그의 활활 타는 눈빛에는 '이런 나약한 새끼를 감춰주려고 지금껏 온갖 고생과 노력을 했단 말인가' 하는 분노가 어렸다.

"늙으신 아버지가 잡혀갔는데 어쩌란 말이오?"

나도 언성을 높였다.

다음 날 목동의 연립주택에는 다섯 사람이 자리를 같이했다. 성유보 선배, 김종철 선배, 김정남 형이 한방에 모였다. 나의 자수 의사를 꺾기 위해 전병용이 원군을 데려온 것이었다.

김정남 형이 조용조용한 말투로 1960년대 운동 때 김지하 시인이 겪은 비슷한 상황을 설명하면서, 일시적인 괴로움을 뛰어넘지 않으면 안 된다고 했다. 성유보 선배는 지금 자수하면 그동안 숨겨준 사람들을 불지 않을 수 없을 텐데, 그 일을 어떻게 감당하겠느냐고 나직한 목소리로 나무랐다. 김종철 선배는 아무 말이 없었다.

나는 인천의 작은누나 집 다락방에 숨어 있었다고 말을 만들어 다른 사람들에게는 피해가 없도록 할 테니 나에게 맡겨달라고 애원하다시피 했다. 그러나 그들은 완강했다. 이것은 '원칙의 문제'라고 했다. 나는 며칠 여유를 달라고 했다. 그다음 며칠 동안, 나는 가장 괴로운 선택의 갈림길에서 번민과 괴로움, 갈등으로 잠을 이루지 못했다. 간절하게 기도를 드리기도 했으나, 마음이 모아지지 않았다.

"육신의 부모보다 큰 부모가 누구인가? 그것은 우리의 조국이다."

1977년 《씨알의 소리》를 맡아 일할 때 함께 식사하면서 함석헌 선생이 종종 하신 말씀을 떠올리기도 하고, 십자가 아래서 우는 육신의 어머니 마리아를 향해 "여인이여! 누구를 위해 우느냐?"고 말한 예수를 떠올리기도 했다. 더 큰 뜻을 위해 육신의 관계를 뛰어넘어야 한다며 악을 써보았으나, 모두 헛일이었다. 나는 육신의 관계를 뛰어넘을 수 있는 그릇이 아니었다. 그저 좁쌀만 한 존재에 지나지 않았다.

나는 가슴이 찢어지는 듯한 고통을 극복하지도 못하고 아무런 결정도 내리지 못한 채, 우유부단한 방황을 계속했다. 무책임하게 괴로워하는 가운데 며칠이 흘렀다. 여드레가 지났을 때 아버지가 풀려났다는 소식을 들었다. 하늘을 날아갈 것만 같았다. 세상의 모든 근심 걱정이 사라진 듯했다. 그런 홀가분하고 완전한 해방감은 처음이었다.

그러면서 한 가지 의문이 내내 떠나지 않았다. 도대체 왜 나를 잡으려고 이토록 지독하게 구는가? 아무리 1계급 특진에 현상금 200만 원이 내 목에 걸려 있다지만, 너무 심한 게 아닌가? 아내와 아버지까지 잡아가다니…… 게다가 중·고·대학교 동기는 물론이려니와 20년 전 헤어져 어디에 사는지조차 모르는 사촌 동생을 찾아 경남 산청 산골까지 가서 내 소식을 물었다는 얘기를 나중에 전해 들었다. 시골에 시집간 아내의 조카 집에 찾아가 집 안팎을 샅샅이 뒤졌다고도 했다. 조그만 사업을 하던 큰매형의 자동차 운전사는 하도 얻어터지고 시달려서 일을 그만뒀다.

"개새끼들!"

나는 TV에 비치는 전두환과 신군부 일당의 얼굴을 볼 때마다 치를 떨며 증오를 퍼부었다.

"하나님, 저들에게 날벼락을 내려쳐 징벌하소서!"

나는 매일 간절하게 기도를 드렸다.

어느 날 나는 오홍근 형님에게 전화를 걸었다. 1980년 동양방송이 없어지고 중앙일보에 남은 그에게 나는 종종 전화를 걸어 안부를 물었다. 우리의 전화 대화는 매우 뜬금이 없었다. 주어도 없이 중요한 낱말들만 오갔다.

"왜 이토록 지독하게 찾는대요?"

"저쪽에 얽어놓은 거 같아."

'저쪽'이란 김대중 내란 음모 사건을 지칭한 것이었다. 그러나 아무리 곰곰이 생각해도 저쪽과 엮일 만한 일이 없었다. 감옥에서 나온 뒤 대학에 가서 강연했지만 별게 아니고, 대학 학보사에 글을 써준 것 역시 별게 아니었다. 1980년 3월 1일 '서울의 봄' 때 재야 모임인 국민회의에서 낸 성명서를 내가 쓰기는 했지만, 이토록 지독하게 찾을 만한 내용은 없었다.

그런 가운데 두 가지 마음에 걸리는 게 있었다. 하나는 성동구치소에서 만난 서울대 후배가 '서울의 봄' 시위 때 사용할 성명서를 써달라고 했다. 대학 시위 때 사용한 성명서를 해직 기자가 써주었으니, 해직 기자와 대학 시위 배후 조종으로 연결시킬 수 있었을 것이다. 다른 하나는 5월 17일 아침 수유리 뒷산에서 김종철 선배가 알려준, 고은 형님에게서 받은 20만 원이 김대중 선생에게서 왔다는 것이었다.

어쨌든 아버지가 풀려나신 뒤 나는 세상에 아무런 근심 걱정이 없는 것처럼 홀가분해졌다. 그즈음 김종철 선배가 잡혀갔다는 소식이 전해졌다. 천하의 김종철 선배라도 놈들의 동물적 고문을 견딜 수는 없을 터였다. 가까이 지낸 정연주의 거처와 그동안 도피 생활에 도움을 준 전병용도 성치 못할 것이었다. 나는 그 길로 전병용과 작별했다.

"당신, 어느 여자와 살림 차렸다던데?"

—아내와 밀회

목동 연립주택을 떠나니 막막했다. 찾아갈 곳은 친구뿐이었다. 대학 시절 영락교회에 다니다가 그곳이 상징하는 '한국 교회'를 견디지 못하고 함께 향린교회로 탈출한 이동욱 형이 생각났다. 그때 열 명 가까운 대학생이 영락교회를 떠나 향린교회로 '집단 탈출'한 사건이 있었다. 나는 그 엑소더스 이전에 영락교회에 환멸을 느끼고 먼저 향린교회로 가 있었다.

내가 한창 도망 다니던 시절, 영락교회의 한경직 원로목사는 전두환 국보위 상임위원장을 위한 조찬 기도회를 주관함으로써 전두환이 정치적 기반을 닦는 데 일조했을 뿐 아니라, 그의 전신에 묻어 있던 광주의 피에 기독교적 축복과 면죄부를 주었다. 권력과 야합한 기독교가 이 땅에 저지른 죄는 크나큰 것이다.

이동욱 형네 집에서 상당 기간 머물렀다. 광명리 방 두 칸짜리 집에 아내와 세 아들이 살았는데, 내가 방 하나를 빼앗은 것이다. 그와 그의 아내, 한빛이를 비롯한 세 아들에게 미안하기 그지없었다. 그러나 경찰과 계엄군이 나와 이동욱 형의 관계를 알 리 없기에, 그의 광명리 집은 내게 참으로 편안한 안식처였다.

　가을에 접어들자 이동욱 형네 집에 더 머무르기도 미안했다. 대학 동창 김상남(현 코사스포츠 대표)의 화곡동 집에서 몇 주 보낸 뒤, 철산리 구석의 모퉁이 방을 보증금 10만 원에 월세 2만 원을 주고 얻었다. 집 바깥쪽으로는 라디오 수리를 전문으로 하는 전파상이 있고, 안채에는 주인과 또 다른 셋방살이가 있었다. 그러니까 이 조그만 철산리 구석 집에 나를 포함하여 네 가구가 살았다. 전파상은 갓 결혼한 신혼부부의 것이었는데, 왜 그렇게 자주 싸우는지 만날 부부가 토닥거리는 소리가 들렸다. 내 방은 집 밖의 쪽문을 통해 들어갈 수 있었는데, 연탄불을 자주 꺼뜨려 그해 겨울을 몹시 춥게 보냈다.

　나는 주인과 사글세 계약을 할 때 출판사에 다니는 노총각 행세를 했다. 나는 아침이면 넥타이를 매고, 노란 봉투를 든 채 '출근'했다. 가는 곳은 동네 독서실이었다. 거기서 나는 출판사를 하는 선배들과 선이 닿아 번역을 하기 시작했다. 그때 《두 여인》을 비롯해 번역을 많이 했다. 그 책들은 내 이름을 옮긴이로 할 수 없어 다른 사람 이름으로 출판됐다.

　지금도 잊히지 않는 작품이 《소피의 선택Sophie's Choice》이다. 지은이는 윌리엄 스타이런으로, 전에 그의 다른 작품을 번역해본 적이 있었다. 미국의 흑인 노예 반란을 일으킨 냇 터너의 일생을 담은 전기다. 동아투위 위원 몇 명이 운영한 번역실에서 공동으로 번역했다. 그런데 문체가 매우 화려하고, 문장의 호흡이 길어서 번역하는 데 여간 힘이 들지 않았다. 《소피의 선택》도 마찬가지였다. 형용사와 부사를 자유자재로 사용하다 보니, 한 페이지에 모르는 단어들이 수두룩했다. 수배 중이라 그렇잖아도 골머리가 아픈데, '힘든 번역'을 하기 싫었다. 그래서 원고지 200장 정도 번역하다가 포기했다(이 작품을 1982년 말 미국에 건너가서 영화로 보았다. 메릴 스트립과 케빈 클라인이 주연한 명작을 보며 1980년 철산리 시절이 떠올랐다).

'출근' 길에는 철산리 파출소 앞을 지났다. 그 파출소 게시판에는 웃는 내 사진과 경력, 죄명이 담긴 수배 전단이 붙어 있었다. 수배 전단에는 잡힌 사람들의 사진에 붉은 줄로 가위표가 돼 있었다. 장기표 형 얼굴도 거기 있었는데, 그의 얼굴에는 마지막까지 가위표가 없었다. 물론 내 얼굴에도 가위표는 없었다. 철산리 파출소 앞을 지나면서 보초를 서는 경찰들에게 속으로 조롱했다.

'병신들, 1계급 특진과 현상금 200만 원이 눈앞에 지나가는데 그것도 못 잡고······.'

그때쯤에는 그 정도로 마음이 풀어졌다. 잡혀도 다른 사람에게 부담 주지 않을 수 있었기 때문이다. 안채 주인이 내가 정말 출판사에 다니는 노총각인 줄 알고 자기 여동생과 선을 보라고 졸라대는 바람에 거절하느라 애를 먹었다.

독서실에 앉아 번역하는 일도 지겨웠다. 어느 날은 무작정 하루 종일 골목길만 걸어 다녔다. 골목길을 걸을 때 뛰어노는 꼬마들과 마주치면 영빈, 웅세 두 아들 얼굴이 못 견디게 보고 싶었다. 징역을 살 때는 언제 나간다는 기약이라도 있었는데, 수배 생활은 기약이 없어 막막했다. 나는 골목길을 정처 없이 걸으면서 영빈, 웅세와 자주 부르던 〈마징가제트〉 주제가를 흥얼거리며 혼자 많이 울었다. 그리움은 끝이 없었다. 혹시 그들의 얼굴이라도 볼 수 있을까 싶어 내가 살던 아파트 앞을 지나는 버스를 타고 한나절 동안 왔다 갔다 하기도 했다. 걷다가 내 얼굴을 아는 강남서 형사들을 만날지도 몰라 버스를 타고 지나갈 수밖에 없었다.

짙은 그리움 속으로 가을이 깊어갔다. 그해따라 쌀쌀했던 날씨 때문일까, 아니면 기약 없는 수배 생활 때문일까? 아이들과 아내에 대한 그리움이 감당할 수 없을 정도로 밀려들었다. 나는 박기봉을 통해 아내와 밀회하는 모험을 감행하기로 했다.

'○월 ○일 ○시, 제2한강교에 있는 시내버스 정류장으로 나올 것. 그곳에 오기 전에 백화점을 돌고, 버스를 갈아타는 등 혹시 있을지 모를 놈들의 미행을 따돌릴 것. 버스 정류장에 오면 내가 벽 쪽에 붙어 있다가 몇 번 버스가 도착하면 앞문으로 탈 테니, 아내는 뒷문으로 탈 것. 화곡동 버스 정류장에서 내릴 테니, 내가 먼저 내리면 뒤에서 천천히 따라올 것⋯⋯.'

우리는 대학 동창 김상남의 화곡동 집 2층 방에서 마침내 재회했다. 아내는 울기만 했다. 나는 할 말이 없었다. 아내는 많이 말랐다.

"당신, 어느 여자하고 살림 차렸다고 그러던데⋯⋯."

"무슨 뚱딴지같은 소리를⋯⋯."

"형사들이 와서 수배 중인 아무개는 어디에서 다방 레지하고 살림을 차렸고, 당신은 간이 나빠서 혼자 몸을 추스르지 못해 고향인 경주 근방에서 여자 하나 꿰차고 살림 차렸다는 정보가 있다고 그럽디다."

"그래서 뭐라고 했어?"

"몸도 시원찮은 당신에게 보살펴줄 여자가 생겨서 다행이라고 했지요. 그랬더니 다시는 그 말 끄집어내지 않습디다."

"개새끼들, 하는 수법이 늘 그래. 식구들 이간질해서 무슨 정보라도 빼내려고⋯⋯ 유치한 새끼들!"

밀회의 물꼬를 튼 우리는 그 뒤 가끔씩 만났다. 어느 때는 '용감하게' 여관에서도 만났다.

목욕탕에서 벌거벗고 만난 아버지

─부모님과 마지막 이별

10월 말께 어느 날, 아내가 뜻밖의 소식을 전해줬다. 5월 17일 자정에 권총 찬 계엄군 12명이 내 조그만 아파트를 덮친 바로 그날, 미국 휴스턴에 있는 형님이 부모님을 미국으로 모시는 초청장을 보냈으며, 미국 방문에 필요한 모든 절차가 끝나 11월 중순이면 부모님께서 미국으로 떠나실 예정이라는 것이었다. 그런데 어머니께서 막내아들이 정처 없이 도망자 생활을 하는 마당에 어떻게 이곳을 떠날 수 있느냐며 마음고생이 여간 아니라고 했다.

'어머니, 하루빨리 이 더러운 곳을 떠나십시오. 수배 중인 막내아들이 도망다니는 꼴, 형사들이 시도 때도 없이 집에 들락거리는 꼴, 며느리 혼자 식구 먹여 살리느라 아등바등하는 꼴, 저녁 뉴스만 틀면 등장하는 그 번쩍거리는 대머리 꼴 보지 않고 살 수 있는 미국으로 떠나십시오.'

나는 속으로 이렇게 빌면서 담담하게 말했다.

"계엄령이 해제되면 나도 별일 없이 집에 갈 수 있어. 그러니 어머니 아버지께 걱정 말고 먼저 미국에 가 계시라고 말씀드려."

말은 담담하게 했지만, 부모님이 미국으로 떠나시면 살아생전에 다시 뵐 수 있을까 하는 불안감이 떨쳐지지 않았다. 당시는 지금과 달라 미국이 참으로 먼 땅이고, 가기도 여간 힘든 곳이 아니었다. 특히 고혈압에 건강이 좋지 않은 어머니께서 긴 시간 비행기를 타고 미국에 갔다가 다시 오실 수 있을지 확신할 수 없었고, 내 신분이나 조건으로 보아 나중에 미국으로 가서 부모님 얼굴을 뵙는 건 거의 불가능한 일이 아닐까 싶은 생각이 들었다. 계엄령이 해제되면 괜찮을 거라고 했지만 언제 해제될지, 그토록 지독하게 찾아놓고 쉽게 풀어줄지 어느 하나 확실한 게 없었다.

부모님은 결국 11월 말께 미국에 가시기로 결정했으며, 비행기 표까지 예약했다는 전갈이 왔다. 이제 떠나시면 다시는 못 뵐 것 같은 조급한 마음이 가슴을 죄어왔다. 그렇다고 부모님이 미국으로 떠나시기 전에 집으로 돌아갈 수도 없었다. 그들은 여전히 나를 찾고 있었다. 그즈음에는 어떤 필요성보다 '1계급 특진, 현상금 200만 원'이 주원인인 것 같았다.

나는 다시 뵐 수 없을지 모르는 부모님의 육신을 꼭 뵈어야겠다는 절박한 심정에 사로잡혔다. 아내에게 말했다. 미국으로 떠나시기 1주일 전 저녁 6시에 우리가 살던 동네 목욕탕 한증막에 있을 테니, 아버지께 그 시간에 한증막으로 들어오시라고 전하도록 했다.

그날은 11월인데도 한겨울처럼 추웠다. 나는 저녁 6시가 되기 전에 목욕탕에 들어가 아버지를 기다렸다. 목욕탕에 몸을 담그고 있으니 어린 시절의 기억이 떠올랐다. 어릴 때 시골에서 우리는 설날과 추석 같은 명절에만 공중탕에 가서 밀린 때를 씻었다. 뜨거운 물에 몸을 담가 때를 불린 다음 발과 손에 덕지덕지 낀 때를 돌로 박박 밀던 시절이다. 그때 나는 아버지와 함께 목욕탕에 갔다. 탕의 물이 뜨거워 잘 들어가지 못하고 머뭇거리면, 아버지는 때를 불려야 하는데 왜 들어오지 않느냐며 "사내 녀석이 뭐 그래?" 하고 야단을 치셨다.

탕에 몸을 담근 채 목욕탕 문을 응시하고 있었다. 아버지께서 들어오셨다. 6개월 만에 뵙는데 많이 늙으셨다. 아버지와 나는 한증막에서 벌거벗은 모습으로 마주 보며 하염없이 눈물을 흘렸다. 아버지께서 우시는 것을 그때 난생처음으로 보았다. 아버지께선 말을 잊으신 것 같았다. 그냥 눈물만 흘리셨다. 나도 할 말이 없었다. 한증막에 오래 있을 수도 없었다.

"걱정 말고 미국에 먼저 가 계십시오. 일이 해결되면 저도 바로 뒤따라 들어가겠습니다."

나는 눈물을 훌쩍이며 말씀드렸다. 그제야 아버지께서 입을 여셨다. 몸은 괜찮냐, 용돈은 있느냐고 목이 멘 소리로 물으셨다. 나는 잘 지내고 있으니 아무 걱정 마시고 아버지 어머니 건강만 돌보시라고 울먹이며 말씀드렸다.

탈의실에 나오니 마침 아무도 없었다. 아버지는 헤어지기 전 내 손에 1만 원짜리 두 장을 꼭 쥐여주셨다. 나는 먼저 목욕탕에서 나와 아파트로 들어가는 길 건너편에 서 있었다. 얼마 지나자 아버지께서 길을 건너 아파트 쪽으로 걸어가시는 모습이 보였다. 아버지는 몇 번이고 돌아보며 걸음을 멈추셨다.

아, 하나님도 무심하셔라! 그게 아버지를 생전에 뵌 마지막 모습이 될 줄이야……

그날 밤 나는 얼마나 걸었는지 모른다. 눈물이 그치지 않았으며, 목이 메고 가슴이 터질 것 같아 몇 번이고 길가에 주저앉았다. 그날 밤 나는 강남사거리에서 영등포역까지 걸어갔다. 나중에는 지쳐서 더 걸을 수도 없었다. 그러나 눈물이 그치지 않았다.

(나중에 아내한테 들은 얘기다. 당시 우리가 살던 아파트 주변에는 늘 형사 두 명이 얼씬거려서 아버지는 혹시 들킬까 봐 돈을 넉넉하게 갖고 나오지 못했다는 것이다. 그런데 그날 별일이 없자, "이럴 줄 알았으면 돈이라도 넉넉하게 주고 올 걸……" 한탄하며 하염없이 눈물을 흘리셨다고 한다.)

아버지는 동네 목욕탕 한증막에서 뵐 수 있었으나, 어머니는 그럴 수 없었다. 어디 구석진 곳의 중국 음식점에서 자리를 같이할까 생각도 했으나, 만났다가 헤어지는 그 순간을 어머니께서 견디지 못할 것 같아 직접 만나는 것을 포기했다. 나는 아내에게 어머니가 점심시간쯤이면 유치원을 마치고 돌아오는 영빈이를 마중하기 위해 아파트 길모퉁이에 서 계신다는 얘기를 들은 적이 있다. 그래서 점심시간쯤에 아파트 앞을 지나는 버스를 타고 왔다 갔다 했다. 며칠 동안 버스를 타고 아파트 앞을 오가던 어느 날, 아파트 모퉁이에서 손자를 기다리시는 어머니의 모습을 볼 수 있었다. 그 모습이 생전에 뵌 마지막 모습이 되고 말았다.

지나가는 버스에서 어머니의 모습을 뵙고 며칠 뒤 부모님은 미국으로 떠나셨다. 나는 부모님이 타셨을 비행기가 이륙하는 모습을 멀리 김포의 들녘에서 지켜보았다. 부디 건강하게 살아 계시라는 기도만 수없이 드렸다.

그날 공항에는 어김없이 형사들이 나와서 내가 나타나기를 기다렸다고 나중에 아내가 전해주었다. 그리고 아내는 부모님이 떠나시던 날 아침, 집에서 일어난 일을 전해주었다. 그 얘기를 하면서 아내는 목이 메어 말도 제대로 하지 못했다.

"떠나시던 날 아침, 어머님은 끝내 통곡하셨습니다. 그렇게 조용하고 평생 감정을 크게 드러내지 않던 당신께서 차마 발걸음이 떨어지지 않아 아파트 문을 나서지 못하셨습니다. 마침내 비행기 시간에 쫓기어 떠나지 않을 수 없을 때, 아버님께서 이제 그만 가자고 하셨을 때 당신께서는 아파트 문을 붙잡고 엉엉 소리 내어 오열하셨습니다."

나는 그렇게 어머니와 아버지를 미국으로 떠나보냈다.

그해 겨울은 참으로 추웠다. 마음도 추웠거니와, 사글세 방 연탄불이 자주 꺼져 몸까지 추웠다. 부모님이 떠나신 뒤에는 번역 일이 도무지 손에 잡히지 않았다. 가슴 한구석에 휑하니 커다란 구멍이 나버린 것 같았다.

전두환 찬양에 앞장선 무리

허깨비 선거에서 전두환이 대통령에 당선됐다. 모두 기억하듯이 그즈음 이 땅의 수많은 거짓 지식인과 언론인, 문인이 전두환의 권력에 아부하는 곡학아세의 붓끝을 휘둘렀다.
시인 조병화는 〈새 대통령의 당선을 축하하며〉라는 시에서 다음과 같이 노래했다.

> 새 시대, 새 역사의 통치자
> 새로운 대한민국을 이끌어갈
> 새 대통령
> 온 국민과 더불어 경축하는
> 이 새 출발
> 국운이여! 영원하여라
> 청렴결백한 통치자
> 참신 과감한 통치자
> 이념 투철한 통치자
> 정의 부동한 통치자
> 두뇌 명석한 통치자
> 인품 온후한 통치자
> 애국애족, 사랑의 통치자……

시인 서정주는 〈전두환 대통령 각하 56회 탄신일에 드리는 송가〉에서 이렇게 찬양했다.

> 한강을 넓고 깊고 또 맑게 만드신 이여……
> 이 겨레의 영원한 찬양을 두고두고 받으소서
> 새 맑은 나라의 새로운 햇빛처럼
> 님은 온갖 불의와 혼란의 어둠을 씻고
> 참된 자유와 평화와 번영을 마련하셨나니……
> 하늘의 찬양이 두루 님께로 오시나이다

고려대 한승조 교수는 1980년 9월 2일 동아일보가 기획한 시리즈 〈전 대통령의 취임사를 보고, 새 정부 기대와 과제〉에서 다음과 같이 찬사를 던졌다.

> 그는 10·26 사태 이후 국가와 민족에 대한 소신과 정의감으로 신명을 내던진 사람이 아니고는 생각하기 어려운 모험과 위기의 연속선상에서 놀라운 과단성과 민첩성을 보여준 시대의 인물이다. 그리고 5·17 이후 국보위 상임위원장으로서 발휘한 수완과 업적, 영도자의 자질과 잠재력을 인정받아 대통령으로 추대·선출된 것이다.
> 구시대의 잔재를 말끔히 씻어버리고 깨끗하고 서로 믿으며 살고 정의롭고 부강한 복지사

회를 건설하겠다는 전 대통령의 포부와 계획이 광범한 국민 대중의 지지와 열띤 호응을 얻을 수 있을 것이다. 그러기에 많은 국민이 그의 대통령 취임을 환영하며 그의 영도력에 새로운 기대를 걸고 있는 것 같다.

전두환 대통령 취임 후 한국의 제도 언론은 일제히 '전두환 만세'의 나팔을 불었다. 한겨레신문의 이근영·김경애 기자는 1996년 1월 19일자 〈권력에 맹종하는 나팔수들〉이라는 기사에서 '피 묻은 펜으로 곡필아세'한 언론인들을 질타했다.

반군 세력에 가담해 언론 압살을 주도한 언론인(출신)으로는 허문도·이진희·이원홍 씨가 꼽힌다. 허문도 씨는 조선일보 기자 출신으로, 12·12 쿠데타 뒤 전두환 보안사령관을 찾아가 언론계 정화의 필요성을 피력하여 환심을 사서 중앙정보부장 서리를 겸임하던 전씨의 비서실장으로 발탁됐다.

허씨는 권정달 당시 보안사 정보처장과 이상재 언론대책반장과 함께 7월 중순에서 8월 초까지 이어진 언론인 700여 명 해직에 깊이 관여한 것으로 알려졌으며, 정무비서관 시절인 11월께 언론 구조 개편안을 직접 입안해 언론 통폐합을 실행에 옮긴 인물이다. 그는 문공부 차관을 거쳐 13대 국회의원과 통일원 장관을 역임했다.

허씨와 운명의 배를 같이 탄 사람 가운데 빼놓을 수 없는 이가 방우영 당시 조선일보 사장이다. 두 사람은 허씨의 인사 문제로 인연을 맺은 뒤 허씨가 중정부장 서리 비서실장이 되고 나서 관계가 돈독해졌다. 방 사장은 허씨의 추천으로 1980년 10월 이진희 당시 문화방송(MBC) 사장과 함께 국가보위입법회의의 언론분과 위원이 됐고, 이런 관계 덕에 언론 통폐합의 회오리에 휩싸이지 않은 안전지대로 남을 수 있었다.

이진희 씨는 서울신문의 국회·청와대 출입 기자를 거쳐 유정회 국회의원을 지낸 대표적 유신 언론인으로, 신군부의 집권 가능성을 일찍 감지하고 자발적인 협조에 나섰다.

신군부가 권력의 전면에 등장하기 전인 1980년 2월 19일, 당시 서울신문 주필로 있던 이씨는 〈문민 우위의 교조적 신봉은 비현실적〉이라는 시론을 통해 군부에 추파를 던졌다. 이어 "새 엘리트 층의 등장"을 예견한 4월 21일자 시론 〈역사의 무대는 바뀌고 있다〉로 전두환과 독대 기회를 만들어낸 그는, 6월 25일 경향신문·MBC 사장 자리에 올랐다. ……

이원홍 씨는 한국일보 편집국장 출신으로, 1980년 청와대 정무수석 비서관을 지낸 뒤 같은 해 7월 KBS 사장에 취임했다. 당시 KBS는 보안사의 압력에도 불구하고 공채 기수들의 해직을 막고 있었으나, 이씨는 취임하자마자 보도국 기자 10여 명을 해임했다. 이씨는 1984년 문공부 장관에 취임해 이른바 '보도 지침'을 만들어낸 장본인이다. ……

이 기사는 이어 신군부 미화에 안간힘을 쓴 '나팔수들'의 이름과 작품을 실었다.

〈인간 전두환, 육사의 혼이 키워낸 신념과 의지의 행동〉: 조선일보 김명규 기자
〈새 질서의 출범—안정 구축, 도덕 정치 강력 추진〉: 조선일보 이현구 정치부 차장
〈전두환 대통령 시대에 건다〉(연재): 조선일보 정운성·최청림·이영덕 기자

〈전두환 대통령 어제와 오늘, 합천에서 청와대까지〉(연재) : 중앙일보 전육·성병욱·이석구·
　　　　　　　　　　　　　　　　　　　　　　　　　　　　　김재봉 기자
〈전두환 장군 의지의 30년, 육사 입교에서 대장 전역까지〉: 한국일보 하장춘·김훈·이연
　　　　　　　　　　　　　　　　　　　　　　　　　　　　웅·장명수 기자
〈국민 여망 집결 시대 맞는 정치 엘리트 주도〉: 한국일보 윤국병 기자
〈새 시대의 기대, 전 대통령 체제 출범과 과제〉(연재) : 동아일보 박기정·김철 기자
〈새 시대의 기수 전두환 대통령〉: 동아일보 최규철 기자
《청와대 24시, 출입 기자가 본 전두환 대통령》(단행본) : 조선일보 하원 기자

어디 이들뿐이랴. 당시 신문·방송의 간부들은 직간접으로 전두환의 정권 탈취를 정당화한 데
그치지 않고 그를 영웅으로 미화했다. 이들은 5·18민주화운동 때도 맹활약했다. 5·18민주화
운동이 일어나자 신군부는 각 언론사 사회부장을 군 헬기에 태워 광주시 외곽의 계엄군 초소
를 돌아보게 했다. 이들은 서울로 돌아와 '광주 사태'를 전했다. 이 가운데 김대중 조선일보
사회부장(현 편집인)과 김진규 서울신문 사회부장은 본인들의 이름으로 '과격파 난동자들'과
'무법 지대'에 대한 르포를 내보냈다.

소위 '민족지'의 친일 행각

한국 언론이 권력에 굴종·아부해온 일은 어제 오늘의 얘기가 아니다. '민족지'라 자칭하는 동
아일보와 조선일보는 일제 때부터 '천황 폐하 만세'를 외쳤다.
1932년 1월 8일 한인애국단 이봉창 의사가 도쿄에서 일본 왕에게 수류탄을 던졌다. 암살에는
실패했으나 일본인의 간담을 서늘하게 만든 거사였다. 그런데 동아일보는 〈대불경大不敬 사건
돌발 / 어로부御鹵簿에 폭탄 투척 / 폐하께옵서는 무사어환행無事御還幸 / 범인은 경성생 이봉
창〉이라는 제목 아래 "천황 폐하께옵서 육군관병식장으로부터 환행하시는 어료차에……"라는
기사를 실었다. 조선일보는 호외까지 발간하여 〈천황 폐하 환행 도중 / 어로에 돌연 폭탄을
투척 / 어료차 별무 이상〉이라는 기사를 내보냈다. 당시 조선총독부 기관지 매일신보는 두 차
례 호외를 발간했는데, 제목이나 기사 내용은 동아·조선일보와 거의 같았다. 〈성상환聖上還
어로부御鹵簿 향하여 / 수류탄을 돌연 투척 / 범인은 현장에서 즉각 포박 / 폐하는 어무사환
행〉이 총독부 기관지 매일신보의 기사 제목이다. 민족지 동아·조선일보가 총독부 기관지 매
일신보와 무엇이 다르단 말인가.

일본 왕 히로히토裕仁의 생일인 천장절天長節을 비롯하여 일본 명절 때면 신문들은 앞다투어
친일 교태를 벌였다. 그런데 일본 명절인 명치절明治節을 기념하는 1937년 11월 4일자 기사를
보면 어느 것이 민족지고, 어느 것이 총독부 기관지인지 엄청난 혼란에 빠진다. 최민지·김민

주의 《일제하 민족 언론사론》에 보면 친일 언론의 내용이 아주 자세히 종합되었는데, 거기에 나온 명치절 기사를 보자.

명치 천황의 어성덕을 흠앙하는 3일의 명치절! 이날의 아침부터 구름 한 점 없이 맑게 갠 하늘은, 하늘까지도 이날을 축복하는 것 같았다. 국민 봉축의 시간인 오전 9시를 전후하여 이날을 봉축하려고 학생은 학교로, 직공은 직장으로, 관리 회사원들은 각각 그들의 관청, 회사 등으로 몰려 이른 아침 장안의 넓은 거리는 인파를 이루었다. 이날의 장안은 이른 아침부터 봉축의 기분이 가득 차 있었다.

이날 명치절을 당하여 봉축식은 전 조선 방방곡곡에 성대히 거행되어 명치 대제의 성덕과 어홍업을 우러러 회상하는 날이다. 그리하여 각 지방, 각 단체는 물론이고 종내의 명치절 의식전을 거행하지 아니하던 곳에서도 각자 회합하여 이날 오전 9시에는 일제히 황거皇居를 요배하여 비상시국에 처한 이때 더욱 더욱 국체명징 시국 인식도 가일층 성황을 이루었다.

두 기사 중 어느 것이 더 명치절을 우러러 숭앙한 것으로 보이는가. 아래 기사는 서두부터 담 담하게 명치절 행사를 소개했다. 그런데 위의 기사는 '명치 천황의 어성덕을 흠앙하는 3일의 명치절' '하늘까지도 이날을 축복하는 것 같다' 등의 표현으로 명치절을 숭앙하는 정도가 보통이 아니다. 그렇다면 총독부 기관지 매일신보 기사가 위의 것이고, 민족지 동아일보 기사는 아래 것이라고 생각할 터인데, 실제는 그 반대다. 아래가 매일신보 기사고, 위가 동아일보 기사다.

일본 왕 히로히토의 생일인 천장절 기사를 보면 친일 행각은 극에 이른다. 1939년 4월 29일 자 천장절 기사를 보자. 〈봉축 천장가절天長佳節〉이라는 동아일보 사설은 다음과 같이 친일을 읊었다.

금일은 천장의 가절이다. 천황 폐하께옵서 38회의 어御 탄신을 맞이하옵시는 날이니 대지에 춘화가 방사하고…… 이 천장의 가절을 봉축하는 것은 경탄의 의와 감격의 정을 더욱 깊게 하는 바이다. 더욱이 옥체 어 건강하시옵고, 황초 또한 건강하여 감을 배문함은 국민의 영광으로써 앞으로 더욱 황실의 어번영과 보산寶算의 무궁하옵기를 봉축하는 바이다……

조선일보도 〈봉축 천장절〉이라는 사설에서 일본 왕을 노래했다.

일년 일도 이 반가운 날을 맞이할 때마다 우리는 흥원鴻洊한 은恩과 광대한 인仁에 새로운 감격과 경행慶幸이 깊어짐을 깨달을 수 있다. 뿐만 아니라 적성 봉공 충과 의를 다하여 일념 보국의 확호한 결심을 금할 수 없는 것이다. ……이날을 당하여 성수의 어 무강과 호아실의 어 번영을 봉축하면서 끝으로 우리가 경행하는 소이를 강조하여둔다.

동아일보 사주였던 인촌 김성수는 일제 말기 매일신보에 징병을 적극 권유하는 글을 여러 차례 썼다. 1943년 8월 5일자 매일신보에 실린 〈문약文弱의 고질을 버리고 상무기풍尚武氣風 조장하라〉는 글을 보자.

작년 5월 8일 돌연히 발포된 조선에 징병령 실시의 쾌보는 실로 반도 2500만 동포의 일대 감격이며, 일대 광영이라, 당시 전역을 통하여 선풍같이 일어나는 환희야말로 무엇에 비유할 바가 없었으며, 오등 반도 청년을 상대로 교육에 종사하는 자로서는 특히 일단의 감회가 심절하였던 바이다. ……그런데 이 징병제 실시로 인하여 우리가 이제야 명실상부한 황국신민의 자격을 얻은 것은 일방으로…… 어찌 반갑지 아니하며 어찌 감격치 아니하리오.

그러면서 그는 "1. 아등은(우리는) 황국신민이다. 충성으로서 군국에 보하자. 2. 아등 황국신민은 서로 신뢰·협력하여서 단결을 굳게 하자. 3. 아등 황국신민은 인고 단련을 양鍊하여서 황도皇道에 선명하자"고 다그쳤다.

김성수는 같은 해 11월 6일자 매일신보에 다시 〈학도여 성전聖戰에 나서라 / 대의를 위해 죽을 때 황민 됨의 책무는 크다〉는 제목으로 조선 청년에게 징병 지원을 촉구하는 글을 썼다.

……의무를 위하여는 목숨도 아깝지 않다고 나는 늘 말하여왔거니와 지금이야말로 제군은 이 말을 현실에서 몸으로써 실행해야 할 때가 온 것이다. ……대동아의 건설은 제군의 사소한 존재를 돌아볼 사이도 없이 매진하는 것이다. 이 매진 앞에 제군이 천재일우의 호기를 잃어버리고 그로 말미암아 반도가 이에 뒤떨어질 때 우리는 대동아 건설의 일분자는 그만두고 황민으로서 훌륭히 제국의 일분자가 될 수도 없을 것이다.

김성수는 그 뒤에도 계속 징병 지원을 촉구하는 글을 썼다. 그는 1943년 12월 7일 매일신보에 쓴 글에서 학병 지원이 "이 시대 최고의 광영"이라면서 "한 번 길이 열린 이 순국의 대도에 시종여일하게 돌진함으로써 학도의 머리에는 최대의 광영이 길이 빛날 것"이라고 했다. 그는 이렇게 조선의 젊은이들을 죽음의 자리로 몰아가는 일에 앞장섰다.

조선일보 사주 방응모도 김성수와 크게 다르지 않았다. 그는 1938년 조선 명사 59명과 함께 각도를 순회하면서 친일 시국 강연을 했으며, 이듬해 5월에는 조선춘추회가 주최하는 배영排英 궐기대회에서 "황군 만세"를 선창하기도 했다.

그는 조선일보가 강제 폐간된 뒤 잡지 《조광》을 독립시켜 사장으로 취임하고, 김활란·주요한·박흥식 등 친일 인사들을 동원하여 친일 논조를 폈다. 일제 통치 30년을 맞은 1940년 10월호 사설에서 방응모는 '내선일체'를 강조했다.

……중대 시기인 이때를 당하여 2300만 반도 민중은 한결같이 내선일체의 실을 거하여 황국신민 된 책임을 다하지 않으면 안 될 것은 물론이거니와, 특히 의의 깊은 시정 30주년을 맞이하여 각각 자기의 시국 인식을 반성하고 시국의 장래를 투찰하여 일층 각오를 굳게

하고 또 일단의 노력을 더하여 그 영예를 선양하도록 힘써야 할 것이다.

1943년 9월에는 〈1억 국민의 총궐기〉라는 글에서 다음과 같이 외쳤다.

반도 청년의 황군 편입은 말할 것도 없고 노무원으로, 군속으로, 아직껏 펴보지 못한 웅지를 남북으로 떨칠 기회가 우리에게 주어졌고, 양곡 공출에 힘쓰는 농민의 성한, 광물 비상 증산 운동에 주야 정진하는 광산 종업원, 기타 산업 전사의 결전적 기개에 맞추어 가정생활에서는 저축 강화, 최저 생활 감수의 도도한 결전 생활보를 보여주고 있다.

조선일보 사장 방응모의 친일 행각이 이러했기에 조선일보가 폐간되기 전 1940년 1월 1일 신년호에서 제호 위에 일장기를 올리고, 용의 그림을 배경으로 칼을 찬 일왕 히로히토의 사진을 실었다는 것은 그다지 놀라운 일이 아니다. '민족지' 동아·조선일보는 이런 역사적인 사실조차 부정한다. 그러나 손바닥으로 하늘이 가려지겠는가. 친일 행각부터 인정하고 용서를 구하는 것이 순서다. 그게 민족과 역사 앞에 사죄하는 길이며, 거듭 태어날 수 있는 계기가 된다.

조작된 '김대중 내란 음모' 사건

—드디어 밝혀진 내 수배 사유

1981년 2월 말, 계엄령이 해제됐다. 나는 보따리를 싸들고 집으로 들어갔다. 영동 어느 백화점에 들러 그럴듯한 '미제 장난감' 두 개를 샀다. '미국 유학'을 다녀오는 아빠가 두 아들에게 주는 선물이었다.

아이들은 많이 자랐다. 특히 둘째 웅세는 딴 아이가 되었다. 앞에서도 얘기했듯이 1978년 11월 긴급조치 9호로 구속됐을 때, 웅세는 돌이 갓 지난 아기였다. 1년 남짓 지나 1979년 12월 초 출감했을 때 보니 기어 다니던 웅세는 두 발로 씩씩하게 걸었다. 다시 1년 가까이 되어 귀가해보니, 어느덧 소년이 되었다. 큰아이 영빈이도 엄청 자랐다. 유치원도 다니고, 태권도 도장을 다닐 정도로 큰 소년이 되었다. 세월은 흘러갔다. 할아버지 할머니의 한과 고통의 눈물, 아빠의 그리움, 엄마의 사무침…… 그런 것들에 아랑곳없이 세월은 무심하게 흘러갔으며, 그 세월의 흐름 속에서 아이들은 콩나물처럼 무럭무럭 자랐다. 그것은 세월의 축복이었다.

귀가한 뒤 한참 동안 아무런 소식이 없었다. 어느 날 나를 담당하던 강남경찰서 최 형사가 집에 들렀다가 나를 보고 깜짝 놀랐다. 그는 대뜸 본서에 전화를 하더니 나중에 조사받을 때 오늘 귀가한 것으로 해 달라고 당부했다. 내가 꽤 오래전에 귀가했는데 제대로 체크하지 않아 문책 당할지도 모른다고 했다. 그런 것쯤이야 아무 문제도 아니었다.

최 형사가 본서에 전화를 하고 얼마 지나지 않아 까만 지프가 아파트 앞에 도착했다. 강남서로 잡혀갔다. 강남경찰서 정보과장은 도대체 어디 숨어 있었느냐고 물었다. 나는 아무 말도 하지 않았다. 본격적인 수사가 시작되면 철산리 사글세 집에서 자취하기까지 인천 작은누나 집 다락방에 숨어 있었다고 이야기할 참이었다. 정보과장은 별 흥미 없는 듯 다그치지도 않았다. 그때는 김대중 내란 음모 사건이 항소심까지 끝났고, 계엄령도 해제된 터여서 수배자 체포 열의가 거의 없었다. 아마 '1계급 특진, 현상금 200만 원'도 무효가 되었을 터였다. 그러니 내가 귀가했는데도 담당 형사가 제대로 체크하지 않은 것이다.

그날 강남경찰서에서는 아무 조사도 하지 않았다. 보통 때 같으면 잡아오는 대로 정보과 형사들이 지금까지 한 일을 자술서로 쓰라며 다그칠 텐데, 그럴 기미가 전혀 보이지 않았다. 오히려 나를 정보과에 잡아두지 않고 형사과 보호실에 집어넣었다. 가보니 전태일 어머니 이소선 여사와 노동자 몇 명이 있었다. 그 추운 밤을 담요도 없이 덜덜 떨며 꼬박 새웠다.

다음 날 아침, 최 형사가 오더니 가자고 했다. 어디로 가느냐고 물으니, 청량리경찰서로 옮긴다고 했다.

"왜 느닷없이 청량리로 보내요?"

"그건 우리도 몰라요. 가보면 알겠지 뭐."

검은 지프에 실려 청량리경찰서로 옮겨졌다. 도대체 뭐가 뭔지 가닥이 잡히지 않았다. 청량리경찰서와는 아무런 인연이 없었기 때문이다. 관할로 치면 내 거주지인 강남경찰서 아니면 동아투위 활동 지역인 종로경찰서인데……. 나는 소포처럼 청량리경찰서 정보과로 넘겨졌다. 그쪽 담당도 최 형사라 했다. 미남형 얼굴에 큼지막한 칼자국이 있었다. 그는 별로 말이 없었다. 인적 사항만 간단히 묻고 그날 밤 정보과 숙직실에서 재웠다.

다음 날 아침 본격적인 조사가 시작됐다. 1979년 12월 출옥해서 5·17까지 모든 행적과 5·17 이후 도피 기간의 일을 자술하라고 했다. 그런 자술서를 써본 것도 한두 번이 아니어서, 별로 힘들지 않았다. 게다가 출옥 후 활동은 뻔하고, 미리 말을 맞춰놓은 도피 생활도 간단하기 그지없었다. 출옥 후 몇몇 대학에 가서 1970년대 한국 언론 상황에 대해 강연한 것, 경희대 학보에 〈1970년대 한국 언론〉이라는 글을 쓴 것, 5·17 이후에는 인천 작은누나 집 다락방에 숨어 살다가 가을부터 철산리에서 자취하며 지냈다는 것 정도였다. 사실 나는 별로 한 게 없었다.

최 형사는 내가 쓴 자술서를 가지고 갔다. 나는 그에게 이 정도밖에 한 일이 없는 사람을 왜 그토록 지독하게 찾았느냐고 물어보았다. 그는 여전히 말이 없었다. 그날 밤에도 나는 정보과 숙직실에서 잤다.

다음 날 아침, 내 자술서를 들고 온 최 형사가 경희대생 이름 셋을 대면서 아는 사람이냐고 물었다. 처음 들어보는 이름이었다. 그럼 경희대생 중에 아는 사람이 있느냐고 물었다. 곰곰이 생각해보니 성동구치소에서 만난 학생 한 명이 생각났다. 그는 경희대 학보사에서 일했으며, 데모 주동자로 몰려 구속됐다. 그가 '서울의 봄' 때 복학하여 내게 전화한 적이 있었다. 경희대 학보에 한국 언론 상황에 대한 글을 써달라고 했다. 나는 꽤 긴 글을 써주었다. 그때 바쁜 일이 있어서 직접 원고를 건네지도 못하고 어느 사무실에 맡겨둔 뒤 찾아가라고 했다. 그리고 원고료가 나왔다고 하기에 학보사 기자들 점심 값이나 하라고 했다. 그러니까 나는 전화로 원고 청탁을 받고, 원고를 써서 어느 사무실에 둔 게 경희대생들과 '접촉'한 전부였다. 그 뒤 학보사 기자가 원고를 가져갔으며, 그 글이 경희대 학보에 실렸다. 최 형사는 다시 세 명의 이름을 대며 정말 모르는 사람이냐고 물었다.

"최 형사, 도대체 그 사람들이 누구요?"

최 형사는 아무 말 없이 내가 하는 대답을 그대로 타자기에 쳤다. 그는 별다른 질문도 하지 않았다. 철산리 자취방은 주소를 몰라 대략 지리만 가르쳐주었는데, 그 이상 묻지 않았다. 작은누나 집 다락방에 숨어 있었던 일도 캐묻지 않았다. 고은 형님이 김대중 선생에게서 받아 내게 전해주었다는 20만 원이나, '빨간' 동창인 서울대 후배가 부탁한 성명서에 대해서도 질문하지 않았다. 어느 대학에 가서 무슨 내용으로 강연을 했는지도 닦달하는 일이 없었다.

다음 날 최 형사가 출근했는데, 그는 나를 조사할 기미도 보이지 않았다. 점심때 같이 설렁탕을 시켜 먹었다. 며칠을 같이 지낸 터라 서먹서먹한 관계도 아니었다.

"최 형사, 조사 다 끝난 거요?"

그는 고개를 끄덕였다. 이렇게 싱겁게 끝나? 아니 이 정도 때문에 그 많은 사람을 괴롭히고, 나는 죽어라 도망을 다녔어? 그는 내 마음을 읽은 듯 한참 만에 한마디 했다.

"정 선생, 용케도 숨어 다녔소."

그 말에는 일찍 잡혔으면 혼쭐이 났을 거란 의미가 담겨 있었다.

"무슨 뜻이오? 내가 역적모의라도 했단 말이오?"

최 형사는 다 지난 일이니 얘기할 수 있다며 말문을 열었다. 그의 얘기를 듣다 보니 입이 다물어지지 않았다. 왜 그토록 지독하게 나를 잡으려 했는지, 최 형사가 왜 용케도 숨어 다녔다고 말했는지 그제야 알았다.

5·17 즈음 경북 지역에서 학생 시위가 있었으며, 거기서 성명서가 뿌려졌다. 경희대 본교생 일부와 분교생 일부가 성명서를 뿌리며 시위에 적극 가담했다. 성명서에는 신군부를 격렬하게 비난하는 문구가 있었으며, 권력에 굴종하고 아부하는 당시 제도 언론에 대한 비판도 있었다. 그런데 제도 언론을 비판하는 대목에서 성명서는 내가 경희대 학보에 기고한 〈1970년대 한국 언론〉의 일부를 그대로 인용했다. 시위를 주도한 경희대생들이 계엄사 대구분실로 잡혀가 죽도록 얻어터졌다. 조사 과정에서 당연히 성명서 작성 문제가 나왔고, 제도 언론 비판 대목과 관련하여 그 글을 인용한 경위, 그러니까 경희대 학보와 거기에 실린 나의 글, 내가 동아일보 해직 기자 출신이라는 전력 등이 드러

났다. 계엄사 대구분실은 학생 시위 배후 세력으로 나를 지목했고, 내가 김대중 씨에게 돈을 받아 학생 시위 자금으로 사용했다는 '작품'을 만들었다. 그러니까 '경희대생 세 명이 해직 기자 출신 정연주와 ○월 ○일 ○시 ○○에서 만나, 김대중이 정연주를 통해 학생 시위 자금으로 전달한 수십만 원을 받았으며, 이 자금으로 정부를 전복하기 위한 학생 시위를 주도했다'는 얼개였다.

경희대생 세 명은 계엄사 대구분실에서 내놓은 이 '자백서'에 처음에는 손도장 찍기를 거부했다. 그들은 정연주에게 돈을 받기는커녕 만난 사실조차 없었기 때문이다. 그러나 그들은 뭇매에 견디다 못해 자백서에 손도장을 찍고 말았다.

경희대생 세 명은 얼마 뒤 계엄사 대구분실에서 서울 청량리경찰서로 이송됐다. 경희대가 청량리경찰서 관할이며, 계엄사 대구분실에서 죽도록 두들겨 맞고 자백서에 손도장을 찍은 학생들은 서울 본교생이기 때문이다. 이들이 청량리경찰서로 이송됐을 때 경희대 담당 최 형사가 맡았다. 최 형사는 심한 고문으로 엉망이 된 그들의 몸부터 보살펴야 했다. 상처가 심해 그대로 뒀다가는 무슨 일이 생길 것 같았다. 그리고 학생들에게서 무슨 일이 있었는지 죄다 들었다.

"정 선생, 조금 전 우리 사무실에 다녀간 학생 세 명 못 보았소?"
최 형사가 내게 말문을 열기 전, 정보과 사무실 한쪽에서 젊은이 세 명이 최 형사와 얘기를 나누던 모습과 학생들이 뭔가를 쓰고 손도장을 찍고 나가던 모습이 생각났다. 그들은 내게 자주 시선을 주었다.

"그럼 그 애들이 대구에서 고문당한……?"

최 형사는 고개를 끄덕였다.

그제야 계엄군과 경찰이 왜 그토록 지독하게 나를 잡으려 했는지 의문이 풀렸다. 김대중 내란 음모 사건의 한 부분으로 조작되었기에 그들은 내가 절실하게 '필요'했다. 게다가 김대중 씨가 해직 기자 정연주를 통해 학생들에게 시위 자금을 댔다는 자백서까지 받아놓은 상태가 아닌가. 나는 그 중간 고리가 되어 있었다.

나는 1년 가까이 죽어라 도망 다니던 절박함과 다르게 싱거울 정도로 간단한 조사를 받았다. 최 형사는 내 사건의 내용을 너무나 잘 알아서 가타부타 따지는 일이 없었다. 게다가 그때는 김대중 내란 음모 사건이 항소심까지 끝난 상태였다.

조사가 싱겁게 끝나자 나를 정보과 사무실이나 숙직실에 더 잡아둘 필요가 없어졌다. 그들은 내 신병 처리에 대한 상부 지시가 있을 때까지 나를 가둬야 했다. 신병 처리에 대한 상부 지시가 바로 있을 것 같지도 않은 분위기였다. 나는 조사가 끝나고 며칠 뒤 보안과 보호실로 옮겨졌다.

한 달간 장기 투숙자

—경찰서 보호실의 막막한 인생들

1970~1980년대 경범죄로 경찰서 보안과 보호실에서 하룻밤 지내본 경험이 있는 분들은 그곳이 어떻게 생겨 먹었는지 잘 알 것이다. 지금은 어떤지 모르겠으나 통행금지가 있던 시절 그곳에는 술에 취한 통금 위반자들이 대부분이었다.

나는 그 넓은 보안과 보호실에서 온종일 혼자 지냈다. 아침이 되면 경범 위반자들이 즉결심판 받으러 썰물처럼 빠져나가고, 나는 넓디넓은 보호실에 덜렁 남았다. 그러다 저녁때가 되면 '손님'이 들어오기 시작했다. 맨 먼저 들어오는 사람들은 보통 리어카 행상이다. 이들은 청량리역 근방에서 리어카 행상을 하며 그날그날 근근이 살았는데, 무허가 도로점용이라는 '죄'를 저질렀다고 해서 잡혀온 사람들이다. 특히 '거리 질서 확립'이다, 뭐다 하면서 캠페인이라도 벌일 때면 무더기로 잡혀왔다. 유일한 밥벌이 수단인 리어카도 망가지고, 물건도 땅바닥에 마구 내동댕이쳐졌다.

자정이 넘으면 통금을 위반한 술꾼들이 떼거리로 몰려들었다. 이때부터 보호실은 난장판이 된다. 경찰을 향해 "오늘부로 네 모가지는 댕강"이라며 버럭버럭 소리 지르는 사람부터, 무조건 잘못했다며 엉엉 우는 사람들까지 천차만별이었다.

보호실 구석에는 아마 한 번도 빤 적이 없는 게 분명한, 때에 전 군용 담요가 몇 장 있었다. 내가 잡혀 있던 때가 3월 초였으니, 밤이면 무척 추웠다. 군용 담요는 보통 초저녁에 들어오는 사람들 몫이었다. 하룻밤에 경범 위반자가 보통 70~80명 들어오는데 군용 담요는 몇 장밖에 안 되니, 이 담요를 가지고 자주 싸움이 벌어졌다.

보호실로 옮긴 첫날 저녁, 나는 밤새 잠을 잘 수가 없었다. 술꾼들의 고함과 추위 때문이다. 며칠 뒤 나는 아내에게 연락해서 침낭을 차입 받았다. 경범들이야 하룻밤만 지나면 그곳을 떠날 테니 잠을 설쳐봐야 그만이지만, '장기 투숙자'인 나는 그럴 처지가 아니었다. 그런데 이 침낭 때문에 매일 밤 곤욕을 치러야 했다. 밤늦게 들어온 술꾼들이 툭툭 차면서 시비를 걸었다.

"씨팔, 이 새끼는 아주 특별 대우네? 네가 뭔데 이렇게 호화판으로 잠을 자?"

그러면 보안과 형사가 와서 고함을 질렀다.

"야, 이 새꺄! 그분은 너희하고 다르니 지랄들 고만 하고 잠들이나 자라고. 계속 떠들면 죄목 하나 더 늘어!"

매일 밤을 북새통에서 보냈다. 정보과 최 형사한테 잠이라도 편히 자게 다른 곳으로 옮겨달라고 부탁해도 마땅한 곳이 없었다. 유치장에

넣을 수도 없는 노릇이고, 정보과 숙직실에서 자게 할 수도 없었다. 어
느 때는 코고는 소리에 놀라 깨어보면 아예 내 침낭 속으로 들어와 자
는 술꾼도 있었고, 고린내가 진동하는 발들이 어지럽게 내 얼굴 주변
에 와 있기도 했다. 처음에는 그 북새통에 잠을 이루지 못했으나, 얼마
지나지 않아 익숙해지면서 잠이 들곤 했다.

보안과 보호실은 이른 새벽부터 왁자지껄했다. 보안과 경찰이 들어
와 한 사람 한 사람의 죄목을 확인하면서 즉결심판소로 넘기기 위한
서류 작업을 했다. 그것이 끝나면 모두 보호실을 떠났다. 밤새 악다구
니로 시끌벅적하던 보호실은 갑자기 허허벌판처럼 조용해진다.

그러나 여자 보호실인 옆방에 손님이 있으면 사정은 다르다. 여자
보호실 손님은 청량리역 주변에서 몸을 팔다 잡혀온 아가씨들이 대부
분이었다. 이들이 옆방에 있는 날이면 나는 오전 9~10시까지 심부름
꾼 노릇을 해야 했다. 심부름이란 남자 보호실 바깥벽에 있는 공중전
화로 그들의 포주에게 대신 전화 연락을 취해주는 일이었다. 여자 보
호실 앞에는 공중전화가 없었다. 신속하게 조치를 취하지 않으면 부녀
보호소로 넘어가는데, 그들은 부녀 보호소를 감옥만큼이나 증오했다.
어떻게든 손을 써서 즉결심판으로 처리되기를 간절히 바랐다. 물론 잡
혀간 것을 안 포주들이 바로 청량리경찰서 보안과로 달려와 손을 쓰기
도 했으나, 포주가 모르는 상태에서 잡혀온 경우도 있어 포주에게 연
락할 방법을 애타게 찾았다.

이들은 옆방에서 들리는 내 인기척을 듣고 부탁했다. 아침이 되어

모두 즉결심판소로 떠나고 남자 보호실이 텅 빈 줄 알았는데 인기척이 나자, "옆방에 누가 있느냐?"고 조심스레 물었다. 나는 남자 보호실 앞에 있는 공중전화로 그들 대신 포주에게 연락을 취해줬다. 그러면 포주들이 부리나케 달려왔다. 가끔 운 좋은 창녀들은 즉결심판소로 넘겨졌으나, 대부분 그렇게 가기 싫어하는 부녀 보호소로 넘겨졌다. 그들은 보호실을 떠나며 내게 고맙다는 인사를 잊지 않았다.

그 가운데 한 처녀가 잊히지 않는다. 갓 스무 살이 넘어 보이는 앳된 처녀인데, 잡혀온 뒤 서럽게 목 놓아 울었다. 모두 보호실을 떠난 뒤 나는 옆방에서 서럽게 우는 그녀에게 무슨 일이 있는지, 연락할 곳이 있는지 물어보았다. 하도 울어 목이 잠긴 그녀는 간신히 말을 이어갔다. 집에 두고 온 갓난아기 때문이라는 것이다. 자기가 부녀 보호실로 넘어가면 아기는 어찌 되느냐며 껄껄 울었다. 그리고 쉰 목소리로 포주의 전화번호를 알려줬다.

내 전화를 받고 갓난아기를 업은 포주가 급히 달려왔다. 경찰은 포주가 업고 온 아기가 그 창녀의 아기인지 아닌지 어떻게 믿느냐며 '정상참작'을 거부했다. 포주가 아기에게 젖을 물려보면 금방 알 것 아니냐고 말했다. 경찰은 그 말에 일리가 있다고 여겼는지 아기를 보호실에 있는 창녀에게 건네줬다. 그때까지 쇠창살을 붙잡고 "내 새끼"를 외치며 울부짖던 그녀는 아기를 건네받더니 이내 잠잠해졌다.

"저거 봐요. 아기가 저렇게 어미젖을 잘 빨잖아요."

포주의 목소리가 들렸다. 결국 그 창녀는 정상이 참작되어 '통금 위반'으로 즉결심판에 넘겨졌다. 경찰은 다시 잡혀오면 국물도 없다고 호통을 쳤다. 그녀는 보호실을 떠나며 내게 고맙다고 연신 허리를 굽혀 절했다. 고맙다는 말을 하는데 목이 쉬어 쇳소리만 났다.

어느 날 밤, 자칭 청량리 바닥에서는 알아준다는 깡패 한 명이 들어왔다. 통금 위반으로 잡혀와 내가 사용하던 침낭 때문에 시비가 붙었는데, 그게 인연이 되어 밤새 얘기를 나눴다. 그는 청량리 어느 지역의 조직을 맡아 왕초 노릇을 하고 있었다. 술집 영업부장 똘마니도 여럿 거느렸다. 5·17이 터진 뒤 깡패들을 잡아 삼청교육대에 보낼 때 그는 똘마니 둘과 함께 튀었다. 그러나 멀리 가지 못하고 잡혔다. 삼청교육대에 도착하자마자 뭘 묻기도 전에 몽둥이찜질이 시작됐다. 그는 반년 동안 삼청교육대에 있었는데, 자기도 주먹을 휘둘러온 깡패지만 사람을 개 패듯 하는 것은 난생처음 봤다고 혀를 내둘렀다.

나는 이런 사람 저런 사람들을 만나면서 거의 한 달을 보냈다. 영장도 없이 잡아놓았으니 유치장에 넣지도 못하고, 상부의 결정이 떨어지지 않아 풀어줄 수도 없었다. 나는 차디찬 마룻바닥에서 밤이면 밤마다 술꾼들의 악다구니 속에 지냈다. 한 달 가까이 그 속에 있다 보니 두 번 이상 만나는 사람도 생겼다. 주로 노점상이었다. 그들은 "노점상을 하다 보면 이런 데를 제집 드나들듯 하는 게 운명"이라고 자조적으로 말했다. 삼청교육대에 잡혀가 짐승처럼 두들겨 맞은 청량리 깡패도 통금 위반으로 다시 들어와 '반가운 해후'를 했다. 그는 "아직도 이러고 있느냐?"며 신기한 표정을 지었다.

"연주, 놀라지 말거라"

—아! 어머니, 아버지

어느 날 아침, 최 형사가 오랜만에 보호실로 내려와 함께 정보과로 올라갔다. 그동안 고생했다며 악수를 청했다. 이제 다 털고 무혐의로 나가는 것이었다. 헤어지기 전에 최 형사에게 말했다. "당신이 누구보다 잘 알겠지만, 지금이니 내가 이렇게 두 발로 걸어 나가지 무지막지한 시절에 붙잡혔다면 아마 병신이 됐을 테고, 나로 인해 많은 사람들이 엄청난 피해를 겪었을 거요." 김대중 씨에게 돈을 받아 학생 시위 자금으로 썼다는 시위 주동 학생들의 자백서가 있는 마당에, 내가 무슨 재주로 그들이 요구하는 자백서에 손도장을 찍지 않고 버텼겠는가.

청량리경찰서 문을 나서자 거리에는 어느새 봄기운이 돌았다. 한 달만에 바깥세상을 구경하는데, 여러 해 갇혀 있다 나오는 것처럼 까마득하게 느껴졌다. 거리 모습도 생소해 보였다. 모든 것이 끝났다는 안도감도 들었고, 가슴 한 모퉁이가 텅 빈 듯한 허탈감도 들었다.

집에 도착하자마자 미국으로 전화했다. 국제전화를 타고 어머니의 흐느끼는 목소리가 와 닿았다.

"이제 아무 걱정 마시고, 그저 건강하십시오."

나는 그 말밖에 달리 할 말이 없었다. 아버지께선 내 건강에 대해 물으신 뒤, 언제 미국에 올 거냐고 하셨다. 나는 곧 가겠다고 대답했지만, 곧 갈 수 있는 형편이 아니었다. 당시만 해도 해외여행이 보통 어렵지 않았다. 특히 나 같은 신분으로는 여권을 발급받기 힘들어서 미국으로 부모님을 만나러 갈 수 있는 유일한 방법은 유학이었다.

연로한 부모님께서 한국에 다니러 나오시는 일도 쉬운 일이 아니었다. 그 시절에는 서울에서 미국 휴스턴까지 비행기로 가려면 꽤 오래 걸렸다. 부모님은 미국으로 가실 때 오랜 비행시간과 시차 때문에 무척 고생을 하셨다. 그래서 한국에 다니러 가는 일이 보통 일이 아니라며, 나더러 빨리 미국으로 오라고 하셨다. 여권이 나올지 궁금했다. 동아투위를 담당한 중앙정보부의 이형에게 물어봤다.

"이형도 잘 아시다시피 내가 도망 다니느라 부모님께서 미국 가시는 것도 못 보았고, 연로하셔서 한국으로 나오시기도 어려운 형편이오. 그래서 내가 미국으로 가야겠는데, 유학 간다면 여권 내줄 거요?"

그는 우선 입학 허가를 받아서 여권 신청을 해봐야 검토하지 지금 단계에서 여권이 나온다, 나오지 않는다고 대답할 수 있는 문제가 아니라고 했다.

달리 묘안도 없어서 번역 일을 하며 유학 준비를 시작했다. 그러던 중 그해 겨울, 12년 전에 수술한 척추 디스크가 재발하여 다시 수술을 받았다. 그런 와중에도 대학원 입학에 필요한 GRE 시험을 보았다. 입학원서는 부모님이 계시는 휴스턴대학에만 보냈다. 추천서와 입학원서 등을 작성하는 데 대학 동기 정운찬이 많은 도움을 줬다.

그렇게 유학 준비를 하던 어느 날 아침, 이상하게 온몸이 부들부들 떨리면서 자꾸 가슴이 두근거리는 이상한 경험을 했다. 몸이 참 이상하다며 동네 목욕탕에 가서 목욕을 했다. 그리고 집에 돌아왔는데, 미국 형님에게서 전화가 왔다. 아이들이랑 잘 지내는지, 건강은 어떤지 일상적인 질문을 했다. 그러더니 갑자기 목소리를 낮추었다.

"연주, 놀라지 말거라……."

그 말을 듣는 순간 하늘이 무너지는 듯했다. 온몸이 사시나무 떨리듯 했다.

아, 하나님도 무심하시지, 어머니께서 세상을 떠나시다니…….

형님은 어머니의 장례식까지 혼자 다 치른 뒤 전화했다.

그리고 정확히 열흘 뒤, 아버지마저 세상을 떠나셨다는 청천벽력의 전화를 받았다. 어머니께서 세상을 떠난 뒤 아버지는 음식과 물을 끊었으며, 그러다 심장마비가 와서 병원 치료를 받다 끝내 하늘나라로 가셨다는 얘기를 들었다.

나는 그렇게 어머니와 아버지를 저세상으로 보냈다. 도망자 시절에 아버지는 목욕탕 한증막에서, 어머니는 손자를 기다리느라 동네 길모퉁이에서 서성이던 모습을 버스를 타고 지나며 마지막으로 뵌 것이다. 가슴을 칼로 에는 듯한 고통과 한을 감당할 수가 없었다. 도대체 역사란 무엇이고, 삶이란 무엇인가?

4부

봄은 곧 오고야 말 것이다

내게도 '빽'이 있었나 보다

—중앙정보부의 동창생

비행기 차창 너머로 하얀 구름이 솜털처럼 끝없이 펼쳐졌다. 그 위로 지난 일들이 선명한 사진이 되어 포개졌다.

아파트 모퉁이 길에서 돌아보고 또 돌아보시던 아버지의 모습, 손자녀석 유치원 다녀오는 길목을 지키고 계시던 어머니의 모습, 눈발 흩어지던 만경 들녘에서 처음 만난 아내의 모습, 동아일보에서 싸우던 일, 1975년 3월 17일 새벽에 단식투쟁 하던 2층 공무국에 쳐들어온 술 취한 깡패들의 무지막지한 폭력, 그 폭력에 얻어터지며 동아일보에서 쫓겨나던 날 새벽, 그날부터 6개월 동안 동아일보 앞에서 계속된 침묵시위, 전기도 들어오지 않는 충남 보령의 오지로 들어가 석면 광산을 일구던 그해 가을과 그 후 1년의 세월, 《씨알의 소리》 편집장으로 일하며 함석헌 선생님과 나눈 대화들, 종로5가 기독교회관의 목요 기도회와 거기서 만난 시대의 양심들, 세상을 떠난 안종필·조민기·이의직 선배의 얼굴, 원주경찰서 유치장, 서울구치소와 성동구치소의 뺑끼통…… 아, 조국이여!

그 모든 것들을 뒤로한 채 미국으로 향하고 있었다. 그러나 비행기 타기가 쉽지 않았다. 남들은 열흘이면 나온다는 여권이 부지하세월이었다. 그러던 어느 날이었다.

"연주, 참 오랜만이다. 한 번 만나자."

중앙정보부에 다니는 고등학교 동창이었다. 고등학생 때 무척 가깝게 지낸 친구인데, 졸업 후 자주 만나지 못했다. 가끔 만나면 중국집에 가서 만두를 먹었다. 호주머니 사정이 여의치 않던 우리에게 중국집 만두는 특별 음식이었다. 대학을 졸업하고 내가 동아일보에 들어간 뒤에는 연락이 거의 끊어지다시피 했다. 그에게서 다시 연락이 온 것은 10·24 자유 언론 실천 선언 뒤 자유 언론을 외치는 젊은 기자들과 동아일보사 경영진, 박정희 정권 사이에 갈등이 한창 높아지던 1974년 말께다.

무교동 소줏집에서 오랜만에 마주 앉았다. 이런저런 얘기 끝에 그가 말했다. 네 이름이 자꾸 우리 회사 보고서에 등장하니 조심하라는 것이었다. 친구로서 걱정이 되어 그런다며 몸조심하라고 거듭 말했다. 나는 그제야 그가 중앙정보부에 다니는 것을 알았다. 나는 별로 할 말이 없었다. 걱정해주는 것은 고마운데, 그 얘기는 하지 말자고 했다. 그는 진심으로 나를 걱정해주었다.

그의 이름을 다시 들은 것은 1977년 늦가을이었다. 나는 크리스찬아카데미에서 만들던 월간 《대화》 10월호에 기고한 〈언론계 선배·동료들에게〉라는 글 때문에 정보부에 잡혀갔다. 월간《대화》에는 1975년 3월 자유 언론 실천 운동에 앞장선 젊은 기자들이 대거 축출되자 이에 항의하고 동아일보 편집국장을 사임한 송건호 선생(전 한겨레신문 사장)이 주필로 있었으며, 입사 동기이자 함께 동아일보에서 쫓겨난 조영호(전 한겨레신문 전무)가 제작에 참여했다.

당시《대화》는 '함평 고구마 사건' 등 제도 언론들이 일체 보도하지 않던 노동·농민운동과 관련된 여러 사건들을 다뤘다. 10·24 자유 언론 실천 선언일이 가까워오는 1977년 가을, 나는 조영호에게 현직 언론인들에게 보내는 글을 써서《대화》에 싣고 싶다고 말했다. 조영호는 흔쾌히 그렇게 하라고 했다. 며칠 뒤 50장이 넘는 원고를 들고 월간《대화》사무실로 찾아가 조영호에게 전해주었다. 이 원고를 검토한 송건호 선생이 나중에 내게 말했다.

"정형, 이 원고는 1970년대 한국 언론을 증언하는 중요 문건이 될 거요. 그런데 몇 군데 표현이 너무 강해서 내가 손질을 좀 했으니 양해해주시오."

그렇게 일부 손질한 원고가 실린 월간《대화》1977년 10월호가 나오고 며칠 지나지 않은 날 아침이었다. 건장한 사내 두 명이 검은 지프를 타고 내가 살던 AID아파트로 찾아왔다. 둘째 아이의 출산을 한 달 남짓 앞두고 만삭이 된 아내를 뒤로한 채 나는 '남산'으로 끌려갔다. 나를 태운 검은 지프는 남산 1호 터널 언저리에 있는 중앙정보부의 커다란 철문이 열리자, 그 속으로 빨려들듯 스르르 들어갔다.

그들은 나를 지하실로 끌고 갔다. 계단을 통해 내려가는데, 지하 4~5층은 되는 듯 한참을 내려갔다. 그 전에 시국 선언문 서명 관계로 두 번 남산에 잡혀와 조사를 받았는데, 그때는 지하실로 끌고 가지 않고 지상층의 사무실에서 조사했다. 그런데 이번에는 지하실 깊숙한 곳으로 나를 끌고 갔다.

그들은 나를 사방이 밀폐된 조그만 방에 집어넣었다. 벽은 구멍이 송송 난 방음 스티로폼으로 덮였고, 한쪽 벽에는 쇠창살 너머로 조그만 거울이 있었다. 반대쪽에서 볼 수 있는 특수 거울임이 분명했다. 그 방에는 도무지 거울이 있을 이유가 없었기 때문이다. 구석에는 군용 간이침대가 놓였으며, 다른 한쪽으로 조사관과 취조 받을 상대가 마주 앉을 수 있도록 책상과 의자 두 개가 있었다.

한참 뒤 조사관 두 명이 나타났다. 건장한 30대 사내와 욕을 잘하는 50대가 번갈아 나타났다. 30대가 물었다.

"박아무개를 잘 아우?"

"고등학교 동창인데요……."

"이거, 정 선생 잘 대접하라고 뒤에서 끌어댕기는 사람이 많아서 조사에 지장이 많겠는데……."

그는 혼잣말처럼 중얼거렸다. 나는 박아무개 말고 또 누가 뒤에서 댕기느냐고 물었다. 그는 매우 퉁명스럽게 "아, 당신들 담당하는 이아무개 있잖아?" 하고 쏘아붙였다.

월간《대화》사건으로 중앙정보부에 끌려갔다가 풀려난 것이 고등학교 친구 덕이야 아니겠지만, 으스스한 정보부 지하실에서 조사받을 때

호된 치도곤을 당하지 않은 데는 친구와 동아투위를 담당한 이형의 덕이 컸으리라 믿는다.

중앙정보부 조사관은 내 앞에 무엇을 툭 던지면서 험하게 말했다.

"당신 말이야, 이름도 여자 이름이고 얼굴도 곱상하게 생겼는데, 글은 왜 이렇게 좆같이 거칠어? 이거 죄다 긴급조치 9호 위반이야!"

그가 내던진 것은 월간《대화》에 준 내 원고다. 새빨간 줄이 여기저기 쳐 있었다.

언론계 선배·동료들에게

재벌의 마름 신세가 된 언론계 간부

지금 이런 편지를 옛 동료들에게 쓰는 데는 몇 가지 견딜 수 없는 이유가 있어서입니다. 그것은 당신들이 무기력과 굴종의 깊은 늪에 빠져 있는 동안, 이 땅에는 너무나 엄청난 비극이 거침없이 함부로 저질러지고 있기 때문입니다. 권력에 억눌리고, 금력에 우롱당하는 수많은 사람들이 생에 허덕이며 갈 길을 찾아 거리를 방황하는데도 그들의 신음과 고통을 감싸주고 치유해주어야 할 당신들은 이를 외면하고 어디론가 가버리고 없습니다.

당신은 이들의 핏발 선 눈동자를 보지 못하십니까?

당신은 외치다 외치다 끝내 아무런 메아리 없어 지치고 쉬어버린 저 서러운 목소리를 듣지 못하십니까?

당신은 전신의 마디마디에 맺힌 저들의 아픔과 분노와 한을 모르십니까?

더구나 10월이 다가오는데, 3년 전 10월은 그렇게도 뜨겁고 찬란했는데……. 3년 전 10월 24일 우리가 함께 높이 들어 올린 그 찬란한 자유 언론의 횃불과 그 횃불이 활활 타면서 일으킨 눈부신 광휘들이 또다시 생생하게 가슴에 저며오자, 나는 서러움과 분노를 억제할 수가 없습니다. 어쩌다 이 꼬락서니가 되었을까?

어디 그뿐이겠습니까? 1975년 잔인한 봄 이후 당신들이 신문지상을 통해 그처럼 강변하던 '자유 언론의 의지'는 어디로 갔습니까?

나는 이 몇 가지 이유로 해서, 이 글을 쓰지 않고는 견딜 수가 없었습니다. 그러나 이러한 나의 행위는 바로 아직은 당신들에게 애정과 기대가 남아 있다는 증거입니다. 애정이 있기에 증오도 하고 분노도 하는 것입니다. 애정이 없다면 무관심밖에 더 있겠습니까.

그러기에 나는 이 편지를 신문사를 경영하는 사장들이나, 그들의 눈치나 살피며 자리 지키기에 전전긍긍하는 일부 간부급 언론인들에게 주려는 것이 아닙니다. 사장들은 옛날의 신문사 사장이 아니라 애석하게도 다른 사업의 돈벌이에 정신이 없고, 신문은 그 방패 정도로밖에 생각하지 않는 장사꾼으로 전락한 그분들에게 이야기해서 무슨 소용이 있겠습니까. 좋은 신문을 만들기보다 돈벌이 사업에 여념이 없는 기업주들을 어떻게 신문인이라고 볼 수 있고, 그들에게 무엇을 기대할 수 있겠습니까. 주필이니 국장이니 하는 이들도 세상에서 언론인이라고 보지 않은 지 오래입니다. 세상에서는 특히 이분들 중 일부를 언론인이라기보다 권력에 굴종하고 아첨하여 그 결과로 떨어지는 부스러기를 줍거나, 문어발같이 뻗어나는 기업들을 보호하기 위해 언론을 방패로 이용하기에 급급한 재벌화된 사주들의 마름 신세가 된 것을 생각하면 오히려 불쌍한 사람들이라고 동정하고 있습니다. 실정이 이렇다 보니 어떻게 이분들에게 자유 언론을 기대할 수 있겠습니까.

그러나 이들은 다른 기업과 달리 활자라는 막강한 힘을 행사하므로 이들의 처신은 사회에 무서운 해독을 끼칠 수 있다는 것이 문제입니다. 이분들 중에는 목구멍이 포도청이라고 자기의 본의 아닌 죄과를 고민하는 분들도 있지만, 개중에는 자진해서 변신·아첨하는 분들도 있습니다. 어떻게 변신 과정을 밟아왔는지, 이 사회에 어떠한 해독을 범하고 있는지 실례를 들어 말씀드리겠습니다.

이름을 대면 삼척동자까지는 안 가더라도 웬만한 사람은 알 수 있는 어느 신문사의 높은 자리에 앉아 있는 그분이 지난날 쓴 글을 한번 읽어봅시다. 여기에 굳이 이름을 밝히지 않는 이유는 그분처럼 붓을 마구 휘두르면서 저지르는 죄를 범하기 싫어서이며, 적어도 마지막 개인의 명예는 살려야 하지 않겠느냐 하는 나의 순수한 양식 때문입니다.

결국 권력 당국은 언론을 규제하던 끝에 언론을 병신으로 만들었을 뿐만 아니라, 학생 데모에 또 하나의 필연성을 부여했으니 통탄할 일이다. 수단이 목적화하는 데 따르는 무서운 결과를 또 한 번 보았다는 느낌이다. ……권력과 언론은 영원히 대결 상태에 있어야 한다. 그러기 위해서는 상호 간에 적대심과 아울러 외경심이 개재해야 한다.

〈기자협회보〉 1971년 4월 23일자에 게재된 그분의 글입니다. 그러던 분이 이제는 어떻게 변신하여 어떤 신문을 만들며, 어떤 글을 쓰는지 당신들은 잘 알고 있을 것입니다. 그 세세한 내용은 생략하겠습니다. 너무나 잘 알려진 이야기인데, 앞에서 이야기했듯이 이런 부류 사람들에게 나는 애정도 기대도 분노도 없으며, 역겨움과 무관심뿐이기 때문입니다.

다만 그분의 단세포적인 논리 전개, 이쪽 아니면 모두 빨갛다는 매카시즘적인 독선, 자기 논리에 어긋나면 가차 없이 붓을 휘두르면서 저지르는 지적 오만, 이 시대적 상황에 정말 그럴 수밖에 없는 소리들에 대해 함부로 지껄여대는 그분의 인간적 불성실성이 어느 역사의 장에 가서는 틀림없이 심판받으리라는 점은 지적해야 할 것 같습니다. 그것은 그분이 저지르는 일들이 개인의 범주에 머무르지 않고 신문이라는 엄청난 활자의 힘에 의해 확산되어 이 사회와 역사에 엄청난 해약을 끼치기 때문입니다. 오죽했으면 나이 어린 대학생이 〈사이비 언론인의 논리의 비판-극복-청산〉이라는 글까지 썼겠습니까. 이런 분들에 대해서는 더 이야기하지 않으렵니다. 이제 언론계의 주인이고, 자유 언론을 외쳐야 할 당신들에게 이야기하겠습니다.

당신들은 지금 어디에 있습니까

먼저 최근 내가 겪고, 듣고, 느낀 몇 가지 일과 내가 읽은 글 몇 개를 추려서 당신들이 어디까지 와 있는지 이야기해야겠습니다. 이것이 왜 중요한고 하니, 당신들은 숲 속에 있어 숲의 덩어리를 보지 못하기 때문입니다. 그것은 밖에서 보아야 정확하고 온전하게 볼 수 있으며, 불행인지 다행인지 나는 그 숲 밖으로 밀려나서 내가 숲 속에 있을 때 느끼지 못한 일들을 이제는 알기 때문에 이야기를 전해야겠습니다.

지난 8월 5일 저녁 7시 30분 서울 청계천6가 평화시장 주변에서 벌어진 일입니다. 고 전태일 씨 어머니 이소선 여사가 법정모독죄로 구속되고 이와 때를 맞추어 근로자들을 위한 노동 교실이 폐쇄되자, 근로자들은 이곳에서 기도회를 하려고 했습니다. 그러나 이 모임은 무지무지하게 많은 정사복 경찰에 의해 강제로 저지되었습니다. 이날의 무참한 광경을 여기에 그대로 옮길 수는 없는 노릇입니다. 근로자 몇몇은 사정없이 얻어터지고, 이 기도회에 참석하려던 윤보선 전 대통령의 부인 공덕귀 여사를 비롯해서 많은 구속자 가족과 근로자들이 경찰의 억센 힘에 밀려 마구 길가로 밀치어 끌려갔습니다. 그 와중에 많은 사람들은 그냥 얻어맞았습니다. 거기는 어떤 상식도 양식도 논리도 없이, 그저 물리적인 힘밖에 남아 있지 않았습니다. 저도 그 근방에서 얼쩡거리다가 얻어맞았습니다. 기자의 본능 혹은 생리라는 것이 있지 않습니까? 사건에 접근하고 싶은 그런 것 말입니다. 강제로 마구 떠밀리기에 그렇게 떠미는 사복 경찰을 그냥 쳐다보았는데, "이 새끼, 뭘 봐? 꺼져, 이 새끼야!" 하면서 옆구리를 태권도 정권으로 마구 내질렀습니다.

제가 조금 맞았다고 분해서 이러는 것이 결코 아닙니다. 그날의 무참한 '힘의 현장'이 너무 서글펐고, 그 아픔을 아무데도 호소할 수 없는 오늘 이 땅의 상황, 이 땅의 언론의 상황이 서글프고 분했습니다. 아픔이라고 해서 육체적인 아픔을 얘기하자는 건 아닙니다. 물론 육체적인 아픔도 아픔이지만, 이 시대의 정신적인 아픔이 있지 않습니까?

사람은 이런저런 폭력에 두들겨 맞고 짓밟힐 때 "아야!" 소리라도 내지르는 게 본능이고, 그 아픔의 소리가 알려져서 많은 사람들이 같이 아파하고, 그렇게 해서 그 아픔이 얼마나 심한가, 어떻게 고칠 수 없는가 길이 찾아지도록 원하는 것이 본능입니다.

그런데 이게 어찌 된 일입니까? 그날 저녁 현장에는 그 아픔들을 전달해야 할 기자들은 보이지 않았습니다. 그날뿐만 아닙니다. 이런 일들은 아주 흔한 일이고, 그런 현장에서 기자들이 취재하는 모습을 보지 못한 것도 참 오래되고 분한 일입니다. 몇 해 동안 그토록 애절하고 처절하게 부르짖어도, 당신들은 끝내 보이지 않았습니다.

참으로 끔찍한 일은, 많은 경우 그런 일들이 있었는지조차 모른다는 사실입니다. 두 달 전쯤 서울 정동 한복판에서도 이와 비슷한 일이 벌어졌습니다. 세계교회협의회WCC 총무 필립 포터 박사가 왔을 때입니다. 예배가 끝나자 구속자 가족들은 교회 뜰로 나와 울부짖었습니다.

그러자 근방에 깔려 있던 경찰 기관원들이 이들을 마구 끌어갔습니다. 나는 그 광경을 보고 '아! 이제는 사람 취급도 안 해주는구나!' 하는 비통한 생각이 들었습니다. 아무런 힘도 없고 내 손에 붓이 없다는 게 그때처럼 한스러운 적이 없었으며, 붓을 갖고 있는 당신들이 그때처럼 원망스러운 적이 없었습니다.

때마침 나는 예전에 같은 출입처를 나가던 어느 현직 기자를 만났습니다. 그는 우연히 그 옆을 지나가다가 현장에 이른 것이었습니다.

"무슨 일인가? 저기 저 사람들은 누구인가?"

아, 이 얼마나 수치스럽고 끔찍한 일입니까. 당신들은 혹 이렇게 이야기할지도 모르겠습니다. "신문에 나지도 않을 기사를 취재해서 뭐 해?" 그렇다면 당신은 기자인 것을 포기하십시오. 우리나라 신문처럼 지면이 좁은 경우 당신들이 취재한 모든 기사가 신문에 날 수는 없을 텐데, 그렇다면 당신들은 '날 수 있는 것'을 엄밀하게 선택해서 취재한단 말입니까? 적어도 사건의 맥락은 알아두어야 할 것 아닙니까.

무엇보다 중요한 것은 당신들이 스스로, 적극적으로 해내야 한다는 점입니다. 당신들은 이 시대적인 현실 앞에서 해야 할 엄청난 책임과 의무가 있습니다. 그것을 포기하면 당신들은 결코 기자일 수가 없습니다.

"일제강점기 지사 스타일의 기자 시대는 끝났다"고 이야기할지도 모르겠습니다. 그런 시대는 끝났다고 합시다. 적어도 직업의식은 있어야 하지 않습니까? 언론이라는 직업이 주는 윤리, 언론 고유의 기능과 책임, 거기에 따르는 윤리가 있지 않습니까?

함석헌 선생은 《씨알의 소리》 창간호에 다음과 같은 글을 썼습니다.

> 그렇게 생각할 때 미운 것은 신문입니다. 신문이 무엇입니까? 씨알의 눈이요 입입니다. ······사실 옛날 예수, 석가, 공자가 섰던 자리에 오늘날은 신문이 서 있습니다. 오늘의 종교는 신문입니다.

종교와도 같은 신문에 몸담고 있는 당신들이 모든 것을 포기하고, 알량한 촌지와 뻔질난 해외여행이라는 화대 때문에 책임과 의무를 포기한 채 화간을 계속하시렵니까?

사람보다 새가 중요한가

해외여행 이야기가 났으니, 그 이야기 좀 하렵니다. 최근 신문 2면에 뻔질나게 등장하는 소위 '해외 취재'는 무엇입니까? 대강 알 만한 이름들이 계속 2면 구석에 사진과 함께 실리는 것을 보고, 처음에는 '아, 이제 우리나라 기자들도 외국에 자주 나가서 취재까지 할 수 있으니 다행이다. 견문도 넓어지고 좀 좋겠는가' 생각했습니다. 사실 신문사에 있을 때 나는 뼈저리게 느낀 경험이 있습니다. 기자는 철저히 소모적인 직업인데, 소모하고 나면 일정 기간 동안 다시 지식을 충전할 수 있어야 하는데, 그럴 바탕이 되어 있지 않았습니다. 그리고 출입처라는 데 나가보면 웬만한 관리들은 다 한 번씩 외국에 다녀왔으므로, 기자가 취재하다가도 그들이 "외국의 경우를 보면……"이라는 단서를 달면 우선 기가 팍 죽고 지식에서도 그들에게 뒤진다는 것을 수없이 느꼈습니다.

그런 경험이 있기에 처음에는 긍정적으로 받아들였습니다. 그런데 해외 취재를 갔다 왔다는 사람 중 기사를 쓰는 사람은 극소수에 지나지 않는다는 사실을 알았고, 더욱이 해외 취재가 정부의 시혜로 인한 것이 대부분이라는 사실을 안 뒤에는 분노가 치밀었습니다. 당신들은 혹 "자식, 제가 밖으로 나가보지 못해 괜히 시샘한다"고 욕할지도 모르겠습니다. 나는 이런 시대적인 현실에서 해외로 나가지 못한 것이 자랑스럽고, 그런 시혜를 받아 나가지 않았다는 사실이 떳떳합니다.

결국 당신들은 그런 화대와 같은 것들에 의해 자신도 모르는 사이에 부패해지고, 그것은 당신들 속에 있는 허무주의나 패배주의 의식과 적당히 섞여 마침내 소시민적 생활로 주저앉는 절망적인 상태에 이를 것입니다.

'월급이나 타 먹고, 마누라 자식이나 생각하고, 집이나 좀 근사한 것 마련하고, 적당히 나오는 촌지로 술이나 마시면서 이 풍진 세상 적당히 잊어버리고, 여차 잘못했다가는 모가지 댕강 할 텐데 적당히 기사나 쓰고, 그러면서 한세상 사는 거지 뭐, 쥐뿔 나게 잘났다고 피 봐가면서 앞장을 세! 앞장서던 녀석들 꼴좋다. 직장 없어서 이리저리 길거리나 배회·방황하고, 주머니가 텅 비어서 기껏 소주잔이나 핥고 있으니 제기랄, 내가 세상을 구할 수 있단 말인가…….'

더욱 심각한 문제는 당신들의 자포자기와 체념으로 빚어진 이 끔찍한 패배주의 혹은 허무주의가 마침내 냉소주의에 이르렀다는 사실입니다. "자유니 진리니 정의 따위의 말이 언제 한번 이 역사에서 제대로 피어본 일이 있는가. 설쳐봐야 결국은 힘이 강한 보수가 이긴다. 너희 극소수의 잘난 체하는 사람들도 언젠가는 패배의 쓴맛을 볼 뿐이다. 힘의 역학 관계를 직시해야 한다……" 이런 식의 이야기를 당신들에게 종종 들었습니다.

참으로 무서운 냉소주의의 발톱입니다. 소극적으로 허무주의나 패배주의에 머무르지 않고 비웃으면서, 찬웃음을 띠면서, 힘겹게 걸어가는 사람들의 발목까지 걸고넘어지면서 그 무서운 발톱으로 할퀴는 것입니다.

그 결과 빚어진 것이 무엇입니까? 그 같은 사시적斜視的인 눈으로 본 결과 드러난 비극은 어떤 것입니까? 오보誤報 바로 그것입니다. 그냥 모르는 편이 차라리 나은데, 이제는 잘못 끌고 가는 적극적인 범죄까지 저지른다는 것입니다.

최근 '해위海葦(윤보선 전 대통령의 호) 선생의 서한문 사건'은 이를 잘 증명하지 않습니까? (1977년 윤보선 전 대통령이 일본 후쿠다 수상에게 박정희 유신 정권과 유착한 일본 정부를 비판하면서, 일본이 대한 정책을 시정할 것을 촉구하는 긴 편지를 보냈다. 그런데 이런 사실을 상당 기간 묵살하던 당시 한국 언론이 뒤늦게 편지의 내용을 거두절미하고 윤 전 대통령이 내정간섭을 요청했다는 식으로 왜곡한 사건이다.)

서한문 전문은 읽어보지도 않고 '자료'에 의해 마구 써버리는 불성실성은 단순히 힘에 밀려서 그런 것이 아니라, 당신들의 마음 밑바닥에 깔린 냉소주의가 자기도 모르는 사이에 터져 나온 것에 지나지 않습니다. "차라리 신문이 없는 것보다 못하다"는 말이 웅변적으로 대변하지 않습니까?

사실과 다른 왜곡된 기사, 뒤틀린 사고에 바탕을 둔 비뚤어진 활자, 당신들이 이 역사에 저지르는 엄청난 범죄를 정말 어찌하시렵니까?

이런 생각이 나 혼자의 독선이라고 여겨서는 안 됩니다. 당신들은 당신들을 향한 민중의 분노의 소리를 듣지 못하십니까? 만신창이가 된 신문, 뒤틀리고 꼬인 활자들이 내뿜는 독성을 보고 분노하고 심지어 저주하는 이 소리를 듣지 못하십니까? 어디 한번 들어보십시오.

"벙어리는 필요 없다" "사진은 찍어서 뭣 하려느냐" "누구한테 팔아먹으려느냐" "너희 혹시 ××의 앞잡이 아니냐" "잡아 족쳐라"

–〈주간시민〉 8월 1일자 '한국의 기자들'

이 말들은 지난 7월 초 노동청 주변에서 벌어진 근로자들의 데모 때 이를 취재하려던 기자들에게 던져진 노동자들의 울부짖음입니다. 신문의 기사에는 이런 이야기까지 담겨 있습니다.

이에 앞서 방림방적 근로자들이 밀린 잔업수당이 16억 원이나 된다고 주장, 이의 지급을 관계 요로에 진정한 일이 있다. 이 소식을 듣고 몇몇 기자들이 취재하기 위해 회사에 들렀다고 한다. 이들은 회사에서 후대를 받고 물러 나왔다고 전해진다. 주요 일간지에 그 기사가 취급되지 않았음은 물론이다. 이러한 이야기를 들은 근로자들이 말했다. "우리는 하루 종일 서서 다리가 부어오르도록 일하고도 1000원 남짓 일당을 받는데, 기자들은 슬쩍 나타났다 사라지고도 우리 일당의 몇십 배 되는 금일봉을 얻어냈다. 유다가 예수를 팔듯, 그들은 우리를 팔았다⋯⋯."

결국은 이렇게 되었습니다. 당신들은 노동자들의 애절한 소리마저 짓밟고 이처럼 인간적인 타락까지 서슴지 않습니다. 소리 없이 죽은 줄로만 알고 있는 민중의 소리를 더 들어보십시오.

어찌된 영문인지 우리 언론은 상식을 저버린 지 오래다. ⋯⋯부족한 상상력과 지혜를 동원하여 기사를 재편집하고 그 뒤에 새겨진 의미를 재해석하여 읽느라고 신문을 받아들면 졸지에 시키지도 않는 편집국장이 되고 해설위원이 되는 것이 솔직한 우리의 현실이 아닌가. ⋯⋯언론인들이여, 이제 민중을 속이는 일을 멈추라! 민중은 말이 없지만, 민중은 우둔하지만, 결코 죽지 않는다는 것을 당신들은 역사에서 직접 체험하지 않았는가.

–월간 《대화》 1977년 9월호 〈허위의 시대를 사는 설움과 아픔〉

이제 신문이 정부와 권력의 부속물인 양 느껴지는 오늘의 현실을 바라보며 안타까움과 통탄을 금할 길이 없다. ⋯⋯눈이 시력을 잃으면 그것은 있으나마나다. 신문이 진실에 대한 성실성과 정론에 대한 집착성을 잃는다면 그것은 하급 휴지, 하급 포장지에 불과할 뿐 무슨 소용이 있겠는가.

–월간 《대화》 1977년 9월호 〈저질 휴지와 저질 포장지〉

반풍수가 집안 망친다는 말이 있는데, 이 사건(이른바 '무등산 타잔 사건')을 보도한 기자도 대부분 반풍수에 해당하는 사람들임을 의심할 여지가 없다. 이런 기자들의 보도를 믿고 울고 웃는 독자들이 몹시 딱하다는 생각이 들 뿐이다.

—월간 《대화》 1977년 8월호 〈무등산 타잔의 진상〉

한국 언론의 뒤틀린 상황에 대한 저주가 아니고 무엇입니까. 이제 그 뒤틀린 상황을 세세히 이야기할 필요는 없을 것입니다. 아주 잘 알고 우리가 온몸으로, 생활로 느끼기 때문입니다. 민족의 앞날에 큰 영향을 미치는 엄청난 사건들을 왜 제대로 보도하지 않느냐, 왜 제대로 보도하지 않는 데 머무르지 않고 왜곡하여 거짓 보도를 하느냐, 왜 국내 뉴스를 국내 신문이나 방송을 통해 접하지 못하고 해외여행이나 외국 신문을 통해 알아야 하느냐, 제대로 보도되지 않으니까 입에서 입을 통해 번지면서 눈덩이처럼 커지는 이 비극적인 유언비어의 폐해를 어찌하면 좋냐, 새 한 마리 나타났다고 TV 카메라가 몇 대나 출동해서 며칠 밤을 새우면서 취재하고 신문에는 대문짝만한 사진과 기사가 나는데, 한 노동자가 정말 억울하게 가스 질식사한 것도 제대로 보도하지 않으니 사람보다 새가 중요하단 말인가……. 이런 이야기를 세세하게 나열하면 무엇 합니까.

잘 길들여진 서커스단의 곰들처럼
당신들은 이 같은 사태에 대해 "너무 엄청난 힘에 밀려 어쩔 수 없는 노릇이다"라고 자기합리화를 할지도 모르겠습니다. 자기합리화는 지식인이 가장 쉽게 빠지는 함정인 동시에, 가장 멀리 해야 하는 것입니다. 그것은 너무나 용렬한 짓입니다. 이 현실 앞에서 어떻게 그럴 수가 있겠습니까.
강간당했다고 말하시렵니까? 그렇다고 칩시다. 그럼 당신들은 강간당할 만큼 힘이 없었습니까? 간디는 "이는 둬서 뭐 해? 강간하려는 자를 이로 깨물어서라도 정조를 지켜야 한다"고 말했습니다. 당신들은 이도 없단 말입니까?
아닙니다. 그것은 다 용렬한 자기합리화에 지나지 않습니다. 어느 시대, 어느 역사에서 자유 언론이 그냥 주어졌습니까? 모든 권력자들은 결코 언론의 자유를 주려 하지 않습니다. 어찌 보면 그것은 당연한 일인지도 모릅니다. 어느 권력자가 자기의 잘못과 실책을 낱낱이 들추어내는 것을 좋아하겠습니까? 그러니까 언론과 권력은 영원히 팽팽한 긴장 관계에 놓이며, 자유 언론은 싸워서 차지해야 하는 것입니다. 그래야 참 자유 언론입니다. 그냥 주어지는 것이라면 그냥 빼앗길 수도 있는 것 아닙니까?
아닙니다. 당신들은 마침내 몸을 팔고 있습니다. 처음에는 짐짓 강간당한 듯 강변을 하다 마침내 적당히 화대를 받아가면서, 바로 당신들 앞에서 들려오는 비명에는 귀 닫고 눈감고 살아가는 것 아닙니까?
그래서 나는 정말 해서는 안 될 이야기를 해야겠습니다. 그것은 바로 당신들은 창부라는 이야기입니다. '생활에 찌들어서 정조를 파는' 창부인지, 엄청난 힘에 의해 정조를 잃은 뒤 자포자기해서 그리 되었는지, 바람이 나서 그렇게 되었는지 모르겠습니다. 이유야 어찌 되었건 당신들이 저지르는 일들이 창부처럼 정조도, 지조도 휴지 조각처럼 내던지고 살아가는 모습 아닙니까?

이렇게까지 이야기하는 것은 나 자신이 한때 창부였기 때문입니다. 나도 한때 잘 길들여진 서커스단의 곰처럼 온갖 몸짓을 했으며, 적당히 화대를 받으면서, 내 이웃의 고통을 외면한 채, 역사의 흐름을 잊어버린 채 나의 정조를 팔았으니까요. 그러나 나는 더 이상 창부 노릇 하기를 거부했습니다. 창부 생활을 청산하고 나니 그 생활이 얼마나 더럽고 추하고 부끄럽기 짝이 없는 죄 많은 생활이었는지 깨달았습니다. 나는 이 이야기를 당신들에게 꼭 해야 했습니다. 앞에서도 이야기했듯이 나는 당신들과 당신들의 직업에 한없는 애정을 갖고 있기 때문입니다. 온갖 욕을 얻어먹을 줄 뻔히 알면서, 어쩌면 몰매라도 실컷 맞을지 모르면서 굳이 이런 이야기를 하지 않을 수 없음은 당신들과 당신들의 직업에 대한 나의 끝없는 애정 때문입니다.

이제 그 지독한 '연탄가스의 중독'에서 깨어나십시오. 이제 당신들의 무디어진 이성의 칼날을 다시 갈고, 식어버린 자유 언론에 대한 의지와 정열을 다시 불태우십시오.

그래서 이 핏빛 서린 눈동자들과, 외치다 외치다 지쳐 쉬어버린 저 서러운 목소리들에 다시 당신의 눈과 귀를 모아보십시오. 이 추위와 고통과 서러움에 떠는 발가벗은 몸뚱이들을 당신의 온몸으로 포옹해주십시오.

아! 이제 또다시 그 뜨겁고 찬란하던 10월이 다가옵니다. 밝은 햇살이 가득한 어느 벌판으로 달려가서 우리의 뜨겁디뜨거운 가슴들을 부둥켜안으면서 환희의 노래를 목이 터져라 부를 수 있는 그날은 정녕 언제 올 것입니까?

−월간 《대화》 1977년 10월호

정보부 지하실과 양희은의 노래

—긴급조치 9호 위반은 고통 받는 역사에 동참하는 길

중앙정보부 지하실에서 30대와 50대 조사관이 번갈아 빨간 줄을 친 《대화》지 원고를 들이대며 긴급조치 9호 위반이라고 다그쳤다. 특히 내가 구체적으로 예를 든 '사례들'이 모두 "사실을 왜곡한 명백한 긴급조치 9호 위반"이라고 말했다. 나는 모두 실제로 발생한 사실인데 어떻게 왜곡이냐고 물었다. 유신과 긴급조치 자체가 코미디였듯이 사실을 두고 사실 왜곡이네, 아니네 시비하는 것도 코미디였다.

30년 가까이 정보과 형사 노릇을 하다 중앙정보부 조사관으로 스카우트되었다는 50대는 서울 청계천6가 평화시장 주변에서 벌어진 사건을 묘사한 글 가운데 "그렇게 떠미는 사복 경찰을 그냥 쳐다보았는데, '이 새끼, 뭘 봐? 꺼져, 이 새끼야!' 하면서 옆구리를 태권도 정권으로 마구 내질렀습니다"라는 대목을 내 얼굴에 들이밀며 "이건 사실 왜곡 중의 왜곡"이라고 열을 올렸다. 태권도 정권으로 옆구리를 내지르면 갈비뼈 몇 개는 부러질 텐데, 네가 멀쩡한 것으로 봐서 사실 왜곡이라는 얘기였다. 그러면서 태권도 정권으로 옆구리 지르는 맛이 어떤지 한번 보겠느냐고 을러댔다.

벌어진 사실을 묘사했을 뿐인데, 사실 왜곡이라고 우기니 할 말이 없었다. 나는 그들에게 "긴급조치 9호가 국민의 알 권리를 깡그리 무시하는 것이기 때문에 그 자체를 인정할 수가 없다. 그런데 당신들 눈에 내 글이 긴급조치 9호 위반이라면 나로서는 별로 할 말이 없다"고 대답한 뒤 당신들 마음대로 처리하라고 했다.

정보부 지하 취조실은 취조만 하는 곳이지, 거기서 잠을 재우지는 않았다. 밤에는 유치장 시설처럼 생긴 곳에 가서 잤다. 자해할까 봐 안경과 허리띠를 모두 가져가고 담요 한 장을 줬다. 안경을 벗으니 앞이 흐려 제대로 보이지 않았다. 어디선가 양희은의 노래가 들려왔다. 정보부 직원들이 TV나 라디오를 틀어놓은 모양이었다. 음산한 중앙정보부 지하실에서 듣는 양희은의 해맑은 노래가 아이로니컬했다.

긴급조치 9호 위반으로 조서가 꾸며지고, 마냥 그들의 결정을 기다리는 지루한 날이 계속됐다. 닷새째 되던 날 30대가 조사실로 와서 지금 심정이 어떠냐고 물었다. 나는 "담담하다. 긴급조치 9호 위반으로 구속된다면 고통 받는 역사의 현장에 동참하는 것이라 생각한다"고 마음에 담긴 말을 했다. 그러자 30대는 버럭 화를 냈다. 네가 뭐 대학생처럼 그 따위 소영웅적인 말을 내깔기느냐고 했다. 나는 지금 심정이 정말 그렇다고 말했다. 30대는 더욱 화가 난 듯, 네 친구 박아무개만 아니면 그냥 갈겨주고 싶다고 하더니 밖으로 휙 나가버렸다. 얼마 뒤 나는 풀려났다. 뚜렷한 이유야 알 수 없는 노릇이지만, 너무나 명백한 일을 '사실 왜곡'이라고 억지로 만들기는 힘들지 않았을까 싶다. 그리고 월간《대화》는 폐간되고 말았다.

앞에서도 잠깐 언급했지만, 월간《대화》는 당시 제도 언론이 일절 보도하지 않던 '사건들'을 보도한 거의 유일한 매체였다. 특히 '대화 소식' 난에는 노동자와 농민들의 투쟁 소식이 많이 실렸다. 마지막 호가 된 1977년 10월호만 해도 농협의 민주화를 촉구하는 가톨릭농민회 '농협 세미나' 관련 기사, 고 전태일 씨의 어머니 이소선 여사의 공판 내용, 자동차노조 간부들의 농성, 서울대 호국단 간부들의 간선제 건의 등 제도 언론이 관심조차 두지 않던 기사들이 실렸다. 지학순 주교의 '노동자 인권을 보장하라'는 연설문 내용도 있었고, 서암스님의 '민중 불교론'도 그 호에 실렸다.

월간《대화》가 폐간된 사유를 '정부 당국자'에게서 직접 들은 것은 그 뒤 어처구니없는 경로를 통해서다. 《대화》에 기고한 그즈음, 나는 함석헌 선생이 고군분투하며 버티던 《씨알의 소리》 편집장을 맡고 있었다.

월간《대화》폐간은 내 글 때문

—우연히 엿들은 전화

《씨알의 소리》편집장을 맡은 것은 내 삶에 가장 큰 스승인 민중신학자 안병무 선생과 인연 때문이다. 1977년 봄, 함석헌 선생을 존경하며 따르던 안병무·계훈제·김동길 선생 등이 권력에 재갈 물린 제도 언론을 부분적이나마 극복하자며《씨알의 소리》를《사상계》같은 본격적인 종합 월간지로 발전시키는 방안을 검토했다. 안병무 선생이 나더러 그 마스터플랜을 마련해보라고 했다. 나는 필요한 재원과 제작 방향 등 나름대로 안을 만들었고, 결국 그 안을 바탕으로 편집장을 맡았다.

나는 매일 용산 원효로 함석헌 선생 집에 있는 사무실로 출근했다. 함석헌 선생은 잘 알려진 대로 식사를 하루 한 끼만 했다. 함 선생과 점심 식사를 하며 많은 얘기를 나눴다. 밖으로 알려진 함석헌 선생의 이미지는 '투사' '혁명가'다. 그러나 1년 가까이 함께 점심 식사를 하며 나눈 얘기와 곁에서 지켜본 함 선생은 우리말의 아름다움을 쉽고 탁월하게 그려내는 시인이며, 혜안으로 역사를 꿰뚫어보는 역사학자며, 동서 세계를 자유자재로 넘나들면서 삶의 끝없는 깊이를 헤아리는 철학자며, 모든 종교를 뛰어넘는 종교인이다. 그리고 불처럼 활활 타는 매서운 연설과 글을 보면 한국의 세례요한 같은 분이다.

언젠가 안병무 선생이 한 말이 아직 귀에 쟁쟁하다. "지금도 함 선생님은 젊은 여인을 보면 얼굴도 제대로 쳐다보지 못하고 수줍어하신다." 함 선생은 조갯살처럼 여리디여린, 수정처럼 맑디맑은 분이다.

《씨알의 소리》를 맡고 보니 생각지도 않은 엄청난 문제가 있었다. 《씨알의 소리》 원고가 모조리 '사전 검열'되고 있었던 것이다. 당시 제도 언론이야 알아서 기니까 사전 검열이 필요 없었다. 자체 검열을 하고, 문제 되는 기사를 알아서 스스로 빼니 무슨 검열이 필요했겠는가. 그런데 《씨알의 소리》는 문화공보부 신문과에서 원고를 사전에 모두 검열했으며, 거기서 허락이 나야 제작이 가능했다.

나는 고민했다. 과연 사전 검열을 받으면서까지 《씨알의 소리》를 발간해야 하는지 안병무 선생과도 여러 차례 논의했다. 그러나 그런 한계에도 계속 내는 것이 중요하며, 《씨알의 소리》에 대한 함석헌 선생의 열정과 애정이 남달라서 함 선생의 뜻을 받들자는 데 의견을 모았다.

《씨알의 소리》를 제작해주겠다는 인쇄소는 대한민국 어디에도 없었다. 긴급조치가 퍼렇게 살아 있는 시절, 날아다니는 새의 암수를 바꾸는 것 외에는 불가능한 일이 없다는 중앙정보부가 박정희 권력의 기반을 탄탄하게 받쳐주던 시절, 조금이라도 말썽의 소지가 있는 인쇄소를 문 닫게 하는 것쯤이야 식은 죽 먹기였다. 그러니 《씨알의 소리》를 제작해주겠다는 인쇄소가 있을 리 만무했다. 요즘 같으면 컴퓨터로 얼마든지 개인 잡지를 만들 수 있지만, 그때만 해도 인쇄 시설 없이 책을 만든다는 것은 불가능했다.

박정희 정권은 사전 검열을 조건으로 서소문에 있는 조그만 인쇄소를 소개해줬다. 사전 검열을 거부하면 제작할 인쇄소를 찾을 길이 없으니 사전 검열을 받아들이든지, 잡지 제작을 그만두든지 둘 중 하나를 선택해야 했다. 《씨알의 소리》에 남다른 열정과 애정이 있던 함석헌 선생은 결국 전자를 택한 것이다.

나는 매달 원고가 마감되면 인쇄소에 넘겨 초교지를 받았다. 그리고 초교지를 들고 문공부로 갔다. 지금은 헐린 중앙청 청사에 있던 문공부에 갈 때마다 도살장에 끌려가는 소 같은 기분이었다. 며칠이 지나면 검열이 끝났으니 찾아가라는 연락이 왔다. 여기저기 빨간 줄로 직직 그어놓은 검열 흔적들이 귀신의 머리카락 같았다. 검열 결과를 보면서 함석헌 선생은 어떻게 이럴 수가 있느냐며 화를 내셨고, 나는 검열된 초교지를 들고 다시 문공부로 가서 실랑이를 벌였다. 그래도 검열로 죽은 글이 다시 살아나는 법은 거의 없었다. 이런 일이 매달 반복됐다.

그날도 나는 빨간 줄로 직직 그어진 초교지를 들고 문공부 담당 과장을 찾아갔다. 함석헌 선생이 쓰시는 머리글만큼은 제발 좀 손대지 말고 살려달라고 간청했다. 한창 얘기를 주고받던 담당 과장이 "국회에서 온 전화"라는 연락을 받고 황급히 수화기를 들었다. 옆에서 들으니 야당 의원이 월간 《대화》가 폐간된 사유를 따졌고, 답변을 위해 담당 과장에게 그 사유를 묻는 모양이었다. 그는 캐비닛에서 서류철을 꺼내 살펴보더니 전화에 대고 설명했다.

"동아일보 해직 기자 출신 정연주라는 자가 쓴 〈언론계 선배·동료들에게〉라는 글이 긴급조치 9호 위반이라서, 그게 직접적인 폐간 사유라고 돼 있습니다. 그 밖에도 긴급조치 9호 위반 사례가 많습니다."

문공부 담당 과장은 나를 《씨알의 소리》 편집장으로 알았을 뿐, 월간 《대화》에 문제가 된 글을 쓴 '해직 기자 출신 정연주라는 자'인지 몰랐던 것이다. 그렇다고 그 자리에서 정연주가 바로 나요, 라고 나설 이유도 없었다.

나도 각서를 쓰고야 말았다

—서른여덟 살에 다시 시작한 경제학 공부

"연주 너, 휴스턴대학에 유학 갈 모양이네?"

중앙정보부에 근무하는 고등학교 동창이 전화를 했다.

어떻게 아느냐고 묻자, 지금 내 서류가 자기 책상에 와 있다는 것이었다. 빌어먹을 세상, 더럽게 좁기도 하네……

우리는 참으로 오랜만에 어느 음식점에서 마주 앉았다. 그는 걱정하지 말라며, 형식상 각서 한 장이 필요하다고 했다. 그전 같았으면 어림반 푼어치도 없는 일이었다. "각서를 쓰다니…… 내가 뭘 잘못했다고 각서를 써? 그런 투항 행위는 죽어도 못 해"라고 했을 텐데, 나도 많이 지친 상태였다. 빌어먹을 각서, 수천 장인들 못 쓰랴. 그러나 쥐꼬리만 한 자존심 생각해서 각서 내용은 기분 나쁘지 않게 만들어오라고 했다.

며칠 뒤 나는 "해외에 있는 동안 국법을 어기는 일은 하지 않을 것이며……"라는 내용의 각서에 서명했다. 그렇게 여권을 손에 쥐었을 때, 1982년 가을이 성큼 다가와 있었다.

비행기가 샌프란시스코 공항에 잠시 기착했다. 그리고 기수를 남으로 돌려 로스앤젤레스로 내려갔다. 하늘에서 내려다본 북아메리카의 땅은 낯설고 광활했다. 1982년 11월 25일이었다.

휴스턴에 도착하여 형님 집에 짐을 풀었다. 그리고 다음 날 부모님 묘소에 가 엎드렸다. 맺힌 한과 슬픔, 그리움이 봇물처럼 터져 나왔다. 그 한과 슬픔, 그리움 너머로 휴스턴의 하늘이 넓게 다가왔다.

"그래, 식구들 데리고 잘 왔다. 이제 편히 눈을 감을 수 있겠구나."

하늘에서 조용조용한 어머니의 목소리가 환청으로 귓전에 와 닿았다.

그다음 6년 반 동안 나는 다람쥐 쳇바퀴 돌듯 단순한 생활을 했다. 박사 학위라는 목표를 향해 잡념을 털고, 그저 열심히 '미국 경제학'을 공부하려 했다. 첫 학기부터 악을 쓰면서 공부했다. 대학 졸업 후 13년의 공백은 무서웠다. 게다가 컴퓨터가 일상화되기 시작한 세상은 대학 다닐 때와 딴판이었다.

첫 학기는 지옥 같았다. 특히 첫 강의였던 '대학원 통계학' 중급 과목은 지금도 잊히지 않는다. 그 지긋지긋한 컴퓨터 숙제를 어찌 잊을 수 있을까? 나는 너무 준비 없이 달려든 것이다. 컴퓨터의 '컴'자도 모르면서 달려들었으니…….

미국인 통계학 교수는 첫 시간에 컴퓨터 숙제를 무더기로 던져줬다. 통계학 기초와 SAS라는 컴퓨터 프로그램에 대한 기초 지식이 전제가 된 숙제다. 나는 그때까지 컴퓨터 앞에 앉아본 적이 없으며, 컴퓨터를 어떻게 켜는지도 몰랐다.

학교 컴퓨터 터미널에 들어가 앉으니 막막했다. 무심결에 자판을 두드렸더니 삑삑 희한한 소리만 났다. 자존심을 꺾기로 했다. 컴퓨터 터미널에는 컴퓨터학과 대학원생 조교들이 나와서 도움을 주었다. 동양인 학생도 눈에 띄었다. 대만 유학생이었다. 그에게 솔직히 털어놓았다. 나는 정말이지 아무것도 모른다. 컴퓨터를 어떻게 켜는지조차 모른다. 그러니 지금 이 숙제를 어떻게 해야 할지 앞이 캄캄하다. 도와줄 수 있겠는가? 나는 컴퓨터 터미널에서 무수한 시간을 보냈다. 주말에도 거의 살다시피 했다. SAS 프로그램을 알면 한 시간도 걸리지 않을 숙제인데, 그걸 배워가면서 하느라 다른 사람보다 수십 배 노력해야 했다.

나는 첫 학기에 통계학을 비롯하여 네 과목에서 모두 A 학점을 받았다. 얼마 뒤 다음 학기부터 TA(teaching assistant) 장학금이 지급될 거라는 소식이 들렸다. 한 달에 700달러를 주는데 장학금을 받는 대가는 교수의 조교가 되어 그를 돕거나, 학부에서 경제학 원론을 가르치는 것이었다. 1983년 가을 학기부터 1년 동안 조교 노릇을 하다가, 이듬해 여름 학기에 경제학 원론 강의를 시작했다.

'뉴스 스탠드'의 비밀

— 알바 찾아 12군데 이력서 냈지만

지옥 같은 첫 학기가 끝나고 석 달이나 되는 여름방학이 왔다. 돈이 넉넉한 것도 아니고, 석 달이나 되는 시간을 그냥 보내기도 아까워 일거리를 찾아 나섰다. 신문 광고를 보고 식당 웨이터, 호텔 야간 근무, 뉴스 스탠드 등 이곳저곳을 기웃거렸다.

이력서를 들고 여기저기 돌아다니다 포기했다. 휴스턴 경기가 완전히 바닥을 칠 때였다. 실업률이 10퍼센트가 넘었다. 휴스턴 경기가 그렇게 바닥을 친 적이 없었다고들 했다. 한때는 '선벨트Sunbelt' 지역이라고 해서 다른 지역에서 유입되는 사람들이 많고, 한인 동포 인구도 크게 늘어났다고 했다. 그런데 1980년대 초반은 경기가 곤두박질하여 다른 지역으로 떠나는 인구가 더 많았다. 1980년 대통령 선거에서 보수주의자 로널드 레이건 공화당 후보가 지미 카터 대통령을 물리치고 당선된 결정적 이유도 곤두박질친 경제 때문이다. "여러분은 지금 4년 전보다 생활이 나아졌습니까?(Are you better off than 4 years ago?)"라는 레이건의 한마디가 지미 카터를 물리쳤다는 말까지 나왔다.

그 경기 침체가 1983년 여름에도 이어졌다. 식당 웨이터 모집 광고를 보고 찾아가니, 수십 명이 줄 서서 인터뷰 차례를 기다리고 있었다. 백인, 흑인, 남미계…… 나는 미운 오리새끼처럼 유일한 동양인이었다. 뭘 몰라도 한창 모르던 시절, 이력서를 들고 찾아 나선 곳이 12군데나 됐다.

한번은 24시간 문을 여는 '뉴스 스탠드'에 찾아갔다. 신문에 직원 모집 광고가 있었다. 뉴스 스탠드니 신문 파는 곳인가 보다 하면서도, 24시간 동안 신문을 팔다니 장사가 될까 싶었다. 신문 광고에 난 전화번호로 전화를 걸어 주소를 알아낸 뒤 찾아갔다. '24HR News Stand'라는 글씨가 보였다. 사람의 왕래가 뜸한 지역에 있는 허름한 건물이 신문을 파는 곳처럼 보이지 않았다. 곳곳에 있는 편의점이나 슈퍼마켓에 깔린 게 신문인데……. 차에서 내려 출입구 쪽으로 갔다. 문 앞에 '18세 이하 출입 금지'라는 빨간 글씨가 있었다. 문을 열고 들어서니 한쪽 구석에 몇 가지 신문을 놓은 판매대가 있고, 맞은편으로 내 키보다 훨씬 큰 수금대가 있었다. 그 뒤쪽에 상당히 뚱뚱한 백인 여인이 한가롭게 앉아 있다가 내가 들어서자 슬쩍 곁눈질을 했다. 높다란 수금대 옆으로는 안으로 들어가는 조그만 쪽문이 있었다.

내가 머뭇거리자 백인 여인이 "Go ahead!(들어가라)"라고 했다. 나는 쪽문을 열고 안으로 들어갔다. 꽤 넓은 공간에 벽 쪽으로 진열장이 있고, 한가운데도 곳곳에 진열장이 있었다. 거기 있는 것은 모두 노골적인 포르노 테이프였다. 신문 판매는 형식일 뿐, 실제는 포르노 가게였다. 직원 모집 얘기는 꺼내지도 못하고 도망치듯 그곳에서 나왔다.

결국 미국 쪽 취직은 포기하고, 한국 동포들 쪽으로 눈을 돌렸다. 당시 제일 구하기 쉬운 일거리가 빌딩 청소였다. 미국은 빌딩 청소를 전문 용역 회사에서 하는데, 한국 동포들이 용역 회사를 많이 운영했다. 사무실이 있는 빌딩이나 초대형 슈퍼마켓, 공항 건물 등의 청소를 전담했다. 빌딩 청소는 근무가 끝난 저녁나절, 슈퍼마켓은 문을 닫은 한밤중에 해야 한다. 이 일에는 영어가 별로 필요 없고, 건강한 몸뚱이만 있으면 되기 때문에 미국에 건너온 한국인들이 힘들지만 몸으로 때우며 할 수 있다. 아예 부부가 함께 청소를 하는 '부부 청소'도 있다. 미국 내 한국인 교포 신문에서 자주 보던 광고 문안 중 하나다.

어느 날 교포 신문에 난 광고를 보고 청소 용역 회사를 찾아갔다. 이력서에는 고졸이라고 썼다. 내 또래 사장이 면접을 했다. 그는 나를 이리저리 훑어보더니 학력이 정말 고졸이냐고 물었다. 나는 그렇다면서, 빌딩 청소하는 데도 학력이 문제가 되느냐고 되물었다.

"그게 아니고, 대학물을 먹은 사람들은 오래 일하지 않고 금방 떠나는 경우가 많으니 우리로서는 정확하게 알 필요가 있지요. 얼마 동안 일할 수 있나요?"

그런 터에 계속 거짓말할 수가 없어서, 방학 석 달 동안 일하게 해달라고 했다. 그는 대답을 피하면서 어느 대학을 나왔느냐, 미국에는 언제 왔느냐, 지금은 무얼 전공하느냐 등을 물었다. 나는 사실대로 말해 줬다. 그는 자신의 출신 고등학교와 대학을 밝힌 뒤, 유학 왔다가 공부를 때려치우고 돈벌이에 뛰어들었다고 했다. 무역 일을 시작하려는데 자기와 함께 일할 의사는 없는지 물으면서, 혼잣말로 "세상 참 고르지 않다"고 했다. 무슨 소리냐고 물었더니, 다음과 같은 얘기를 전해줬다.

"고등학교 동창 중에 한국에서 상당한 지위에 있는 친구가 최근 휴스턴에 다녀갔습니다. 나도 만나보지는 못했지요. 여기 교포 신문을 보고 그가 다녀간 것을 알았으니까. 그 친구도 정형과 같은 대학을 졸업했으며, 미국에서 경제학 박사 받은 뒤 연구원에 있었고, 경제 관계 부처에서 파견돼 근무하다 청와대 특보인가 비서관으로 들어갔습니다. 이번에 전두환 대통령 특사로 미국 전역을 다니며 '한국의 정치 상황이 안정되었으니, 걱정들 하지 말고 한국에 투자하라'는 투자 유치 활동을 한대요. 아마 정형하고 학번이 비슷할 텐데…… 그런데 정형은 나한테 와서 빌딩 청소하겠다며 학력까지 고졸로 속이는 팔자가 되었고, 그 친구는 전두환 대통령의 특사로 미국 전역을 돌아다니니 세상이 참 고르지 않지요?"

그의 이름을 물어보았다. 나의 대학 동기였다.

나는 무역 일은 하지 못하겠다며 그의 사무실을 떠났다. 그는 청소 일에 대해서는 가타부타 말이 없었다. 그 뒤 다른 청소 회사에도 몇 군데 이력서를 냈으나 답이 없었다. 한 달을 돌아다녀도 일자리를 구하지 못했다. 결국 한국인 2세 고등학생 두 명에게 수학 과외를 하면서 그 여름을 보냈다.

미국 언론의 연일 보도, '한국 사태'

—마침내 6·29

1987년 봄에 접어들면서 전두환 군부 정권에 대한 한국 민중의 저항이 드세어지기 시작했다. 미국 언론에도 연일 '한국 사태'가 크게 보도됐다. 내가 미국에 도착한 뒤 언론에 이처럼 한국 문제가 집중적으로 보도된 적이 없었다. 재미 동포 사회에서도 군부독재 반대와 한국의 민주화를 지지하는 목소리가 드높았다. 백악관 앞에서 대규모 군부독재 반대 민주화 시위가 벌어질 때는 뉴욕, 필라델피아는 물론 거의 미국 전역에서 동포들이 모여들었다.

이즈음 미국 TV에서는 한국 사태를 주제로 한 인터뷰나 대담을 자주 방영했다. 아침 방송 프로그램이나 ABC에서 테드 코플이 진행하는 심야 대담 프로그램 〈나이트 라인〉, 공영방송인 PBS 저녁 뉴스 시간에 한국 문제와 관련된 회견과 토론이 자주 등장했다. 김경원 주미 한국 대사가 미국 TV에 출연하여 대통령 직선제 개헌을 반대하는 억지 논리를 편 장면이 지금도 잊히지 않는다. 아무리 군부독재의 충직한 심

부름꾼이라지만, 세계가 보는 앞에서 어쩌면 저렇게 천연덕스럽게 직선제 개헌 반대를 얘기할 수 있을까 싶었다.

1987년 봄, 미국 언론에 비친 안타까운 현실은 빤한 논리와 사실을 전달하는 데 필요한 '현실적인 기술'이 모자랐다는 점이다. 한편은 세련된 영어에 웃음까지 살살 띠면서 군부독재의 논리를 그럴듯하게 포장하는데, 정작 도덕적 우월성과 논리의 정당성을 갖춘 다른 한편의 사람들은 그것을 효과적으로 전달할 수 있는 기술이 없었다. 하기야 감방에 들락거리기 바빴던 처지에 영어 한마디 제대로 배울 시간이나 있었을까?

그러다 보니 많은 경우 한국 문제 토론에는 미국인이 나왔다. 《한국 전쟁의 기원》으로 우리에게 잘 알려진 브루스 커밍스 교수, 한국 민주화 운동의 좋은 벗인 하버드대학 엔칭연구소의 에드 베이커 등이 한국 민중의 뜻을 대변했다. 그들의 노력이 눈물겹게 고맙기도 했지만, '우리가 해야 할 몫인데……'라는 아쉬움이 가시지 않았다.

그런 쓰라린 경험이 있었기에 나는 한겨레신문(한겨레는 원래 '한겨레신문'이다가 1996년 제호를 '한겨레'로 바꿨다. 이 책에서는 시점이나 상황에 따라 한겨레신문, 한겨레 등으로 혼용했다.) 워싱턴 특파원으로 있을 때 미국 TV에서 토론자로 요청하면 웬만한 경우를 제외하고는 출연했다. 로스앤젤레스 폭동 때, 북한 핵이 뜨거운 문제로 등장했을 때 CNN에 몇 차례 출연했고, PBS와 케이블 채널 C-SPAN에도 나갔다. 한국 사람이 한국 문제를 어떻게 생각하는지 미국인들에게 보여주고 싶었다.

1987년 봄부터 한국에서 민주화 운동이 열기를 더해갈 때, 레이건 행정부와 미국의 보수 언론들은 이 열기를 고운 눈으로 보지 않았다. 레이건도 그랬고, 그의 외교 안보팀도 그랬다. 반공이면 군부독재자건, 뭐건 가리지 않고 지지했다. 그것은 중남미에서 오랫동안 계속돼온 미국 정책의 줄기다. 레이건 행정부 때 그것은 매우 노골적이고 직접적이었다.

마침내 6·29 승리가 있었다. 그 승리는 나를 무거운 죄책감에서 해방해주었다. 부모님 묘소에 절하러 오기는 했지만 암울하고 엄혹하던 1980년대 초, 그 처절한 땅에 두고 온 많은 벗과 동지들을 생각하면 마음은 항시 바위에 짓눌린 듯 무거웠다.

6·29 발표가 있고 며칠 지나지 않아 나는 가족과 함께 미국에 온 뒤처음으로 텍사스 주를 벗어난 여행길에 나섰다. 남북을 합친 우리나라 땅덩어리보다 4.5배나 큰 텍사스 주를 벗어나기 위해서는 하루 종일차를 타고 달려야 했다. 엄청난 땅 크기도 크기려니와 두고 온 산하의암울한 정치 상황과 거기 있는 동지들에 대한 부담감 때문에, 텍사스주를 벗어나는 여행을 엄두도 내지 못하던 터였다.

우리 네 식구는 텍사스 주를 벗어나 10번 고속도로를 타고 마냥 동쪽으로 달렸다. 늪지대가 유난히 많은 루이지애나 주를 지나고, 혹독한 인종차별의 현장이었던 미시시피와 앨라배마 주를 거쳐, 마침내 플로리다 주의 서쪽 끄트머리에 있는 해변 마을 펜서콜라에 도착했다. 투명한 바다와 하얀 모래밭이 끝없이 펼쳐졌다. 우리가 도착한 날이마침 미국 독립 기념일이었는데, 밤이 되니 해변 여기저기에서 불꽃놀

이를 했다.

"그래, 저건 6·29 민중의 승리를 축하하는 불꽃이야."

당시 나는 박사 학위 논문 준비에 한창이었으며, 한 학기 정도면 논문을 끝낼 수 있는 마지막 고비였다. 서른여덟 살에 다시 공부를 시작한 나는 어느새 마흔세 살이 되었다. 세월이 흘러가면서 우리 가족의 유일한 '물적 토대'도 거의 바닥나고 있었다. 물적 토대란 서울에 있던 조그만 아파트인데, 그것을 처분한 돈으로 5년을 버텼다.

박사 학위 논문 값

—사연 많은 중일아파트

그 아파트는 내게 이런저런 감회가 서린 곳이다. 나는 원래 서울 강남구 삼성동에 있는 AID아파트에 살았다. 월간 《대화》 1977년 10월호에 기고한 〈언론계 선배·동료들에게〉라는 글이 문제가 됐을 때, 중앙정보부 요원들이 나를 잡으러 온 곳도 AID아파트다. 그런데 이 아파트가 난방에 문제가 있어 겨울이면 늘 추위에 떨었다. 류머티즘성관절염으로 고생하던 아내가 겨울이면 특히 애를 먹었다.

우리는 1978년 잠실 고층 아파트에 전세를 내 이사했다. 그러다가 내가 긴급조치 9호 위반으로 투옥되었을 때 아내는 강남구 청담동 조달청(지금 강남구청) 뒤쪽에 있는 중일아파트를 분양 받아 이사했다. 지금은 시공 업체 이름도 생각나지 않는데, 이 아파트는 공사가 부실해 입주한 뒤에도 말이 많았다. 당시 아내는 이 아파트 부녀회 일을 맡아 시공 업체에 보상을 요구했는데, 나를 담당하던 강남경찰서 정보과 형사가 그 일에 도움을 주기도 했다고 들었다. 아내는 부녀회 일을 하면서 주변의 젊은 부인들과 친해졌고, 1980년 5·17 이후 내가 수배되었을 때 그들에게 많은 도움과 위로를 받았다고 했다. 무성이 엄마, 진경이 엄마…… 지금도 잊히지 않는 이름들이다.

1982년 11월, 나는 이 아파트를 1000만 원에 전세를 주었다. 전세 보증금으로 빚 400만 원을 갚고, 600만 원을 환전해 미국으로 떠났다. 그 돈에 내가 대학에서 받은 장학금(월 700달러 정도), 아내가 온갖 궂은일을 하면서 번 돈, 형제들이 도와준 덕분에 3년을 버텼다. 그러나 네 식구가 살기에는 늘 힘겨웠다. 서울에서 가져온 600만 원이 바닥나 아파트를 처분해야 하는데, 부동산 경기가 나빠 팔리지 않았다. 그러던 어느 날 작은누나에게서 전화가 왔다.

"할렐루야!"

"누나, 뭐 좋은 일 있어?"

"골치 아픈 중일아파트 팔렸단다."

아파트는 2300만 원에 팔렸다. 전세 보증금 1000만 원을 주고 남은 돈 1300만 원이 몇 달에 걸쳐 송금됐다. 1989년 5월 박사 학위가 끝나자, 그 돈도 거의 바닥이 났다. 결국 중일아파트는 내 박사 학위를 위해 고스란히 바쳐진 셈이다. 박사 학위 논문이 마무리되어가던 1989년 1월, 잠시 귀국했다. 와서 보니 주민등록이 말소되었다. 동사무소에 가서 주민등록을 살리는데 통장의 도장이 필요하다고 했다. 통장은 내가 살던 아파트 건너편에 살았다.

"제가 1982년 11월까지 이 집에서 살았지요."

"아, 그래요?"

"그런데 이 아파트, 요즘 얼마나 해요?"

"2억 정도 합니다."

부동산 값이 춤을 추던 때다. 내 박사 학위 논문 값이 한때는 2300만 원에 지나지 않았는데, 1989년 1월에는 2억 원이나 된 셈이다. 아파트는 그 뒤 재개발되면서 껑충 뛰어올랐다고 들었다. 그러나 모든 일이 그저 담담하기만 했다. 그 시점에서 다른 선택의 여지가 없었다. 게다가 부동산 값이 미친 듯 오를 줄 누가 알았겠는가.

통장에게 도장을 받은 뒤 나는 한동안 중일아파트 근방을 서성댔다. 5층짜리 네 동으로 된 자그마한 아파트. 영빈이와 웅세가 어린 시절을 보낸 곳, 수배 중인 막내아들을 두고 떠나는 것이 서럽고 가슴 아파 차마 발길이 떨어지지 않는 어머니가 문고리를 잡고 통곡하신 곳, 감옥에 가거나 쫓겨 다니는 남편 대신 살림을 하고 두 아이를 키운 아내가 20대 후반 꽃다운 나이를 힘겹게 보낸 곳……

살아생전 어머니의 마지막 모습을 뵌 곳도 중일아파트 모퉁이 길이고, 아내가 경찰에 잡혀가 남편 있는 곳을 대라며 1주일 이상 치도곤을 당한 뒤 귀갓길에 기절한 곳도 중일아파트 앞이다.

녹슨 펜으로 다시 감격의 기사를 쓰다

—한겨레신문 창간

1987년 가을이다. 서울에 있는 권근술 선배(전 한겨레신문 사장)와 통화를 했다. 동아일보에 있을 때 사회부 선배였던 그와는 미국 온 뒤에도 가끔 통화하면서 안부를 묻고 서울 소식을 듣곤 했다. 그는 1975년 동아일보사에서 해직된 후 청람출판사를 운영하며 광화문에 사무실을 냈다. 1977년인가 출판한 《모모》가 크게 성공하여 그 밑천으로 끈질기게 광화문 사무실을 유지했다. 그 사무실은 해직 기자들이 마음 편히 찾아가던 안식처였다.

"서울로 나올 수 있겠어?"

권근술 선배가 물었다.

그 전화를 받은 것은 유일한 물적 토대인 아파트를 처분한 돈도 거의 바닥나고, 박사 학위 논문에 마지막 피치를 올리던 때다. 1년쯤 빨리 학위 논문을 끝낼 수도 있었으련만, 돈을 좀더 벌려고 휴스턴대학 강의 외에 다른 대학에서도 '보따리 장사'를 하며 시간을 많이 빼앗겼다. 그때 나는 휴스턴대학에서 한 달에 800달러(장학금이 100달러 올랐다)를 받는 대가로 미시경제학이나 거시경제학을 한 강좌씩 가르쳤다. 어느 학기에는 돈을 더 받으려고 두 강좌를 가르치기도 했다. 여기에 2년 가까이 커뮤니티칼리지(지방자치단체에서 운영하는 2년제 대학)에서 두 강좌 강의를 했다. 그러다 보니 논문이 뒷전으로 밀렸고 시간은 자꾸 지나갔지만, 서두를 수도 없는 일이었다.

"서울로 나올 수 있겠어?"

"언제 말입니까?"

권근술 선배는 '새 신문'을 준비하고 있다는 얘기와 곧 국민 모금에 들어갈 것이라는 얘기, 정부에서 새 신문 발행 허가를 곧 내줄 것 같다는 얘기 등을 했다. 꿈같은 얘기였다. 다시 기자가 될 수 있다는 꿈을 포기한 지가 언젠데……. 그러나 나는 곧바로 떠날 수 없었다. 박사 학위가 끝나면 어떤 형식이든 새 신문에 적극 참여할 테니, 끝날 때까지 시간이 좀 필요하다고 했다.

1987년 12월 초 한겨레신문 창간을 위한 눈물겨운 이야기들이 담긴 '한겨레신문 소식'이 왔다. 두 쪽으로 된 소식지의 한 면에는 창간 발기인 3344명의 이름이 빼곡했으며, 다른 한쪽에는 창간 사업을 위한 눈물겨운 이야기가 있었다.

한겨레신문은 온 국민을 주인으로 하여 창설되는 새 신문입니다. 3344명의 우리 발기인들은 새 신문이 민주적·민중적 정통성에 기반을 두기 위하여, 권력과 자본에서 독립하기 위하여, 민주적인 경영과 편집을 하기 위하여 반드시 범국민적 참여 아래 창설되어야 한다고 믿습니다. ……우리 사회의 민주와 자주, 갈라진 겨레가 한겨레로 다시 뭉칠 그날을 염원하는 국민 여러분이 저희의 뜻과 계획에 적극 참여해주실 때, 비로소 한겨레신문은 여러분 앞에 그 당당한 모습을 드러낼 수 있을 것입니다.

해가 바뀌어 총선이 끝난 뒤인 1988년 5월 15일, 마침내 한겨레신문이 탄생했다. 창간호를 쥐고 있는 송건호·리영희 선생을 비롯하여 동아투위, 조선투위, 1980년 해직 기자들 등 여러 선배와 동료들의 얼굴이 담긴 사진을 보니 와락 눈물이 쏟아졌다.

"하늘도 무심치 않구나!"

그러면서 저세상으로 떠난 동아투위 선배들의 얼굴이 떠올랐다.

한겨레신문 창간에 즈음하여 서울에서 연락이 왔다. 박사 학위가 끝날 때까지 통신원으로 일해달라는 것이었다. 통신원이든, 무엇이든 내가 할 수 있는 일이라면 못 할 게 없었다. 그 참혹한 유신 독재와 전두환의 포악한 독재의 암흑 속에서 기자가 될 수 있다는 꿈을 포기한 지 오래인데, 다시 펜을 잡다니…….

통신원으로 첫 기사를 보냈다. 1988년 미국 대통령 선거전에 대한 기사였다. 성명서야 숱하게 써보았지만 기사를 다시 써보는 것은 13년 만의 일이다. 요즘 같으면 한두 시간이면 끝날 기사인데, 나는 그 기사를 쓰기 위해 꼬박 하루를 보냈다. 펜이 녹슬었던 것이다. 그러나 참으로 행복했다.

5부
다시 기자가 되다

워싱턴 특파원

—마흔넷에 다시 출발점으로

1989년 6월 2일, 한겨레신문 워싱턴 특파원으로 정식 발령을 받았다. 이에 앞서 5월 25일, 나는 6년 반 동안 노력한 끝에 경제학 박사 학위를 받았다. 그동안 아내는 온갖 궂은일을 하면서 고생했고, 아이들은 아버지와 재미있는 시간을 별로 보내지 못했다. 나는 학위 논문 서문에 다음과 같은 글을 남겼다.

나는 가족에게 말할 수 없이 큰 빚을 지고 있다. 아내 조영화와 두 아들 영빈·웅세는 나의 뒤늦은 공부로 인해 엄청난 '기회비용opportunity cost'을 치러야 했다. 나는 아직도 그들의 '잃어버린 날들'을 어떻게 보상해줄 수 있을지 알지 못한다. 그들의 사랑과 인내, 이해가 없었다면 나는 여기까지 오지 못했을 것이다.

그리고 나에게 어떻게 살아가야 하는지 가르쳐주신 부모님께 뭐라고 고마운 말씀을 드려야 할지 모르겠다. 부모님께서 아들의 이런 성취를 이

세상에서 볼 수 없다는 것이 슬플 따름이다. 나는 이 박사 학위를 부모님과 아내, 두 아들에게 바친다.

한겨레신문 워싱턴 특파원으로 발령을 받은 뒤 바로 서울에 왔다. 동료들과 얼굴을 익히고, 자료도 챙기는 등 워싱턴에 정착할 준비를 하기 위해서다. 당시 한겨레신문은 서울 영등포구 양평동에 있었다. 영등포 공장 지대 한가운데 있는 허름한 2층 임대 사옥이었으나, 그곳에는 새 신문을 향한 동료들의 열정과 사명감이 용암처럼 솟구쳤다.

서울에 두 달 동안 머물렀다. 그 기간 동안 서경원 씨 밀입북 사건이 터졌고, 임수경 씨의 방북도 있었으며, 전교조의 눈물 나는 투쟁도 있었다. 서경원 씨 밀입국 사건이 터지자 광폭한 보안 정국의 회오리바람이 휘몰아쳤다. 그 와중에 한겨레신문 정치부 윤재걸 기자가 서경원 씨의 밀입북 사실을 사전에 알고도 이를 알리지 않았다고 하여, 그를 불고지죄로 잡아들이려 했다. 윤 기자의 취재 수첩을 압수한다며 경찰 병력이 한겨레신문 편집국에 난입한 사건도 있었다.

6·10민주항쟁으로 많은 것을 얻었지만, 아직 한국의 민주화는 요원했다. 박정희–전두환–노태우로 이어지는 군부 정권의 반민주적 속성이 어디 가겠는가?

8월 2일, 신 공안 회오리가 휘몰아치는 서울을 떠났다. 마음은 천근만근이었다. 미국으로 가는 비행기에서 나는 다음과 같은 글을 노트에 남겼다.

좁은 비행기 차창 너머에, 짙은 새털구름 위로 쏟아지는 아침 햇살이 눈부시다.

동쪽으로, 동쪽으로 날아온 대한항공기가 마치 아침 해를 맞으러 밤새 날아온 것 같다.

이 아침 해는 마흔넷의 나에게 또 다른 삶의 아침을 뜻하는 것인가?

온갖 일과 사념이 뒤엉키면서 창 너머 구름 사이로 흩어진다.

지난 15년 세월에 담긴 수많은 사건과 얼굴, 슬픔과 기쁨, 분노와 환희가 때로는 희미하게 빛바랜 흑백사진처럼, 때로는 아주 선명한 천연색 사진이 되어 다가온다.

이 새 아침에 이 찬란한 태양과 생명을 창조한 이에게 드리는 기도는, 치욕과 슬픔으로 뒤덮인 사랑하는 조국을 위해 아주 작은 '사랑의 도구'가 될 수 있도록 힘을 달라는 것이다. 분단과 냉전에 따른 온갖 질곡과 고통을 뛰어넘는 일에 한겨레신문 기자로서 할 수 있는 역사의 몫을 감당해야 한다.

8일간 단식으로 탈진한 전교조 선생님들, 제도 언론의 포악한 폭력에 시달리는 천주교정의구현전국사제단 신부님들, 감옥에 있는 수많은 동지와 선배들의 얼굴과 이름이 내 가슴에 비수로 남아 끊임없이 나를 일깨우게 해야 한다. 늘 깨어 있으라!

한겨레신문 특파원의 첫 일

―통일의 꽃, 임수경의 기도

미국의 수도 워싱턴은 짙은 초록의 덩어리였다. 포토맥 강 남쪽의 버지니아 주와 북쪽의 메릴랜드 주는 온통 숲의 덩어리처럼 보였다. 조그만 언덕 하나 없는 휴스턴과는 딴판이었다.

1989년 8월, 워싱턴에 도착해보니 낯선 도시에서 한가로운 자유로움조차 즐길 여유 없이 한겨레신문을 기다리는 일들이 엄청난 크기로 달려들었다. 때마침 임수경 씨의 방북 사건이 터진데다, 임수경 씨와 고난의 길에 동참하기 위해 북한 땅을 밟은 문규현 신부의 판문점을 통한 귀환이 있었기 때문이다. 신 공안 정권과 제도 언론은 늘 그랬듯이 임수경 씨와 문규현 신부의 북한 방문에 일방적이고 폭력적인 공격과 왜곡을 그치지 않았다.

(2000년 6월 귀국하여 한겨레에 〈워싱턴 11년 비망록〉을 연재했다. 그때 임수경 씨와 문규현 신부의 방북 관련 취재 얘기를 썼더니 젊은 후배들이 의아해했다. 왜 워싱턴에 있는 정연주 선배가 북한에 있는

임수경 씨와 문규현 신부 관련 기사를 취재했느냐는 것이다. 지금 젊은 기자들은 당시의 남북 상황을 잘 이해하지 못하는 듯했다. 남북 관계가 절연되었고, 공안 정국이 휘몰아친 서울에서 북에 있는 임수경 씨와 문규현 신부 관련 기사를 취재한다는 것은 불가능했다. 그러나 워싱턴에서는 당시 평양에서 열린 평양세계청년학생축전에 참석한 재미 동포들, 같은 시기 북한에서 열린 국제평화대행진에 참석한 정기열 목사 등 재미 동포들과 미국의 평화운동가들을 만나 이들을 통한 간접 취재가 가능했다.)

나는 평양에 다녀온 재미 동포들과 미국의 평화운동가들을 광범위하게 만나 임수경 씨가 북한을 방문한 기간 동안 활동 상황을 추적하기 시작했다. 평양축전에 참가한 재미 동포가 찍은 두 시간짜리 비디오테이프, 국제평화대행진에 참석한 임수경 씨가 활동한 모습을 담은 네 시간짜리 비디오테이프, 임수경 씨가 연설한 것을 녹음한 테이프를 모두 보고 들었으며, 그 기간에 북한을 방문한 미국의 평화운동가들, 재미 동포들과 열 시간이 넘는 인터뷰를 했다. 이를 바탕으로 임수경 씨가 북한에서 활동한 상황, 임수경 씨와 문규현 신부가 판문점을 거쳐 귀환한 과정을 다시 엮을 수 있었다.

임수경 씨 방북 사건의 정점은 8월 15일 문규현 신부와 함께 분단 사상 처음으로 판문점을 통해 남쪽으로 귀환하는 것이었다. 임수경 씨와 문규현 신부는 군사분계선을 지나 남쪽으로 넘어옴으로써 분계선이 한낱 '마음에 있는 분계선'일 뿐임을 확인하게 해주었다. 나는 지금도

그 뜨거운 여름의 사건을 기사로 작성하던 때를 잊지 못한다. 그 기사
는 다음과 같이 기록되었다.

……마침내 임수경씨, 문규현 신부, 정기열 목사가 군사분계선 쪽으로
발걸음을 옮겼다. 땅바닥보다 조금 높은 하나의 굵은 선일 뿐인 군사분
계선 위에 임수경 씨와 문규현 신부가 서고, 그보다 조금 북쪽으로 정기
열 목사가 마주 보며 서 있었다. 문규현 신부가 기도를 시작했다. 그때까
지 억제했던 감정이 일시에 터진 듯, 그의 얼굴에는 눈물이 그치지 않고
흘렀으며, 목소리도 한없이 떨렸다.

"하느님 아버지, 당신이 5000년 역사를 통해서 한민족으로 이끌어주신
이 강토건만, 분단의 45년을 서러움으로 지낸 오늘 이 시각, 저희는 이
분단을 넘고자 합니다. 이 비극의 자리, 보고 계시지요? 당신은 우리
7000만 동포의 아픔을 아시지요? 이 아픔을 지나칠 수 없어 우리는 이
장벽을 우리의 작은 몸으로 부수고 싶습니다. 그래서 당신의 사랑과 평
화가 강물처럼 흐르는 오늘이 되기를 바랍니다. 분단 44년 8월, 이 분단
을 어찌해주시렵니까? 누구라도 제 고장, 제 부모를 찾고자 하는 이들이
자유롭게 이 선을 넘나들 수 있는 내일을 살아갈 수 있도록 축복의 땅이
되게 하옵소서. 우리의 앞길은 아무것도 알 수 없습니다. 진정 당신이 계
시기에 우리는 외롭지 않습니다. 단식으로 투쟁하면서도 배고프지 않았
습니다. 그러나 이 민족의 평화와 자유, 통일이 그리웠습니다. 당신이 채
워주실 줄 믿습니다. 용기를 잃지 않고, 아버지, 진정 당신의 뜻대로 살
수 있음을 이 시간 감사드리며 당신께 찬미와 영광을 드립니다……."

임수경 씨는 두 손을 꼭 쥐고 눈을 감은 채 서 있었다. 그의 얼굴에는 하염없이 눈물이 흘렀다.

문 신부의 기도가 끝나자 임수경 씨는 처음에는 흐느끼다, 이내 조용한 목소리로 성 프란체스코의 기도를 드리기 시작했다.

"주여, 나를 당신의 도구로 써주소서

미움이 있는 곳에 사랑을

다툼이 있는 곳에 용서를

분열이 있는 곳에 일치를

절망이 있는 곳에 희망을

어둠에 빛을

슬픔이 있는 곳에 기쁨을 가져오는 자 되게 하소서

위로받기보다는 위로하며

이해받기보다는 이해하며

사랑받기보다는 사랑하게 하여주소서

우리는 줌으로써 받고

용서함으로써 용서받으며

자기를 버리고 죽음으로써

영생을 얻기 때문입니다."

기도를 끝낸 임수경 씨와 문 신부는 가슴에 성호를 그었다. 임수경 씨와 문 신부는 그 자리에 있는 정기열 목사와 작별의 포옹을 나누었다. 정 목사가 "수경아, 장하다!"라고 울먹이며 말했다.

임수경 씨는 저 너머 판문각 앞에 서 있는 북한 학생들을 향해 마지막으로 손을 흔들며 외쳤다.

"다시 만나자, 학우들이여! 우리 함께 통일 조국의 광장에서……."

그리고 임수경 씨와 문규현 신부는 남쪽으로 발걸음을 옮겼다…….

─한겨레신문 1989년 9월 6일자

이 기사를 쓰면서 나는 문 신부와 임수경 씨의 기도 내용을 토씨 하나라도 놓치지 않으려고 애썼다. 그 말을 있는 그대로 전하지 않으면 그들의 기도가 훼손될 것 같아 두 사람의 기도를 담은 테이프를 수없이 들었다. 그들의 기도를 옮기는데 자꾸 눈물이 쏟아졌다.

나의 워싱턴 특파원 생활은 이렇게 한반도 냉전 구조와 분단이 빚어낸 질곡과 비극이 뭉쳐진 사건으로 시작됐다. 그것은 여러 측면에서 매우 상징적인 사건이며, 기자인 나에게는 거의 숙명적인 사건이었다. 냉전 대결을 부추기는 극우 보수가 판을 쳐온 제도 언론에 맞서 한겨레신문이 무엇을 해야 하는지 보여준 중요한 사건이자, 세계가 냉전 구조를 해체하고 새로운 시대로 치닫는 시점에 한반도는 여전히 냉전의 외딴섬으로 남아 그 체제를 더욱 강화하고 있음을 보여주는 사건이기도 했다. 그러기에 우리의 생각과 존재 양식을 압도하고 고정해온 냉전 사고에서 벗어나는 것이 얼마나 절박한지 깨닫게 해주었다. 더욱이 바깥세상은 냉전 시대의 해체로 들어가고 있었다.

한반도와 바깥세상

"이 신세계의 나이는 이제 열 살이다. 1989년 11월 베를린장벽이 무너졌을 때 이 아이는 태어났다. 이 신세계의 막내둥이인 세계화 경제는 아직도 그 후손들을 기다리고 있다."

미국의 메릴린린치가 1998년 10월 미국 주요 신문에 낸 전면광고의 도입 부분이다. 베를린장벽의 붕괴, 사회주의 체제와 냉전 구조의 해체, 세계화 시대의 도래를 축하하는 광고다. 거대 금융자본 메릴린린치가 시장과 투자 기회를 급속도로 확대하는 세계화를 축하하는 것은 당연하다.

세계화는 그렇게 불현듯 다가왔다. 좋은 것인지 나쁜 것인지, 옳은 것인지 그른 것인지 제대로 가릴 겨를도 없이, 선택의 여지도 없이, 여름 소나기처럼 갑자기 우리 곁으로 다가왔다. 국가 간 장벽이 헐리고, 세계가 한 지붕 세 가족처럼 가까워지고, 무한의 정보가 순식간에 광케이블을 타고 전 세계를 휘감고, 거대 금융자본이 괴물처럼 덮쳤다가 휘저어놓고는 순식간에 사라졌다. 그러면서 경제 자체를 온통 뒤흔들었다. 2008년 금융 위기는 금융자본이라는 괴물이 빚어놓은 산사태의 한 모습이다.

처음 워싱턴에 발을 들여놓은 1989년 8월에는 상상조차 할 수 없는 일이었다. 그때부터 11년 동안 세계는 '격동'이라는 말로 도저히 표현할 수 없는 엄청난 변화를 경험했다. 소련이 해체되고, 동유럽의 사회주의경제는 대부분 자본주의경제로 편입됐으며, 기술은 11년 전이 구석기시대처럼 느껴질 정도로 무섭게 변해왔다.

임수경 씨와 문규현 신부의 방북, 그들의 판문점 귀환을 둘러싼 기사에 몰두하던 즈음, 소련과 동유럽 사회주의권에는 엄청난 변화의 물결이 뒤덮이기 시작했다. 세계는 바야흐로 본격적인 냉전 해체의 길을 걷는데, 한반도만 '냉전의 외로운 섬'으로 남아 있었다. 세계는 무섭게 변하고, 저마다 제 나라의 이익을 극대화하기 위해 무한 경쟁을 벌이는데, 한반도의 남과 북은 어리석게도 200만 명이 넘는 군대를 마주한 채 죽음과 낭비의 소모적인 대결을 계속해왔다.

국내의 극우 세력과 수구 언론은 그 어리석은 싸움을 부채질하는 데 여념이 없었으며, 산·군 복합체로 상징되는 미국의 보수 강경 세력은 무기 장사들의 이익을 위한 이데올로기 싸움과 부채질에 제정신이 아니었다. 그런 구조는 내가 워싱턴 특파원으로 일하던 때나, 2000년 6월 귀국하여 한겨레 논설주간을 하던 때나, KBS 사장에서 강제 해임되고 다시 기자가 되어 글을 쓰는 지금이나 달라진 게 별로 없다.

1989년 가을, 45년 동안 지속돼온 냉전 체제가 무너지는 소리가 세계 곳곳에서 들렸다. 동유럽에는 변화의 물결이 거대한 파도처럼 일렁였다. 그해 10월 동독인 7만여 명이 정치 개혁을 요구하며 대규모 시위를 벌였고, 한 달 뒤 베를린장벽이 붕괴했다.

이러한 변화의 한가운데 미하일 고르바초프 소련공산당 서기장이 있었다. 그는 1989년 11월 당 기관지 프라우다에 게재한 〈사회주의 사상과 혁명적 개혁〉이라는 글에서 '인간의 얼굴을 한 사회주의'를 선언했고, 이듬해 7월 28차 소련공산당대회 연설에서 자신들의 체제를 통렬하게 비판한 뒤 근본적 변화를 촉구했다. "스탈린주의적인 사회주의 모델은 지금 자유로운 인간의 시민사회로 대체되며, 정치체제도 급진적으로 개혁되고 있다. 노동자들을 재산과 노동의 결과에서 소외해온 생산 관계가 해체되고, 사회주의 생산자들의 자유로운 경쟁을 위한 조건들도 창조되고 있다."

격변의 시대 주인공인 고르바초프를 처음 취재한 것은 1989년 12월 초 몰타에서 열린 미·소 정상회담 때다. 이탈리아 남쪽에 위치한 지중해의 조그만 섬나라 몰타에서 고르바초프는 '냉전의 끝' '새로운 시대의 시작'이라는 말을 서슴지 않았다. 그는 조심스러운 조지 부시 미국 대통령과 달리 매우 활달한 모습을 보였다. 몰타 취재는 미·소 정상이 냉전 체제의 종말을 공식적으로 선언했다는 역사적 의미에 더해, 특파원으로서 첫 해외 취재라는 개인적 경험에서 잊히지 않는다. 지금도 눈을 감으면 투명한 쪽빛 지중해와 나지막이 엎드리고 있는 조그만 집들이 선명한 사진처럼 되살아난다.

236

베를린장벽 무너지다

―냉전 체제의 붕괴와 새 시대의 탄생

1989년은 세계사가 큰 전환을 보였다. 그해 일어난 여러 가지 일에는 한 시대를 마감하고, 다른 시대의 탄생을 예고하는 징후들이 곳곳에 있었다. 1월 7일에는 일본 제국주의의 상징이던 히로히토 왕이 87세를 일기로 숨졌다. 3월 24일에는 중국 대학생 수만 명이 톈안먼天安門에서 민주주의를 촉구하는 시위를 벌였으며, 5월 중순에 이르자 시위대의 숫자는 100만 명이 넘었다. 그리고 6월 4일 중국군의 발포로 시위 대학생 수천 명이 사망한 '톈안먼사태'가 발생했다.

변화가 가장 구체적이고 격렬하게 나타난 곳은 동유럽이다. 10월에 동독인 7만여 명이 정치 개혁을 요구하며 대규모 시위를 벌였고, 한 달 뒤인 11월 11일 28년간 냉전의 상징과도 같던 베를린장벽이 무너졌다. 이보다 이틀 앞선 11월 9일, 중국에서는 덩샤오핑鄧小平이 지도자 자리에서 물러났다.

베를린장벽의 붕괴는 동유럽 사회주의국가들이 도미노처럼 무너지

는 단초를 제공했다. 11월 30일 체코 의회는 공산주의 지배를 종식시
켰으며, 12월 15일에는 루마니아 국민이 봉기해 공산주의 정권을 넘어
뜨렸고, 열흘 뒤 차우셰스쿠 대통령 부부를 처형하기에 이르렀다. 45년
간 지속된 냉전 체제가 무너지는 소리가 세계 곳곳에서 들려왔다. 거대
한 변화의 소용돌이는 1990년에 들어서도 계속되었다. 1990년 1월 22일
45년 동안 유고슬라비아를 지배해온 공산 정권이 종말을 고했으며, 2월
7일에는 소련공산당의 지배도 막을 내렸다.

대변화의 한가운데 미하일 고르바초프가 있었다. 1931년생인 그는
54세 때인 1985년 공산당 서기장이 되었다. 이오시프 스탈린이 45세에
소련 지도자가 된 이후 최연소다. 그의 전임자들은 한결같이 나이가

고르바초프의 전임자들

니키타 흐루시초프(1894년생)는 64세 때인 1958년 당 서기장이 되어 6년간 재임했고, 그 뒤를
이은 레오니트 브레주네프(1906년생)는 58세 때인 1964년 당 서기장이 되어 76세가 되던
1982년까지 18년간 소련을 이끌었다. 1979년 7월, 지미 카터 미국 대통령과 브레주네프는 빈
에서 제2차 전략무기제한협정SALT II에 서명했다. 이 협정으로 미국과 소련은 대륙간 탄도미
사일의 상한선을 정했다. 1982년 11월 브레주네프가 사망하자 소련 첩보 기관 KGB의 우두머
리를 지낸 유리 안드로포프(1914년생)가 68세에 소련 최고 지도자가 됐다. 그러나 그는 13개월
뒤인 1984년 2월에 사망했다.
그의 뒤를 이어 73세인 콘스탄틴 체르넨코(1911년생)가 당 서기장이 됐다. 체르넨코는 공산당에
서 잔뼈가 굵은 강경파다. 그는 1984년 미국 로스앤젤레스에서 열린 올림픽을 보이콧했다. 이
는 소련의 아프간 침공에 대한 보복으로 미국을 위시한 서방국가들이 1980년 모스크바 올림
픽을 보이콧한 보복이었다. 로스앤젤레스 올림픽에는 루마니아를 제외한 동유럽의 모든 공산
국가들이 불참했다. 그러나 건강이 시원찮던 체르넨코도 13개월밖에 권좌에 머무르지 못했다.
체르넨코가 사망하자 54세인 미하일 고르바초프가 새로운 세대의 지도자로 등장했다. 그의
등장은 소련 지도부의 세대교체를 뜻했다. 그는 낡고 경직된 소련공산당 체제의 비효율성을
누구보다 잘 알았기에, 개방과 개혁을 추진했다. 개방과 개혁은 낡고 폐쇄적인 질서를 허물게
마련이며, 그 거대한 역사의 물결 속에 낡고 폐쇄적이던 소련 체제도 결국 묻히고 말았다.

많았다. 고르바초프는 소련공산당의 경직된 체제로는 견딜 수 없다고 판단, 소련을 현대화하기 위해 '글라스노스트(개방)'와 '페레스트로이카(개혁)'가 불가피하다고 보았다. 그러나 역사가 보여주듯 그가 조심스럽게 물꼬를 튼 개방과 개혁은 감당할 수 없는 홍수가 되어 소련이라는 체제를 삼키고, 냉전 체제까지 쓸어갔다.

고르바초프가 지도자로 등장했을 때 모스크바의 '길거리 예언자들'은 그가 7년밖에 집권하지 못할 것이라고 했다. 그들의 예언은 다분히 묵시록적이었다. 고르바초프 이마에 있는 큰 점이 묵시록에서 예언한 것과 관련 있으며, 고르바초프는 묵시록적 인물이라는 것이다. 이런 말은 과학적 근거가 있는 것은 아니지만, 일반 시민에게 신비스러운 요소로 작용할 수도 있었다. 이마에 있는 큰 점과 그가 취한 '급진적인 조처들'은 당시 소련이나 세계가 처한 상황을 헤아리면 그가 묵시록적 인물이라는 예언이 전혀 틀린 말도 아닌 듯했다.

1987년 6월, 고르바초프는 공산당 중앙위원회의 지지 속에 경제에 대한 정부의 간섭을 늦추는 조처를 취했으며, 1년 뒤에는 공산당 전당대회를 통해 소련 체제를 개혁하는 일련의 조처를 통과시켰다. 이들 가운데는 공산당 중앙당의 권한을 대폭 지방당에 넘기고, 정부와 당 관료들의 임기를 10년으로 제한하는 조처가 포함되었다. 중앙집권적인 권한을 지방으로 분산하고, 정부와 당에 생산성과 경쟁을 도입하려한 것이다.

같은 해 11월, 러시아혁명 70주년에 즈음하여 고르바초프는 "스탈린의 죄는 엄청나게 크고, 용서할 수 없는 것"이라고 신랄하게 비판했다.

고르바초프가 스탈린을 공개적으로 비판한 일은 러시아혁명 이후 소련을 지배해온 공산당의 독점적 지위와 권위, 도덕성에 심대한 타격을 주었다. 신성불가침처럼 여겨지던 인물과 과거사를 적극적으로 비판했으며, 억압 기구들에 대한 비판도 뒤를 이었다. 아르메니아, 리투아니아 등 소련의 공화국들은 모스크바에서 독립할 것을 주장했다.

고르바초프의 개혁과 개방 정책은 보수와 개혁 진영에서 동시에 공격을 받았다. 보수 진영은 개혁과 개방이 지나치게 급진적이라고 비판했으며, 개혁 진영은 개혁과 개방이 신속하게 진행되지 않는다고 비판했다. 그에 대한 평가도 극단적으로 갈린다. '소련의 모든 것을 파괴했다'는 극단이 있는가 하면, '혁명적 사고로 소련의 역사를 바꾼 위대한 인물'이라는 또 다른 극단이 있다. 그가 맡은 역할이 이중적이었기 때문일 것이다. 고르바초프는 한편으로 개방과 개혁을 통해 구체제를 파괴하면서, 다른 한편으로 전체 틀의 체제를 유지하는 이중적이고 모순되는 대과업을 수행해야 했다.

러시아 태생 소설가 타티아나 톨스타야는 당시 고르바초프가 처한 상황을 다음과 같이 묘사했다.

샤머니즘은 항상 러시아 국민성의 중요한 부분을 차지해왔다. 우리가 기침을 하면 주변 사람에게 감염시킨다. 그런데도 우리는 모두 감기에 걸리면 주술이 통하지 않았다며 샤먼에게 돌을 던진다.
고르바초프가 실각했을 때 모든 사람들이 (서로 다른 이유에서) 잘된 일이라고 했다. 보수주의자들은 그가 체제 붕괴의 원인이었다며 그의 실각을 기뻐했다(이들의 주장은 맞는 말이다). 개혁을 주장한 급진론자들도 기뻐했다. 고르바초프가 경제개혁을 추진하는 데 너무 조심스러웠으며, 소련 공화국들의 독립에 방해가 되는 인물이라고 여겼기 때문이다(이들의 주장도 맞는 말이다).

(소련 체제의 개혁을 위해) 대수술이 필요하다고 고르바초프에게 요구했다. 그러나 막상 그가 수술칼을 들려고 하자 분노의 목소리가 터져 나왔다. 그는 피를 보지 않고 암 덩어리를 끄집어내서 고친다는 필리핀의 심령술사가 아니었다.

냉전 해체의 현장에 가다

―지중해 나라 몰타 취재

격변의 시대 한복판에 있던 고르바초프를 직접 취재한 것은 1989년 12월 초 이탈리아 남쪽 지중해의 조그만 섬나라 몰타에서 열린 미·소 정상회담 때다. 몰타 취재에는 워싱턴 주재 한국 특파원들이 거의 다 참가했다. 서울 본사에서 몰타 현지 출장 취재에 소극적인 일부 언론사에는 내가 부추기기도 했다. 서울 데스크에게 "가난한 한겨레신문도 몰타 취재를 보내는데……"라고 얘기하라고 한 것이다. 거대한 변화의 현장에서 직접 취재해야 한다는 게 내 생각이었다. 그래서 두 군데 회사를 제외하고 워싱턴 특파원 전원이 몰타에 취재하러 갔다. 대부분 백악관 출입 기자 전용 특별기에 동승했다.

기자들을 태운 백악관 전용기가 몰타로 서서히 내려앉고 있었다. 비행기 차창 너머로 지중해가 보이고, 그 위에 떠 있는 섬이 시야에 들어왔다. 면적 320제곱킬로미터에 인구 34만의 자그만 섬이지만, 당당한 독립국가다. 장화처럼 생긴 이탈리아의 앞 굽 아래쪽 시칠리아 섬 아래, 아프리카 북부 위쪽에 있는 몰타의 위치는 지정학적으로 매우 중요하다. 그래서 역사적으로 끊임없이 강대국의 침입을 받았다. 한때는 나폴레옹에게 점령당했고, 그 뒤에는 영국군이 프랑스군을 몰아내고 이 땅을 점령했다. 1964년 영국에게서 독립했으나, 1979년까지 영연방 공화국이었다. 몰타는 주변 강대국의 침입과 간섭에 넌더리가 나서 줄곧 중립국으로 남아 있었다.

몰타에 도착해보니 날씨가 잔뜩 흐리고 바람도 심상찮게 불었다. 정상회담이 예정된 날에는 시속 100킬로미터의 강풍과 폭우가 이 조그만 섬을 삼킬 기세로 휘몰아쳤다. 새로운 시대, 새로운 질서의 역사가 오는 것을 한사코 거부하려는 세력이 마지막 안간힘을 쓰는 것 같았다. 얼마나 세차게 부는지, 프레스센터 앞에 세워둔 대형 버스가 크게 흔들렸다.

몰타 정상회담에는 소련 쪽이 더 적극적인 의미를 부여했다. 소련 정부의 대변인 게라시모프는 "45년 동안 유럽을 나토^{북대서양조약기구}와 바르샤바조약기구라는 적대적 집단으로 동결한 얄타협정 체제에서 뛰쳐나와 동서의 대결을 없애고 고르바초프 서기장이 제안한 유럽 공동의 집 건설에 도움을 주는 정치적 결정을 낳는 회담이 되자"며, '얄타에서 몰타로'라는 구호를 내걸기도 했다. 당시 동유럽을 휩쓸던 혁명적 변화와 소련의 적극적인 자세로 몰타 미·소 정상회담의 역사적 의미는 커졌다.

강풍과 폭우로 회담 장소도 바뀌었다. 원래 1차 회담은 소련 순양함 슬라바 호(1만 2000톤급)에서, 2차 회담은 미국 순양함 밸크냅 호에서 열릴 예정이었으나, 강풍과 폭우로 선체가 훨씬 크고 무거운 소련의 호화 여객선 막심 고리키 호(2만 5000톤급)에서 열렸다. 1969년 서독인들이 건조한 막심 고리키 호는 고르바초프와 그의 수행원들이 숙소로 사용하고 있었다.

고리키 호에서 1차 회담을 끝낸 조지 부시 미국 대통령 일행은 오후 2시께 숙소로 사용하던 밸크냅 호로 돌아가 휴식을 취했다. 그런데 세차게 휘몰아치는 폭우와 강풍으로 휴식 시간이 예정 없이 길어졌다. 원래는 오후 5시 30분까지 고리키 호로 돌아가 2차 회담을 하고, 저녁 8시 밸크냅 호에서 부시 대통령이 주최하는 만찬이 예정됐으나 일정이 모두 취소됐다.

고르바초프 일행이 묵는 고리키 호와 부시 대통령 일행이 묵는 밸크냅 호의 거리는 600미터에 지나지 않았다. 오가기 위해서는 거룻배를 타야 하는데, 5미터가 넘는 파도를 몰고 오는 강풍으로 도저히 거룻배를 띄울 형편이 되지 못했다. 오후 6시 30분, 부시 일행이 올 수 없다는 소식을 들은 소련의 정부 대변인 게라시모프는 "미국과 소련의 해군이 이 정도의 바다 조건도 해결하지 못하다니, 실제로 무슨 일이 터지면 어떻게 임무를 수행할 수 있을지 의심스럽다"면서 "그러니 양쪽 모두 해군을 줄여야 한다"고 농담을 던지기도 했다.

2차 정상회담은 강풍이 한결 잦아든 다음 날 오전 고리키 호에서 열렸다. 1, 2차 정상회담은 모두 8시간 동안 계속됐다. 동독과 서독의 통일 등 여러 문제들이 논의됐다. 정상회담이 끝난 뒤 공동 기자회견에서 고르바초프는 '새 역사의 시작' '냉전의 끝'이란 표현을 적극적으로 사용했다. 미·소 정상이 나란히 앉아 공동 기자회견을 한 것도 이때가 처음이다.

고르바초프는 "세계는 냉전 시대를 떠나 이제 새로운 시대로 들어가고 있다. 지금이 그 시작이다. 우리는 평화의 시대에 이르는 머나먼 길의 시작에 있다"고 선언했다. 조지 부시 대통령도 새로운 시대의 개막을 적극적으로 평가했다. "소련의 개혁과 더불어 이제 우리는 미·소 관계에서 전혀 새로운 시대의 문턱에 있다. 유럽의 분단을 극복하고 그곳의 군사적 대결을 끝내는 일에 우리가 각자 기여할 수 있는 일이 바로 저만큼 손에 잡힐 곳에 있다."

게라시모프 대변인은 개인적인 견해임을 전제로 "냉전은 (2차 정상회담이 끝난 시각인 1989년 12월 3일) 낮 12시 45분을 기해 공식적으로 끝났다"고 선언하기도 했다. 역사는 새로운 시대를 향해 질주하고 있었다. 몰타의 폭우와 강풍은 새로운 역사의 큰 변화를 알려준 징후였는지도 모른다.

특별하지 않은 '백악관 전용 특별기'

백악관 전용 특별기에 동승하는 것을 무슨 벼슬이라도 하는 것처럼 과대포장한 일이 과거에 더러 있었다. 그러나 사실은 별게 아니다. 워싱턴에서 활동하는 기자 신분만 확인되면 전용기 탑승에는 아무런 문제가 없다. 백악관 쪽은 오히려 더 많은 기자들이 전용기에 탑승하기를 원한다. 전체 비용에서 이용자 숫자대로 나눠 분담하기 때문에 많은 기자가 이용하면 한 사람이 부담하는 비용이 그만큼 줄어든다. 백악관 전용기는 미국 대통령의 일정에 따라 움직이기 때문에 불편한 점도 많다. 몰타 미·소 정상회담이 끝난 뒤 조지 부시 미국 대통령은 벨기에 브뤼셀의 나토 본부에 들렀는데, 한국 특파원들은 별 소득도 없는 이 추가 여행을 하지 않을 수 없었다. 그러다 보니 비용도 개별적으로 취재하러 가는 것보다 많이 들었다.
백악관 전용기를 이용하기 위해서는 백악관 여행담당과에 취재 신청을 해야 한다. 워싱턴에서 취재하고 있다는 기자 신분증과 신청서를 보내면 된다. 절차가 그리 복잡하지 않다. 워싱턴에서 기자 신분을 확인해주는 '기자증press credential'은 의회 출입증이 가장 보편적이다.

미국 의회 출입증을 발급해주는 곳은 '상원 기자실senate gallery'이다. 기자실을 '회랑gallery'이라고 표현하는 이유는 아마도 그 위치 때문인 것으로 보인다. '갤러리'는 미술 작품 진열실화랑을 뜻하기도 하지만, 좁고 긴 복도, 특히 극장 맨 위층의 보통 관람석회랑을 뜻하기도 한다.

상원 본회의장 맨 위층인 3층에는 기자들이 들어가서 취재할 수 있는 회랑이 있다. 그 회랑 바깥쪽에 기자실이 있고, 기자실을 관리하는 사무실이 있다. 기자실이나 사무실은 초라할 정도로 자그마하다. 책상이 여러 개 놓였는데 일찍 의회 기자실을 선점한 미국 언론사의 기자들이 책상을 하나씩 차지하고 있을 뿐, 이게 세계 최강 미국의 의회 기자실인가 싶을 정도로 규모가 작다. 장소가 워낙 협소해 그곳에 책상이 있는 언론사도 얼마 되지 않는다.

상원 기자실에는 기자실 운영을 맡은 상임위원회가 있다. 이 위원회는 현직 기자들이 운영하며, 상임위의 최고 책임자인 사무총장은 의회 출입증이 있는 기자들이 투표로 선출한다. 2년마다 선거가 있는데, 선거 때문 사무총장에 출마한 미국 기자들에게서 한 표 부탁한다는 편지가 꼬박꼬박 왔다.

상원 기자실 상임위원회에서 1년간 유효한 의회 출입증을 발급해준다. 외국에서 온 특파원들은 출입증 발급 신청서, 본사에서 특파했다는 것을 증명하는 편집국장의 편지, 대사관에서 기자의 신분을 확인해주는 편지를 상원 기자실 상임위원회에 보낸다. 그러면 얼마 뒤 의회 출입증 발급을 알려주는 통지가 온다. 한번 발급받으면 해마다 갱신 절차만 밟는다.

의회 출입증 하나만 있어도 워싱턴에서 기자 활동을 하는 데 별 불편이 없다. 백악관, 국무부, 국방부 등 어느 부서라도 브리핑에 참석할 필요가 있으면 건물 입구에서 의회 출입증으로 신분을 확인한 뒤 임시 출입증을 발부받아 들어갈 수 있다. 매번 임시 출입증을 발부받는 게 불편하면 정식 출입증을 받을 수 있다.

그러나 정식 출입증을 받으려면 백악관, 국무부, 국방부 등의 브리핑에 매번 참석하는 불편을 감수해야 한다. 특히 1980년대 후반부터 중동 지역에서 미국 대사관에 테러한 뒤 미국 정부 건물의 보안이 엄격해졌으며, 정식 출입증을 받으려면 그 부서를 전담한 기자라는 것을 확인받을 필요가 있었다. 그 방법이 브리핑이 있을 때마다 참석하는 일이다. 일정 기간 동안 출석률이 좋아야 정식 출입증이 나온다. 그런데 브리핑이 있을 때마다 출석한다는 게 말처럼 쉽지 않다. 특히 서울과 워싱턴의 시차 때문에 조간신문 특파원들은 보통 새벽 1, 2시가 지나 잠자리에 들다 보니 아침에 일어나서 오전 일을 챙기고 브리핑에 간다는 게 쉬운 일이 아니다. 그리고 브리핑 전문이 그날 입수되기 때문에 꼭 현장에 가지 않더라도 내용을 챙길 수 있다.

어쨌거나 미국 국무부 등 관공서의 브리핑실에 들어가 질문하고 답을 듣는 데는 기자라는 신분을 증명하는 신분증 하나면 된다. 백악관 브리핑실도 마찬가지다. 기자 신분을 증명해주는 신분증만 있으면 일정한 절차를 밟아 브리핑실에 들어갈 수 있고, 거기서 질문하고 답을 들을 수 있다. 그만큼 개방적이다.

246

"소련은 한국과 친구가 될 것"

—몰타에서 만난 소련의 관리들

몰타 미·소 정상회담에서 나는 한·소 관계의 미래와 관련하여 매우 흥미 있는 인터뷰를 했다. 고르바초프를 수행한 소련의 미국통 게오르기 아르바토프 미국·캐나다연구소 소장(소련 과학아카데미 산하)은 고르바초프 서기장의 고위 외교정책 보좌관이며, 미국의 TV 시사 토론 프로그램에 소련을 대표하는 단골손님이었다. 프레스센터 한쪽에 마련된 소련 프레스룸에 들렀다가 우연히 그와 마주쳤다. 나는 한국과 소련의 공식적인 외교 관계가 없는데, 앞으로 어떻게 될지 물었다. 그는 질문에 대한 답을 미리 준비라도 한 듯 속사포처럼 대답했다.

"세계는 아주 빠르고 깊게 변하고 있다. 소련과 한국 사이에 외교 관계가 없다는 사실은 냉전 시대 유물의 한 부분이다. 이런 유물은 냉전이 끝나는 이 시점에 청산돼야 한다."

인터뷰한 날이 1989년 12월 3일이다. 소련은 여전히 적성국이던 당시, 고르바초프의 외교정책 담당 고위 보좌관의 입에서 이런 말이 나왔다는 것은 놀라운 일이었다. 이 말은 소련이 얼마나 변하고 있는지, 한국을 어떻게 보는지 그 속내를 잘 드러냈다. 한국과 소련 사이에 공식 외교 관계가 없다는 것을 냉전의 유물로 보며, 이제는 그 유물을 청산할 때가 됐다는 말은 한국과 소련이 수교하지 못할 이유가 없다는 뜻이다. 그의 말은 이듬해 현실이 되었다. 1990년 9월, 한국과 소련이 수교한 것이다.

한국과 소련이 수교하기 석 달 전인 1990년 6월 워싱턴에서 미·소 정상회담이 열렸는데, 그때 소련 대표단 숙소에서 아르바토프 소장을 다시 만났다. 그날은 마침 노태우 대통령과 고르바초프 대통령이 6월 4일 샌프란시스코에서 한·소 정상회담을 할 것이라는 뉴스가 전해졌다. 그는 이 뉴스를 듣자 "오랫동안 바라던 일이 성사되어 무척 만족스럽다. 나는 이 일을 위해 노력해왔다"며 "소련과 한국 두 나라의 이익을 위해 아주 바람직한 일이다. 그동안 소련 지도부에 나의 이런 견해를 밝혀왔다"고 말했다.

그는 샌프란시스코에서 열릴 노태우 대통령과 고르바초프 대통령의 정상회담이 두 나라의 국교 정상화를 위한 분수령이 될 것으로 내다보았다. 그리고 이듬해 고르바초프 대통령이 일본 방문을 전후하여 한국을 방문할 가능성도 있다고 말했다. 나는 그에게 한국과 소련의 수교가 한반도 분단을 영구화하는 것이기 때문에 반대한다는 북한의 의견을 어떻게 생각하느냐고 물었다. 그는 "그것이 북한의 일관된 입장이라는 것을 안다"며 "그러나 세계는 크게 변했다. 북한도 이해하리라 믿는다"고 말했다.

그는 한·소 수교가 기정사실인 것처럼 확신에 차서 말했다. 하긴 한국과 소련의 정상이 만나는 마당에 수교야 시간문제 아니겠는가. 나는 그에게 사회주의와 소련의 앞날에 대해서도 물었다. 소련이 해체되기 전과 동구권 사회주의국가들이 무너지던 당시, 급박하게 전개되는 상황을 소련의 지식인이 어떻게 생각하는지 알고 싶었다. 그와 나 사이에 다음과 같은 대화가 오갔다.

정 연 주   최근 미국 언론들은 소련 내의 여러 어려움으로 과연 고르바초프 대통령이 1년을 더 견딜 수 있을까 하는 의문을 강하게 제기한다.

아르바토프   걱정할 필요 없다. 그는 여전히 강력한 위치에 있다.

정 연 주   시장경제를 받아들이면서 공산주의를 유지하는 데 모순은 없는가?

아르바토프   그렇지 않다고 생각한다. 하나의 모델로 시작했다가 그 모델을 사회의 이익에 따라 바꿀 수도 있다.

정 연 주   페레스트로이카가 사회주의 해체를 가져오지 않았는가?

아르바토프   해체가 아니라 새로운 사회주의를 찾는 것, 진정한 사회주의를 만드는 것이라고 생각한다. 사회주의 이념을 간직하면서 시장경제를 도입하는 모델을 발전시켜 예컨대 '국가자본주의'랄까, 그런 모델로 갈 수 있다고 본다.

정 연 주   보리스 옐친이 러시아 공화국 대통령으로 당선됐다. 그의 당선이 고르바초프 대통령에게 커다란 부담이 되지 않겠는가?

아르바토프   보리스 옐친에게 행운이 있기를 빈다. 그는 정치적으로 시련을
　　　　　　겪었다. 물론 고르바초프 대통령과 그의 관계가 처음부터 원활
　　　　　　하리라고는 생각지 않는다. 그러나 소련이 처한 어려운 상황을
　　　　　　생각한다면 서로 협력할 것으로 확신한다.

이렇게 말하면서도 소련의 장래에 대한 불안이 그의 어두운 표정에
담겨 있었다. 그리고 사회주의와 시장경제를 묶어보려는 시도를 '국가
자본주의'라고 하는 대답에서 그가 일생 동안 믿어온 사회주의 모델이
실패한 데 따른 혼란과 불안, 두려움을 느낄 수 있었다.

나는 소련 최고회의 언론 담당 서기장(대변인) 아르카디 마슬렌니코
프와도 인터뷰했다. 24년 동안 소련공산당 기관지 프라우다의 기자로
일한 그는 같은 기자 출신이라며 따뜻하게 대해주었다. 그는 기자 생
활을 하다가 정부 쪽으로 옮긴 자신의 처지를 "도둑이 간수가 된 셈"이
라며 크게 웃었다. 정보를 캐내야 하는 '도둑'에서 정보의 유출을 막는
'간수' 신세가 됐다는 것이다.

마슬렌니코프 서기장이 보는 사회주의의 장래는 어떤 모습인지 궁
금했다. 개혁의 물결이 혁명처럼 이는 동유럽 사회주의는 마침내 붕괴
하고 있는데, 이에 대해 어떻게 생각하느냐고 물어보았다.

"그 지역 나라들에서 극적인 변화가 일어나고 있다는 사실은 부인하
지 않는다. 변화는 모두 같은 방향이다. 더 민주적이고, 더 개방적이
며, 국민에게 더 많은 자유를 주는 것이다."

그는 극적인 변화를 인정하고, 그 변화를 지지하면서도 "우리는 사

회주의가 붕괴하는 것이 아니라, 사회주의를 현대화하고 다시 활력을 불어넣는 것으로 본다. 개혁의 물결이 좀더 일찍 일어났다면 지금보다 질서 있는 변화를 이룩할 수 있었을 것이다"라고 말했다. 자신이 일생을 바쳐 매달려온 신념 체계가 무너지는 현실을 직시하면서도, 다른 한편으로 그 신념 체계의 개선에 대한 희망을 버리지 않는 사회주의 지식인의 안타깝고 슬픈 고뇌를 읽을 수 있었다.

털털한 이웃집 아저씨 같던 아르바토프 소장과 같은 신문쟁이 출신이라며 따뜻한 정감을 보여주던 마슬렌니코프 서기장이 격동의 시절을 보내고 지금은 어디서 무얼 하는지 참으로 궁금하다.

미래와 소련의 장래에 대한 그들의 불안과 두려움은 얼마 뒤 현실로 나타났다. 아르바토프 소장과 워싱턴에서 만난 지 두 달 반쯤 뒤인 8월 18일, 소련 내 강경파는 고르바초프를 축출하기 위한 쿠데타를 일으켰다. 고르바초프는 첫 자유선거에서 러시아 공화국 대통령으로 당선되어 7월 10일 취임한 보리스 옐친 대통령의 도움으로 쿠데타에서 살아남았다. 그는 당 서기장 자리에서 사임했으며, 이를 계기로 소련공산당은 급격히 추락했다. 얼마 뒤 발트 해안의 리투아니아, 에스토니아, 라트비아가 독립을 선언했다. 소련 연방이 급격히 해체되기 시작했다. 그해 12월 25일 고르바초프가 소련 대통령에서 사임하자, 소련 연방의 각 나라들이 잇따라 독립을 선언했다. 소련이라는 거대한 실험체가 마침내 해체된 것이다.

북한 핵의 미스터리를 벗긴다

—북한 핵 문제로 밤낮을 보낸 워싱턴 특파원 생활

'북한 핵 문제가 없었다면 워싱턴 특파원 생활이 어떠했을까?' 종종 그런 생각을 했다. 나뿐만 아니다. 북한 핵 위기가 고조된 1990년대 초·중반을 워싱턴에서 보낸 한국 특파원은 대부분 북한 핵 문제로 날이 새고 질 정도로 그 문제에 매달렸다. 미국이 북한 핵 문제 처리를 주도했으며, 워싱턴에서 북한 핵 관련 뉴스들이 많이 터져 나왔기 때문이다.

북한 핵 문제는 '인기 없는 기삿거리'다. 주요 기사로 나가기는 해도 전문가나 관련 공무원이라면 모를까, 일반 독자는 별로 읽지 않는 '재미없는 기사'다. 핵확산금지조약이니, 특별 사찰이니 기술적인 문제까지 끼어들어 재미가 없는데다, 매일 그게 그것 같은 내용들이 반복됐다. TV 뉴스에 북한 핵 관련 내용이 나오면 시청자들이 아예 채널을 돌려 시청률이 뚝 떨어진다는 얘기도 들렸다. 그러나 기사를 재미만 가지고 쓸 수는 없는 노릇이다.

북한 핵 문제는 1989년 초 한국과 외국 언론에 본격적으로 등장하기 시작했다. 북한이 핵무기 생산에 필요한 핵 물질 플루토늄을 추출할 수 있는 핵 재처리 시설을 영변에 건설 중이며, 이 공장에서 5년 뒤면 2차 세계대전 때 일본 히로시마에 투하된 규모의 원폭을 7~8개 정도 해마다 생산할 수 있는 핵 물질을 생산한다는 것이었다.

이때부터 북한의 핵 능력에 대한 추정은 춤을 추었다. 1989년 10월에 북한은 핵무기 13~33개를 제조할 수 있는 핵 물질을 이미 보유한 것으로 추정된다는 한국 정보부 관리의 말을 인용한 보도가 있었는가 하면, 1990년 6월에는 북한이 동독과 루마니아의 전 정권에게서 농축 우라늄과 전문가들의 지원을 받아 6개월 내에 핵무기를 제조할 수 있을 것으로 보인다는 보도도 있었다.

북한의 핵 능력은 핵 개발에 직접 관계해온 북한 내 권력 핵심부와 기술자들 외에는 정확한 실상을 알 길이 없어 추측이 난무했다. 바깥에 알려진 북한의 핵 능력에 대한 추정은 거의 첩보 위성에서 찍은 사진을 비롯한 미국의 정보에 따른 것이었다.

북한이 1960년대 초부터 핵 개발에 강한 의욕을 보인 것은 사실이다. 남한에 있는 미군의 핵 위협이 주원인이라고 보는 전문가들이 많다. 1963년 북한은 소련에 핵 개발 지원을 요청했고, 이듬해 영변에 핵 연구소를 설립했다. 1965년 소련이 북한에 소형 실험용 원자로를 제공한 것이 북한 핵 개발의 첫걸음마다.

북한은 여기서 익힌 기술에 힘입어 1979년 영변에 5메가와트 원자로를 건설하기 시작했다. 박정희 전 대통령이 강하게 추진한 남한의 핵 개발 시도가 북한 핵 개발을 촉진한 것으로 보는 전문가들도 적지 않다. 5메가와트 원자로는 1986년 1월부터 가동했다. 흑연 감속로인 이 원자로의 원료는 북한에서 풍부하게 생산되는 우라늄이다. 이 원자로에서 다 타버린 연료봉(폐연료봉)을 재처리해 핵무기를 제조하는 원료인 플루토늄을 추출한다.

1988년 미국의 첩보 위성은 5메가와트 원자로 인근 지역에서 대규모 공장이 건설 중인 것을 포착했다. 이 공장이 폐연료봉 재처리 시설로 밝혀졌다. 북한은 5메가와트 원자로에서 폐연료봉만 있으면 핵무기 제조에 필요한 플루토늄을 추출할 수 있는 핵 시설을 건설하는 단계까지 이르렀다.

그리고 5메가와트 원자로가 1989년 봄 71일 동안, 1990년 30일 동안, 1991년에 50일 동안 가동을 멈췄다. 미국 정보기관은 이때 북한이 원자로에서 폐연료봉을 끄집어내 재처리 시설로 옮긴 다음 플루토늄을 추출했을 것으로 보고 있다.

이 단계에서 두 가지 핵심적인 문제가 제기된다. 첫째는 북한이 플루토늄을 얼마나 추출하여 보유하고 있는가, 둘째는 북한이 과연 이 플루토늄으로 핵무기를 제조할 기술이 있는가 하는 점이다. 이 질문에 대한 답 역시 정보의 내용, 정치적 견해 등에 따라 천차만별이다.

우선 북한이 보유한 플루토늄의 규모다. "북한이 핵무기 13~33개를 제조할 수 있는 핵 물질을 보유한 것으로 추정된다"고 본 한국 정보부 관리의 말이 사실이라면, 히로시마에 투하된 수준의 핵무기를 만들기 위해 필요한 플루토늄 양을 7~8킬로그램으로 볼 때 북한은 플루토늄을 무려 100~250킬로그램 추출했다는 얘기다. 이 정도 플루토늄을 생산하기 위해서는 엄청난 폐연료봉이 필요한데, 북한의 5메가와트 원자로는 불가능하다. 그래서 이런 주장은 미국 정보기관부터 무시한다.

그렇다면 미국 정보기관은 당시 북한의 핵 능력을 어느 정도로 보았을까. 1993년 2월 미국중앙정보국CIA 로버트 게이츠 국장은 하원 청문회에 나와 "북한이 핵무기 한 개를 만들기에 충분한 플루토늄을 생산했을 실질적인 가능성이 있다"고 밝혔다. 그런가 하면 북·미 고위급 회담의 미국 쪽 수석대표였던 로버트 갈루치 핵 전담 대사는 1995년 10월 하버드대학에서 열린 모임에서 "북한은 단 한 번 (플루토늄을) 8그램 분리했다고 주장했다. 그러나 미국이 분석한 결과 적어도 8킬로그램인 것으로 나타났다"고 밝혔다.

북한이 어느 정도의 플루토늄을 생산했는지는 특별 사찰을 포함해 완전한 사찰을 진행해야 알 수 있다. 1994년 북·미 제네바 기본합의는 "경수로 건설이 충분할 정도로 진전됐을 때, 그러나 핵심 부품이 전달되기 전에 북한이 특별 사찰을 받기로" 합의했다. 따라서 그때까지는 북한이 플루토늄을 얼마나 보유하고 있는지 정확하게 알 길이 없었다. 전문가들은 대부분 미국 정부의 추정치에 동의했다.

그렇다면 북한은 1990년대 초 이 플루토늄으로 과연 핵폭탄을 제조했을까 하는 핵심적인 의문이 남는다. 이 문제에 대한 답도 천차만별이었다. 미국 정부 내 강경파와 온건파 사이에도 견해차가 심각했다. 1992년 2월 하원 청문회에서 게이츠 국장은 "북한이 수개월에서 2년 안에 핵무기를 보유할 것"이라고 말했다. 그런가 하면 "북한이 핵무기 한 개를 보유했을 가능성이 50퍼센트 이상"이라는 보고서도 있었다. 그러나 이런 정보기관의 지적에 온건파인 미국 국무부의 정보분석국은 전혀 다른 태도를 보였다. 정보기관이 '구체적 증거'에 바탕을 둔 게 아니라 플루토늄 추출 추정치와 핵무기 개발 속도에 대한 추정에 근거해 '최악의 경우'를 상정했다고 비판했다.

이런 상황이었기에 1994년 7월 남한에 망명한 강성산 전 북한 총리의 사위로 알려진 강명도 씨가 "북한이 핵무기 다섯 개를 보유하고 있다"고 주장하자, 북한 핵 문제 전문가들은 고개를 저었다. 한 개라면 수긍했을 텐데, 다섯 개라고 하는 바람에 신뢰성을 잃었다는 게 일반적인 평가다. 미국 국무부도 정례 브리핑에서 "우리가 수집한 정보와는 한참 거리가 멀다"고 정면으로 부인했고, 미국 언론들은 "한국 정보기관이 망명자들의 출연을 정기적으로 총지휘하고 있다"고 꼬집었다. 그리고 김일성 조문 파동 뒤 대북 강경론을 불러일으킨 한국 내 강경파가 북·미 고위급 회담의 순조로운 진행에 재를 뿌리기 위한 음모로 받아들였다. 뉴욕타임스는 강명도 씨의 주장이 사실이든 아니든 한국 정부가 3차 북·미 고위급 회담을 앞둔 민감한 시점에 두 달 전에 망명한 강씨를 공개 기자회견에 출연시킨 동기에 깊은 우려를 나타냈다.

북한의 핵무기 제조 능력과 관련해 매우 흥미 있는 두 가지 주장이 있었다. 하나는 북한 핵 문제가 불거졌을 당시 과학기술처 장관을 지낸 정근모 씨의 주장이고, 다른 하나는 1993년에 나온 러시아 정보부의 보고서다. 정근모 장관은 1990년 가을 워싱턴을 방문했을 때 "북한의 핵물리학 수준으로 핵무기를 제조할 수 없다"고 불가론을 폈다. 그는 그해 6월 한겨레신문과 인터뷰할 때도 "핵무기는 고도의 핵 설계 능력, 정교한 플루토늄 취급과 안전 조처 기술이 필요하다"며 북한의 핵 능력에 강한 회의감을 보였다.

1993년 미국 의회 청문회에서 배포된 러시아 정보기관의 보고서는 더 구체적이다. 이 보고서는 북한의 핵 개발 노력을 자세히 밝힌 뒤 "북한이 자체적으로 핵무기를 제조하는 기술에 '돌파구'를 마련했다는 널리 알려진 평가는 심각한 오해를 불러일으킨다"고 지적했다. 이 보고서는 핵무기 제조에는 '핵 원료 확보-과학적 실험-핵융합 물질 생산-기폭 장치 개발-기폭 장치 실험-핵무기 운반 장치 개발' 등 6단계가 필요한데, 북한은 핵융합 물질인 플루토늄 생산 단계에서 심각한 기술적 장애에 부딪혔다고 밝혔다. 그러니까 핵무기 제조의 핵심 단계인 기폭 장치 개발과 실험에는 이르지 못했다는 지적이다.

북한이 기폭 장치를 개발하고 실험한 것은 이보다 한참 뒤인 2006년 10월 9일 1차 핵실험 때다. 북한은 3년 뒤인 2009년 5월 25일 2차 핵실험을 단행했다. 2차 핵실험은 1차 때보다 폭발력이 훨씬 큰 것으로 평가되었다. 일부 전문가들은 2차 핵실험 때 폭발력이 거의 8배나 큰 것으로 추정하기도 했다.

이로 미뤄보면 1993년 북한 핵 위기가 한창 고조되었을 당시 북한의 핵 능력에 대한 평가는 대부분 과장된 것이고, 러시아 정보기관의 보고서가 그래도 정확했던 것으로 보인다. 어쨌거나 1990년대 초·중반에는 북한의 핵 개발을 둘러싸고 온갖 추측이 난무했다. 많은 경우 한국과 미국 내 강경파는 정치적 목적을 위해 이를 과장해왔으며, 이를 근거로 대북 강경론을 주장했다.

1993년 뉴욕에 있는 평화 단체 '화해모임'의 평화·군축 담당자 데이비드 실링이 회원들에게 보낸 편지는 많은 뜻이 담겨 있다.

"새로운 적이 필요한 미국 국방부가 북한을 새로운 적으로 내세우려 하고 있다. 위기가 조작되고 전쟁 얘기가 조장되는 한 평화적으로 해결할 기회는 멀어지고 만다."

이 편지가 전하는 메시지는 지금도 유효하다.

새벽잠 깨운 전화 "김일성 주석 사망"

―제네바북·미 고위급 회담 취재 중 서울에서 온소식

1994년 7월 9일 새벽 5시(제네바 현지 시각), 조금 전 잠이 들었는데 호텔 객실의 전화벨이 요란하게 울렸다. 수화기를 들었다.

"정 선배예요? 서울 국제부입니다."

"왜?"

조금 전 잠든 나의 목소리에는 짜증과 화가 잔뜩 묻어 있었다. 전날 스위스 제네바에서 북한의 강석주 수석대표와 미국의 로버트 갈루치 수석대표 사이에 3차 북·미 고위급 첫날 회담이 있었다. 우여곡절 끝에 거의 1년 만에 열린 고위급 회담인데다, 첫날 분위기가 좋아서 송고할 기사가 많았다. 새벽 4시까지 다섯 꼭지를 써서 서울로 송고한 뒤 한 시간 전에 잠자리에 든 것이다.

제네바에서 북·미 고위급 회담이 열리기 전 1년 동안 북한의 핵 문제는 꼬일 대로 꼬여, 한반도에 전쟁 재발 얘기가 나올 정도로 북한 핵을 둘러싼 위기가 확대되었다. 미국은 유엔을 통한 대북 경제제재를 준비했고, 북한은 이를 군사적 도발로 간주하고 즉시 대응할 것이라 했으며, 미국은 한반도에 긴급 군사력 증강을 검토하고 있었다. 지미 카터 전 미국 대통령이 1993년 6월 북한을 직접 방문, 김일성 주석과 만나 중재하지 않았다면 한반도의 운명이 어떻게 됐을지 모를 위험한 순간들이 많았다.

그런 상황에서 열린 고위급 회담인데다 첫날 회담 결과로 보아 북·미 사이에 뭔가 이뤄질 것 같은 분위기여서, 새벽 4시까지 기사를 쓰느라 녹초가 됐다. 게다가 이틀 전 워싱턴에서 제네바까지 비행기 여행을 했고, 전날에는 로버트 갈루치 미국 수석대표의 브리핑 취재 등 일이 많아서 몸이 말 그대로 파김치가 되었다. 국제부의 후배는 내 목소리가 워낙 퉁명스러워서 그런지 잠시 머뭇거리다가 말했다.

"김일성 북한 주석이 사망했습니다."

그다음 내가 한 말은 지금 생각해도 낯이 뜨거워진다. 인간이 얼마나 자기중심적이며, 때로는 얼마나 얼토당토않은지 그때 절감했다.

"그래서?"

후배는 한동안 말을 잇지 못했다. 그는 당연히 북한 대표단이 와 있는 제네바 쪽 분위기를 비롯해 내가 이쪽에서 취재할 수 있는 것이 무엇인지 알고 싶었을 테고, 한 시간 전에 보낸 기사도 손질해야 하고, 새로 써야 할 기사도 있을 거라는 점을 얘기하고 싶었을 것이다. 무엇보다 이게 보통 뉴스인가. 그런데 나는 "이 꼭두새벽에 어쩌란 말인가"라고 퉁명스럽게 내뱉은 뒤 "알았다"며 전화를 끊었다.

그러고 나서 정신이 번쩍 들었다. 보통 일이 아니었다. 바로 서울 국제부에 전화를 했다. 좀 전에 어느 후배와 통화했는지도 생각나지 않았다. 보낸 기사 가운데 고칠 것은 고치고, 이쪽에서 취재할 게 있으면 기사를 보내겠다고 했다. 그리고 꼭두새벽에 제네바 주재 북한 대표부에 전화를 걸었다. 처음 전화했을 때는 아무도 받지 않았다. 조금 뒤 어느 사람이 전화를 받기에 나는 최대한 공손한 목소리로 말했다.

"이른 새벽에 전화해서 대단히 미안합니다. 그런데 서울에서 김일성 주석이 사망했다는……"

말이 끝나기도 전에 저쪽에서 욕설이 튀어나왔다. 그는 다른 기자들에게서 전화를 몇 번 받았고, 김일성 주석의 사망 소식을 아직 모르는 것 같았다. 그런 상태에서 김 주석이 사망했다는 말을, 그것도 꼭두새벽에 들었으니 욕설이 나올 수밖에 없었을 것이다. 그는 욕설을 퍼부은 뒤 전화를 끊었다.

나는 그때부터 기사를 새로 쓰고, 고칠 것은 고치느라 한동안 시간을 보냈다. 기사를 마무리한 뒤 북한 대표부에 다시 전화를 걸었다. 이번에 전화를 받은 사람의 목소리는 바윗덩어리처럼 무겁게 가라앉았다. 김 주석의 사망 소식을 알고 있음이 분명했다. 날이 밝으면 다시 전화하라고 공손하게 대답했다.

날이 밝았다. 북한 대표부에 전화했더니 "오늘 예정된 회담은 열지 못한다. 언제 다시 열릴지 명백한 답을 줄 수 없다"고 말했다. 이날 로버트 갈루치 미국 수석대표는 북한 대표부를 찾아가 그곳에 마련된 분향소에서 애도의 뜻을 전했다. 그리고 서방선진7개국G7 정상회의에 참석하기 위해 이탈리아 나폴리에 체류 중이던 빌 클린턴 미국 대통령은 성명을 통해 "미국 국민을 대신해 북한 국민에게 심심한 조의를 표한다. 우리는 김일성 북한 주석이 미국과 다시 회담을 열도록 지도력을 보여준 데 감사한다"고 밝혔다.

클린턴 대통령과 갈루치 북·미 고위급 회담 수석대표가 직접 조의를 표한 미국의 태도는 한국의 분위기와 매우 대조적이었다. 김일성 주석 사망 뒤 열린 국회 외무통일위에서 이부영 민주당 의원이 조문단 파견 용의를 물었는데, 이를 두고 수구 언론과 보수 집단이 색깔론을 펴면서 집중타를 가해 이른바 '조문 파동'이 일어났다. 그리고 김일성 주석과 남북 정상회담까지 열기로 했던 김영삼 정권은 조문 의지를 밝힌 일부 인사들을 탄압하는 등 대북 강경 노선으로 돌아섰다. 북한은 이런 김영삼 정권의 자세를 두고두고 격렬하게 비판했다.

김일성 북한 주석의 사망 소식이 미국에 전해진 것은 미국 현지 시각으로 밤 11시께다. 미국 국무부에는 바로 긴급 상황실이 설치되었고, 이곳에서 한국과 북한이 속한 동아시아·태평양 담당국을 중심으로 상황 파악과 사후 대책 논의가 긴박하게 진행됐다. 백악관 국가안보회의, CIA, 국방부, 주한 미국 대사관 등 유관 기관들과 정보를 교환하고 대응책을 긴급 논의했다. 그 결과 나온 것이 빌 클린턴 대통령이 애도 성명을 발표하고, 로버트 갈루치 미국 수석대표가 북한 대표부를 직접 찾아가 애도의 뜻을 전달하는 것이었다. 당시 국무부에서 이 일에 직접 참여한 어느 미국 관리(기사를 쓸 때 익명을 요구)가 나중에 이런 상황을 내게 알려주었다.

북한은 미국 정부의 태도에 깊은 감동을 받았음이 분명했다. 김일성 주석 사망 뒤 이런저런 기회를 통해 만난 북한 관리들의 말은 한결같았다. "클린턴 대통령이 우리 인민에게 직접 애도를 표하고, 로버트 갈루치 수석대표도 직접 분향소에 와서 애도를 표했는데, 남조선의 '김영삼 ××'는 조문하겠다는 사람을 가두는 등 적대감을 표시했다."

게다가 김영삼 정부가 '김일성 주석 사망, 정상회담 무산'이라는 충격에 빠져 남북 관계의 분명한 좌표도 정하지 못하고 표류하던 공백 기간에 수구 언론이 치고 나오면서 조문 파동을 확대재생산 했다. 김영삼 정부의 대북 정책은 1995년 10월 20일 정기국회에서 임채정 의원(국민회의)이 질의한 내용에 가장 잘 요약되었다.

"문민정부로서 남북통일에 상당한 역할을 할 것이라고 기대를 모으던 김영삼 정부는 지난 2년 반 동안 무려 16번이나 대북 정책의 기조를 바꾸는 등 '무철학' '무정견' '무책임', 이른바 '대북 정책에서 3무 현상'을 여지없이 노정했다. 1993년 2월 취임사에서 '어느 동맹국도 민족보다 나을 수 없다'고 전향적인 발언을 한 김영삼 대통령은 평균 60일 꼴로 강경과 온건을 널뛰듯이 오가면서 불과 2년 반 만에 통일원 장관 5명을 교체했다. 이는 5공화국 7년간 통일원 장관 5명이 경질되고, 6공화국 5년간 4명이 바뀐 것과 대비되는 신기록이다."

김일성 주석이 사망했으니 북·미 고위급 회담도 장래가 매우 불투명해졌다. 그 사회를 거의 50년 동안 압도해온 인물이 사라졌으니, 충격과 파장을 추스르고 체제를 재정비하는 데 상당한 시간이 걸릴 것으로 여겨졌기 때문이다. 그런데 뜻밖에도 북한 대표부에 마련된 분향소에서 만난 강석주 북한 수석대표와 로버트 갈루치 미국 수석대표는 가능한 한 빠른 시일 내 고위급 회담을 속개하기로 합의했다. 이 사실은 김 주석의 사망으로 생긴 거대한 공백이 김정일 총비서 체제로 메워졌음을 뜻하는 것이었다.

강석주 수석대표와 갈루치 수석대표의 합의에 따라 북한과 미국은 김일성 주석 사망 25일 뒤인 8월 5일 제네바에서 다시 만나 8일 동안 회담을 열었다. 이 회담에서 북한과 미국은 '북한의 핵확산금지조약 잔류, 북한 흑연 감속로의 경수로 대체, 양국 수도에 외교 대표부 설치, 대북 핵무기 불사용 보장' 등 네 가지 핵심 사안에 원칙적인 합의를 봤다. 이 합의는 두 달 뒤 진행된 제네바 북·미 기본합의의 초석이 됐다. 그리고 이를 구체적으로 담기 위해 9월 24일 제네바에서 다시 고위급 회담을 열기로 했다. 대북 경제제재와 한반도 전쟁 발발설까지 나오던 위기 상황과 비교해보면 엄청난 변화인데다, 김일성 주석 사망이라는 충격 이후에 벌어진 일이라 더욱 돋보인 합의였다. 북·미 고위급 회담에 참여한 북한의 한 관리는 나중에 "핵 협상을 잘 마무리해서 미국과 관계를 개선해야 한다는 게 김일성 주석의 뜻이었다. 우리는 그 유훈을 받들어 최선을 다했다"고 당시의 분위기를 전했다.

1994년 8월 중순, 제네바 취재를 끝내고 워싱턴으로 돌아온 지 얼마 지나지 않아 인편을 통해 뜻밖의 연락을 받았다. 평양을 방문·취재할 수 있다는 전갈이 온 것이다. 그동안 여러 군데 방북 취재를 요청했는데, 이에 대한 답이었다. 베이징에서 ○월 ○일에 베이징 주재 북한 대표부 사람을 만나기로 했으니 그렇게 알라고 했다.

한국 언론인으로 첫 단독 방북 취재

북한 방문 취재 허용은 정말 뜻밖이었다. 김일성 주석이 사망한 지 불과 두 달도 안 된 매우 민감한 시기라는 점을 생각하면 더욱 그랬다. 나는 방북 준비에 무척 바빴다. 평양 지도를 구해 시가지를 익히고, 인터뷰할 북한 인사들 명단과 그들의 인적 사항, 남북 경협 분야에 대한 자료를 챙기느라 많은 시간을 보냈다.

그때나 지금이나 변하지 않는 생각이 있다. 남북 경제 관계는 두루 이익이 되는 윈윈 상황이며, 경제 관계가 확대되면 남북의 갈등과 긴장이 누그러지고, 우리 민족의 기운이 북으로는 대륙으로, 남으로는 태평양으로 활달하게 뻗쳐 민족경제가 튼튼해진다는 것이다. 그러기에 50년간 불신과 증오와 대결을 키워온 이데올로기와 정치는 가능한 한 맨 끝자리로 놓고, 남북 관계의 맨 앞자리에 경제 관계를 둬야 한다. 이런 생각은 대북 강경책으로 요란만 떨던 1990년대 중반, 내가 북한을 방문하던 그즈음에 특히 강하게 들었다.

방북 취재를 위한 준비에는 자료뿐만 아니라 실제로 필요한 물건을 챙기는 일도 만만치 않았다. 미국과 북한의 전압이 달라 변압기를 여러 개 샀으며, 인터뷰를 위해 녹음테이프 40개와 필름 30통, 카메라용 특수 건전지 여분까지 준비했다. 워드프로세서로 작성한 기사를 프린트해 팩스로 보내던 때라, 휴대용 프린터도 장만했다. 기사는 평양에서 도쿄에 있는 한겨레신문 지국으로 보낼 작정이었다.

1994년 9월 3일, 준비한 여행 보따리와 그보다 훨씬 큰 기대를 안고 뉴욕을 거쳐 베이징으로 향했다. 서울 본사에서는 남쪽 기자들이 그동안 고위급 회담 등 공식 행사 취재를 위해 공동 취재 활동을 벌인 적은 있지만, 남한 기자가 단독으로 북한을 방문·취재하는 것은 처음이라며 큰 기대감을 나타냈다.

"손님 여러분, 우리 비행기는 지금 베이징 공항을 떠나 평양으로 가고 있습니다."

9월 6일 오후 3시 30분, 마침내 나를 태운 고려항공 여객기가 평양을 향해 움직이기 시작했다. 성형수술을 하지 않아 조선 여인의 모습을 그대로 간직한 듯한 승무원의 낭랑한 목소리를 듣자, '이제 정말 평양으로 가는구나' 하는 생각이 들면서 가슴이 뛰기 시작했다. 얼마 뒤 승무원의 낭랑한 목소리가 다시 들려왔다.

"손님 여러분, 우리 비행기는 지금 압록강을 건너고 있습니다." 창문 너머로 굽이쳐 흐르는 압록강이 내려다보였다. 비행기가 기수를 남쪽으로 틀고 내려가자 그 아래로 나지막이 엎드린 북녘의 산과 들이 시야를 가득 메웠다. 갑자기 목이 메어왔다.

이날 평양행 여객기는 130명 정원을 모두 채웠다. 승객 중에는 꽃을 한 아름 안은 재일 동포들이 많았다. 9월 8일이 김일성 주석이 사망한 지 두 달이 되는 날인데다. 북한 건국 기념일인 9·9절 행사에 참석하기 위해서다. 1970년대 초 무하마드 알리와 '세계적인 격투기'를 벌인 일본의 프로 레슬러 이노키 간지도 보였다. 그는 일본 스포츠평화당 당수로 참의원을 지내고 있었다.

평양 순안공항에 도착해 입국 수속을 하고, 공항 밖으로 나와 평양 땅을 처음 밟은 시각이 오후 6시께다. 삽상한 초가을의 저녁 기운이 공항 주변의 한적한 들녘으로 엷게 번지고 있었다. 공항 밖 미루나무 위로 참새 무리가 날아가고 있었다. 어릴 적 내 고향 들녘에서 늘 보던 바로 그 모습이었다.

"정 선생, 긴장되지 않소? 여기 처음 발을 디딘 사람들은 보통 긴장하게 마련인데……."

나의 안내를 맡은 주 선생이 불쑥 물었다. 나는 그냥 웃기만 했다. 고향 들녘의 모습과 다를 게 없는 땅, 나와 똑같은 얼굴 생김새, 같은 언어와 같은 역사, 사촌이 땅을 사면 배가 아픈 똑같은 정서, 비슷한 음담패설에 배꼽을 잡고 웃어대는 이 기막힌 동질성. 이데올로기와 정치 얘기만 빼면 하나 다를 게 없는 형제들이 사는 땅인데 긴장할 이유가 없었다. 취재하고 싶은 일들, 만나서 얘기를 나누고 싶은 사람들에 대한 기대가 넘쳐흐르는 판에 긴장이라니…….

평양에 도착한 첫날 밤, 안내를 맡은 주 선생에게 취재 계획을 알려 줬다. 우선 입국사증에 방문 기간이 열흘로 되어 있으니 적어도 한 달은 머무를 수 있도록 사증 기간을 연장해달라고 요청했다. 그리고 취재와 관련해 '김일성 주석 사망 이후 가장 관심이 많은 후계자 승계 문제, 북한 고위 인사들과 회견, 9·9절 행사와 10일부터 평양에서 열리는 첫 북·미 전문가 회담 취재, 북한 경제 개방 관련 취재와 나진·선봉지구 현장 방문' 등을 전달했다. 주 선생은 "대단한 계획"이라며 "알았다"고 말했다. 그리고 들쭉술을 마시면서 이런저런 얘기를 나누다 기분 좋게 헤어졌다.

그런데 다음 날 오전 10시, 숙소에 나타난 그의 얼굴은 매우 굳어 있었다. 그는 소파에 앉자마자 담배를 뻑뻑 피우더니 한참 만에 미안하다고 연거푸 말했다. "남조선에서 신문과 방송이 정 선생 방북과 관련해 왈왈 떠든 모양인데, 그것 때문에 도저히 취재 활동에 협조할 수 없습니다." 남쪽의 신문과 방송에서 북한이 어떤 의도를 가지고 그들에게 유리한 기사를 쓰는 기자를 선별해 방북·취재하도록 했다고 보도했으며, 북조선은 민감한 시기에 부당하고 불필요한 오해와 억측을 피하기 위해 나의 취재 활동에 협조할 수 없다는 것이었다.

'왈왈거린' 기사의 단초는 워싱턴 발 연합뉴스 기사였다. "(북한이) 언론인의 선별 입국을 추진하는 등 대남 선전 활동을 강화하는 것으로 알려졌다. 북한은 자신들에게 유리하다고 판단되는 언론인을 선별해 입북 취재를 허용하는 것으로 보인다." 워싱턴 특파원이 쓴 것으로 돼있는 이 기사는 이아무개 편집국장이 서울에서 작성한 것으로 밝혀졌다. 그와는 1990년대 초반 워싱턴에서 함께 보냈는데, 이런 터무니없는 기사를 쓰다니 정말 입맛이 썼다. 냉전적 상상력을 발휘해서 쓴 이 기사의 요점은 북한이 대남 선전 강화를 위해 그들에게 유리하다고 판단한 언론인을 선별, 입북시켰다는 것이다. 쉽게 말해 나는 '친북 언론인'이며, 북한이 선전을 강화하기 위해 나를 특별히 불러들였다는 얘기다.

공식적인 취재 활동에 '협조'할 수 없다는 것은 취재를 포기하라는 말이었다. 안내원이 협조하지 않으면 아무데도 갈 수 없으니 취재 자체가 불가능했다. 주 선생은 대신 '비공식적'으로 평양 시내와 북한 내 명소에는 어디든 데려다주겠다고 했다. 나는 북쪽이 남쪽의 일부 언론 보도를 가지고 과잉 반응하는 게 아니냐며, 머나먼 길을 찾아온 발길이 헛되지 않도록 높은 분들과 잘 의논하라고 거듭 간청했다. 그러나 돌아오는 답은 똑같았다. 민감한 시기라 정 선생이 이해해주셔야 한다는 판에 박은 답이었다. 그렇게 입씨름하면서 다른 한편

'공화국 대변인'이 된 사연

11년 동안 워싱턴 특파원 생활을 하면서 나에게는 '친북 언론인' '빨갱이 언론인' '공화국 대변인' 등 여러 가지 호칭이 따라다녔다. 공화국 대변인은 '조선민주주의인민공화국북한 대변인'을 줄인 말로, 당시 한국의 외교부 대변인실에서 내게 그런 호칭을 붙였다고 나중에 전해 들었다. 내가 북한 사람들과 많이 접촉하고, 그들의 주장을 가감하거나 삭제하지 않고 그대로 전했기 때문에 이런 말을 들은 모양이다.

공화당 대변인이라는 말을 듣던 내가 처음 북한 사람을 만나본 것은 1990년 5월이다. 북한 평화군축연구소(북한 외무성 소속 연구소)의 최우진 부소장(나중에 북한 외무성 부상이 되었음)과 회견할 때 난생처음 '북한 사람'을 보았다. 최우진 부소장은 그날 회견에서 북한이 핵확산금지조약에 가입하고도 핵안전협정에 서명하지 않는 이유를 또박또박 설명했다. 회견이 끝난 뒤 한국 특파원들은 회견장 밖에 빙 둘러서서 이런저런 얘기를 나눴다. 어느 한국 특파원은 최 부소장의 얘기를 그대로 옮겼다가는 북한의 선전밖에 되지 않겠다면서 "그러니 기사 안 쓰는 게 어떠냐"는 식으로 동의를 구하는 듯했다.

북한의 주장이 옳건 그르건 그들의 설명과 논리를 그대로 전하는 게 중요하며, 그게 북한의 실체를 아는 데 매우 중요하다는 게 나의 생각이었다. 무엇보다 있는 그대로 전하는 게 언론의 1차적인 기능 아닌가. 우리의 머리와 가슴속 깊이 박힌 냉전적 사고는 북한이 어떤 주장을 하고 알리면 '선전'이요, 한국이나 미국이 그렇게 하면 '홍보'로 받아들인다.

으로는 시간을 내 김일성 생가, 개선문, 밤섬, 대동강과 보통강 등 평양 일대를 돌아다녔다. 나는 평양의 보통 얼굴과 표정을 보고 싶어서, 버스 정류장이나 거리에서 오가는 사람들의 모습을 열심히 카메라에 담았다.

평양 시가지에서는 1950년대의 목탄차들이 눈에 띄었다. 군인들이 트럭 보닛을 열고 고장 난 차를 수리하느라 낑낑대는 장면을 여러 차례 목격했다. 그런가 하면 벤츠와 아우디, 일본 승용차가 쌩쌩 달리기도 했다. 김일성 주석 사망이라는 충격에서 벗어나 정상으로 돌아오는 평양의 모습을 곳곳에서 볼 수 있었다. 대동강과 보통강에서는 많은 사람들이 낚시질을 했으며, 한가로이 데이트를 즐기는 청춘 남녀의 모습도 보였다.

평양에 머무르는 동안 '비공식적'으로 몇몇 관리들을 만났다. 그들에게 권력 승계에 대한 질문을 해보았다. 답은 한결같았다. "김일성 주석이 살아 계실 때부터 우리는 두 분의 수령을 가슴속에 모시고 살아왔다. 김정일 지도자 동지는 30년 동안 당을 지도해왔고, 후계자로 공식 지명된 뒤 22년 동안 지도자 역할을 해왔기 때문에 인민은 마음속으로 수령으로 모셔왔다." 바깥에서는 김일성 주석이 사라진 북한은 곧 붕괴할 것이라고 믿었으며, 특히 남쪽에서는 흡수통일의 희망이 강하게 나타났다. 북한의 붕괴가 임박했다고 믿으면 북한과 성실하게 대화할 수 없으며, 도리어 북한 체제의 목을 조르기 위해 모든 지원을 끊어야 한다는 대북 강경론이 기승을 부리게 마련이다.

그러나 강경론자들은 북한이 붕괴하는 과정에서 발생할 엄청난 위험을 늘 과소평가했다. 소련이 해체됐을 때 소련 국방장관은 자살했다. 평생 믿어온 신앙이 무너졌기 때문이다. 북한이 붕괴되는 절망적 상황에서 남한에 '자살적 공격'을 하지 않는다는 보장은 없다. 게다가 북한 체제가 붕괴됐을 때 남한은 이를 감당할 경제적·정치적 능력도 없다. 남한의 오만과 자만의 상징이던 흡수통일론은 국제통화기금IMF 신탁통치라는 경제 위기 속에 자취를 감췄다. 서로 동등한 상대로 인정할 때 대화와 평화적 공존이 가능하다.

주 선생과 매일 말씨름하는 가운데 시간은 계속 흘렀다. 나는 공식 취재를 허용하지 않겠다는 북의 방침이 달라질 수 없다는 것을 알았으며, 더 머무르는 것은 별 의미가 없다고 결론지었다. 주 선생은 묘향산에도 가고 금강산에도 가자고 했지만, 나는 취재하러 왔지 관광하러 온 게 아니라며 떠날 의사를 밝혔다.

나는 미국에 있는 아내에게 전화를 걸어 사정을 대략 얘기하고 10일 평양을 떠나 중국 베이징으로 갈 예정이니, 서울 본사에 연락해달라고 부탁했다. 평양에서 미국으로 전화하는 데는 아무 문제가 없었다. 고려호텔 안내원에게 국제전화를 하겠다고 말한 뒤 공중전화통에 들어가 99번을 누르고 미국의 번호를 눌렀더니 바로 아내가 전화를 받았다. 그때까지만 해도 미국의 대북 경제제재가 엄격해 미국에서는 북한에 전화할 수가 없었다(대북 통신 규제는 이듬해인 1995년 4월에 풀렸다). 북한의 폐쇄성을 얘기하는데, 그 폐쇄의 빗장은 사실 안팎에 모두 걸려 있다. 북한은 체제를 유지하기 위해 내부에서 빗장을 쳐왔으며, 바깥에서는 바깥대로 북한의 개방을 얘기하면서도 미국의 대북 경제제재가 보여주듯 50년 이상 대북 봉쇄의 빗장을 쳐왔다.

평양을 떠나는 내 마음은 참담했다. 불과 닷새 전 부푼 기대를 안고 왔는데 빈손으로 떠나다니. 평양을 떠나는 고려항공에 자리 잡고 앉으니 허탈감이 전신을 휘감았다. 그런데 베이징 공항에 도착해보니, 이게 웬일인가. 공항 출입구 저편에 베이징 주재 한국 특파원들이 무더기로 기다리고 있었다. 밖으로 나오자 한국 특파원들이 나를 에워싸고 질문을 던졌다. 기자가 취재 대상이 되다니. 나는 아무 말도 하고 싶지 않았고, 매우 지친 상태였다. 매일 말씨름을 하는 가운데 온종일 평양 시내를 돌아다녔기 때문이었다.

그런데 전혀 생각지도 않은 질문이 나왔다. 북한에서 조문을 강요했는데 내가 이를 거부해 평양에서 쫓겨났다는 얘기가 사실이냐는 것이었다. 아무 대답 없이 떠났다가는 '정 특파원, 북한의 조문 강요설 사실상 시인' 같은 기사가 나오지 않는다는 보장이 없었다.

북한 관련 기사에 관한 한 한국 기자들의 작문 실력은 정평이 나 있었다. 직업이 기자인지, 소설가인지 구분할 수 없을 정도로 탁월한 상상력에 뛰어난 작문 실력을 발휘해온 것이다. 김일성 주석은 실제로 사망하기 전 한국 언론(서방 언론도 마찬가지)에서 여러 차례 '사망'했고, 무수히 '위독'했다. 게다가 남북 '비밀 접촉설' '북한의 극비 훈령'처럼 확인이 불가능한 작문성 기사도 많았다.

'조문 강요설' 질문을 받고 도저히 그냥 떠날 수가 없었다. 그래서 자초지종을 대강 말했다. 북한은 조문을 강요한 것이 아니라 그 반대였다. 내가 행여 그런 시비에 휘말릴까 봐 걱정해줬다. 서거 두 달을 맞아 김일성 주석의 동상이 있는 만수대 주변에 수많은 인파가 모여들었는데, 나는 이를 가까이에서 촬영하기 위해 현장으로 가자고 했다. 그랬더니 주 선생이 현장에 있다가 사진이라도 찍히면 괜히 조문했다고 나중에 남쪽에서 혼이 날지 모르니 가지 말라고 말렸다. 그래서 차를 타고 그 앞을 왔다 갔다 하며 사진을 찍었는데, 북한이 조문을 강요했다니.

그런데 연합통신 베이징 주재 특파원이 마치 조문을 강요한 사실이 있는 것처럼 내가 말한 것으로 기사를 송고해 또 한 차례 소동이 있었다(그 특파원은 그날 공항에 취재하러 나오지도 않았다). 나중에 강하게 항의해 기사를 고치긴 했으나, 평양을 오가는 길목마다 부딪힌 연합통신과 나의 악연에 기가 막힐 뿐이었다.

서울에 도착하니, 몇몇 동료들이 더 체류하다 오지 너무 섣부른 판단을 한 게 아니냐고 묻기도 했다. 그러나 나는 취재 활동을 할 수 없는 상황에서 계속 머무르는 것은 의미가 없는 일이며, 평양을 떠나기로 한 판단에는 후회가 없다고 말했다.

나는 서울에 잠시 머무르다 제네바에서 북·미 고위급 회담이 열리자 다시 제네바로 떠났다. 그리고 거기서 북·미 기본합의가 나올 때까지 거의 40일을 체류했다.

잊히지 않는
제네바 북·미 고위급 회담 취재
—앵벌이 신세의 취재

제네바 취재는 나의 기자 생활 가운데 가장 잊히지 않는 취재다. 한반도의 역사를 바꾸는 엄청난 사건인데다, 취재를 둘러싸고 이런저런 생각나는 일도 많았고, 북·미 고위급 회담 중간 휴회기를 이용해 기차여행을 하면서 스위스의 아름다운 풍경을 즐길 수 있었다.

시차 때문에 어려움도 많았다. 제네바는 서울보다 일곱 시간 빨라서, 1판 신문과 서울 시내판에 모두 기사를 대느라 늘 마감 시간에 쫓겼다. 조간신문은 1판 신문(맨 처음 제작되는 다음 날 조간. 전날 저녁 6시 30분께 제작 완료) 기사 마감이 오후 4시 30분(제네바 시각 오전 9시 30분)이고, 서울 시내판(수도권에 배달되는 조간으로 그날 마지막 판)의 기사 마감은 신문사 형편에 따라 다르지만 자정(제네바 시각 오후 5시) 무렵이다. 그러니까 1판용 마감에 대기 위해서는 제네바 현지 시각으로 오전 9시 30분까지 기사를 보내야 하고, 마지막 서울 시내판을 위해서는 오후 5시까지 기사를 보내야 했다. 그러다 보니 애간장을 태우는 사각 시간대가 생겼다. 예를 들어 오전 10시께 큰일이 터진 경우 바로 기사 처리를 하지 않으면 '물을 먹게' 마련이었다.

북·미 고위급 회담은 제네바 주재 북한 대표부와 미국 대표부 건물에서 번갈아 열렸다. 북한 대표부는 제네바의 명물 레만 호 옆 명당에 자리 잡아, 북한 대표부에서 회담이 열리는 날은 지내기 한결 나았다. 그러나 미국 대표부는 건물만 있고 주변도 황량해, 땡볕에서 지낼 수밖에 없었다. 김일성 주석 사망 직전에 열린 회담과 1994년 8월 회담 때는 날씨도 따가워 협상이 진행되는 동안 미국 대표부 앞에서 기다리는 일이 꽤 힘들었다.

말이 취재지 앵벌이 신세와 다를 게 없었다. 협상 대표단은 보통 오전 10시 전에 회담장에 도착했다. 뭐라도 건지려고 "오늘 회담을 낙관하느냐" 따위 맥 빠진 질문을 해보지만, 신통한 대답을 듣지 못했다. 한국을 비롯해 일본, 미국, 유럽 등지에서 온 기자 100여 명은 그 '허망한 아침 취재'부터 회담이 끝날 때까지 회담장 건물 밖에서 마냥 기다렸다.

오전 회담이 끝나 대표들이 밖으로 나갈 때면 "Any progress?(진전이 있었느냐)"라고 고함을 질러댔다. 제네바 북·미 회담을 취재한 기자치고 'Any progress?'를 외쳐보지 않은 기자는 없으리라. 그 상황에서 달리 할 말도 없었다. 그러다가 강석주 북한 수석대표와 로버트 갈루치 미국 수석대표가 함께 차를 타고 점심 식사를 하러 나갈 때면 아주 긴장했다. 공식적인 협상 자리보다 그런 비공식 자리에서 진짜 협상이 진행될 수 있기 때문이다. 그날은 또 무슨 '꺼리'가 나올지 신경을 곤두세우지 않을 수 없었다.

제네바에서 세 번에 걸쳐 열린 북·미 고위급 회담은 이런 양상으로 진행됐다. 오전 10시께 대표들이 회담장으로 들어가는 것을 보고 서울 본사에 "오늘 회담이 시작됐다. 특별히 추가할 게 없다"는 밋밋한 보고를 했다. 맥이 풀리는 아침 취재였다. 현장에 가봐야 대표단이 들어가는 모습만 볼 뿐인데도, 혹시 무슨 일이 있을지 몰라 그 현장을 지키지 않을 수 없었다.

회담이 열리는 날 저녁에는 거의 예외 없이 새벽 2, 3시까지 기사를 작성해야 했다. 강석주 수석대표와 갈루치 수석대표의 회담이 끝나면 서울에서 제네바 현지로 파견된 외무부 팀이 갈루치에게서 그날 회담의 브리핑을 들었고, 외무부 팀은 이를 서울에 보고한 뒤 특파원들에게 비공식 브리핑을 했는데, 그 시각이 거의 자정이다. 어느 때는 새벽 1시에 브리핑을 한 적도 있다.

그때 '자정 브리핑'을 해주던 외무부 관리는 장재룡 북·미국장(나중에 외교통상부 제1차관과 프랑스 대사 역임)이었다. 협상이 진행 중인데다, 사안이 워낙 민감하고 미묘해 내용을 구체적으로 브리핑하기 어려웠다. 그래도 기자들은 한밤의 브리핑에서 뭔가 하나 건지려고 이리 치고 저리 치면서 파고들었다. 그러면 장재룡 국장은 이리 피하고 저리 피했다. 어느 날 장 국장은 까다로운 질문이 계속 나오자 "제가 특파원이라면 이렇게 기사를 쓰겠다"며 브리핑 대신 자신이 작성한 '기사'를 읽었다. 구체적인 내용은 브리핑할 수 없고, 그냥 넘어갈 수도 없는 상황에서 재치를 발휘한 것이다. 그 뒤 한국 기자들은 장재룡 국장을 '장 특파원'이라고 불렀다.

'장 특파원'에게 들은 자정 브리핑과 낮에 회담장 주변에서 주운 풍경들을 모아, 서울로 기사를 보냈다. 보통 새벽 2, 3시에 잠자리에 들었다. 그리고 다시 아침에 일어나 '맥 빠진 취재'를 하러 회담장으로 향했다. 그러나 아무리 맥 빠진 취재라도 빠뜨릴 수는 없었다.

'대형 사건'이 터진 날은 1994년 9월 24일이다. 북·미 기본합의를 도출한 본격 회담 이틀째 되는 날이었다. 한국 기자들은 과거 회담 취재 때처럼 이날 아침에도 별다른 기대 없이 오전 9시 30분 조금 지나 회담 장소인 북한 대표부에 도착했다.

북한 대표부에서 회담이 열릴 때면 기자들은 대표부 건물 마당 안까지 들어가서 양쪽 대표들이 도착하는 모습을 지켜봤으며, 의미 없는 질문을 한마디씩 던졌다. 북한 대표부 마당에는 일정한 지역을 넘을 수 없도록 줄이 걸려 있었으며, 기자들은 그 줄 앞에 죽 늘어섰다. 그런데 이날 오전 회담이 열리기 전인 9시 30분께, 강석주 북한 수석대표가 '느닷없이' 기자들이 서 있는 쪽으로 다가서는 게 아닌가.

"기자 선생들, 수고가 많네다."

강석주 수석대표가 걸걸한 목소리로 입을 열었다. 오전 9시 30분이면 1판 마감이 막 끝난 때다. 마음이 급했다. 게다가 강석주 수석대표 입에서 '큰 기삿거리'가 쏟아져 나오기 시작했다. 1면 머리기사 감이었다. 강석주 수석대표는 북한의 입장을 자세히 밝혔다. 매우 핵심적인 내용으로, 그것만으로도 큰 기삿거리가 됐다. 그런데 정작 더 중요한 것은 그

다음에 나왔다. 그는 발언 말미에 "오늘부터 실무자 선에서 문건 토의 작업에 들어간다"고 말했다. 귀가 번쩍 뜨였다. '문건 토의 작업'이라니, 벌써 '합의 문서'를 다듬고 있단 말인가? 더욱이 강석주 수석대표는 이번 회담에서 완전 타결을 기대하고 있다고 말한 터였다.

그의 발언이 끝나자 바로 질문을 던졌다. "조금 전 문건 토의 작업이라고 했는데, 어떤 문서인가? 합의 문서인가?" 그는 "합의 문서"라고 대답했다. 그때부터 그와 한국 기자들 사이에 질문과 대답이 꼬리를 이었다. 한국 기자들은 협상이 상당히 진전돼 합의 문서를 작성하기 시작하는 단계로 판단했다. 1판 마감을 벌써 30분 이상 넘긴 시각이었다. 한국 기자들은 제네바 현지에서 임대한 휴대전화를 들고 현장에서 다급하게 기사를 부르기 시작했다. 간신히 1판에 넣을 수 있었다.

이 중요한 대목에서 한 신문사 특파원이 아침 취재를 놓치고 말았다. 전날 새벽까지 일하고 지친데다 아침 취재가 늘 별게 아니어서 그냥 넘겼는데, 하필이면 이날 일이 터진 것이다. 이 사건 이후 한국 기자들은 아무리 피곤해도 아침 취재를 거를 수가 없었다. 언제 강석주 수석대표가 기자들 쪽으로 다가와 "기자 선생들, 수고가 많습네다" 할지 모를 일이었다. 그러나 그 뒤 협상이 끝날 때까지 25일 동안 그런 일은 없었다.

강석주 북한 수석대표의 '합의 문서' 발언은 오해를 빚기에 충분했다. 나중에 밝혀지기로는 '합의한 것을 모아놓은 문건'이 아니라 '앞으로 합의를 위해 필요한 조처들을 담은 문건'이었다. 그렇게 발언 하나, 말 한 마디에 촉각을 곤두세운 채 회담이 열릴 때마다 앵벌이처럼 회담장 주변을 서성이며 마냥 기다렸다.

　1994년 10월 17일 밤 11시 20분, 미국 대표부 쪽에서 한국 기자들에게 연락이 왔다. 곧 로버트 갈루치 수석대표의 기자회견이 있을 테니, 미국 대표부로 와달라는 것이었다. 한국 기자들은 협상이 타결됐는지, 결렬됐는지조차 모른 채 한밤중에 달려갔다. 한국 기자뿐만 아니라 일본, 미국, 유럽 기자들이 죄다 몰려왔다. 기자회견은 미국 대표부 건물 바로 앞뜰에서 열렸다. 미국 대표부의 대변인은 갈루치 수석대표의 발언이 끝나면 한국, 미국, 유럽 등 세 지역을 대표하는 기자 한 명씩에게 질문 기회를 줄 테니, 한국 기자들도 대표 한 명을 뽑으라고 주문했다. 워싱턴에서 왔다는 이유로 내가 대표 질문자가 됐다. 타결과 결렬 상황에 대비해 두 가지 질문을 준비했다. 상황은 그렇게 유동적이고 긴박했다.

　회담 마지막 순간까지 애를 먹인 것은 남북대화 재개 문제다. 다른 쟁점들은 벌써 마무리됐는데, 남북대화 문제 때문에 협상이 여러 차례 깨지기 직전까지 갔다. 미국은 기본합의문에 남북대화 재개를 넣자고 했으며, 북한은 한사코 반대했다. 김영삼 정부에 대한 북한의 감정이 얼마나 악화했는지 잘 보여준 사건이다.

　10월 21일 서명된 북·미 기본합의는 'Agreed Framework'로 돼 있다. '협정Agreement'이 아니다. 1998년 로버트 갈루치 대사(당시 그는 조지타운대학 국제대학원 학장이었다)를 만나 왜 '협정' 대신 '기본합의'라는 표현을 썼는지 물어봤다. 그는 당시 상황을 이렇게 설명했다. 미국 대표단은 변호사들과 이 문제를 긴밀히 논의했는데, 변호사들이 '협정'으로 할 경우 법적 구속력이 있다며 법적 구속력이 없는 '기본합의'라는 표현을 강력히 권고했다는 것이다.

북·미 기본합의 이후에도 경수로 건설, 경제제재 완화 등 기본합의 이행을 둘러싸고 온갖 시비가 그치지 않았다. 미국은 그런 시비가 벌어질 가능성을 예측했으며, 법적 책임을 피하기 위해 기본합의라는 표현을 사용한 것이다. 미국 관리들은 자기 나라의 이익을 극대화하기 위해 용의주도하고 치밀했으며, 전문성이 있었다.

그러나 한국 관리들은 어떤가. 노른자위 요직을 거쳐 출세하기 위해 줄서기를 하고, 지역주의 패거리에 매달리는 많은 한국 관리들과 비교해보면 국가이익에 철저한 미국 관리들의 근성이 부럽기도 하고 무섭기도 했다.

지구 한 바퀴 돌고 다시 워싱턴에

―하나도 달라진 게 없는 미국

제네바 취재를 마치고 워싱턴으로 돌아왔다. 거의 두 달 만에 미국 땅을 다시 밟았다. 1994년 9월 초 평양을 방문하기 위해 워싱턴을 떠나 중국 베이징으로 향했고, 평양과 서울, 제네바를 거쳐 워싱턴으로 돌아왔다. 지구를 한 바퀴 돌고 두 달 만에 돌아온 셈이다.

그동안 한반도는 북한 핵 문제를 둘러싸고 요동쳤는데, 미국은 달라진 게 없었다. 워싱턴을 떠나기 전 프로 미식축구의 영웅 O. J. 심슨의 백인 아내 살해 사건으로 미국 전역이 떠들썩했다. CNN은 온종일 이 살인 사건의 재판 과정을 생중계했으며, 거의 모든 언론이 이 사건으로 도배했다. 두 달 만에 돌아오니 CNN은 여전히 심슨 재판을 온종일 생중계했으며, 살인할 때 사용한 검은 장갑이 손에 맞네, 안 맞네, DNA가 살인의 증거가 되네, 안 되네 입씨름했다. 그런데도 미국 사회는 언론의 호들갑에 아랑곳없이 제 길을 가고 있었다.

그 모습을 보면서 나는 미국이 거대한 항공모함 같다는 생각이 들었다. 나라의 크기뿐만 아니라 사회 전체가 그렇게 보였다. 거대한 항공모함 위에는 온갖 종류의 사람들, 인종, 제도, 습관, 이해관계 등이 얽히고설켜 있었다. 공산당과 사회주의당 같은 좌파도 있고, 민병대와 백인 우월 단체 같은 극우도 있다. 50개 주마다 제도와 법률이 다르다. 사형 제도가 있는 주가 있는가 하면, 매사추세츠처럼 상대적으로 진보적인 주에는 사형 제도가 없다.

대통령 후보를 결정짓는 예비선거primary는 복잡하고 다양한 미국의 모습을 잘 압축해서 보여준다. 각 주의 예비선거 방식은 그 주의 민주당 혹은 공화당이 정해 천차만별이다. 예비선거를 통해 대의원을 뽑는 곳이 있는가 하면, 당원만 참가하는 코커스caucus에서 대의원을 뽑는 곳도 있다. 예비선거는 투표장에 가서 투표만 하지만, 코커스는 단위 지역별로 당원들이 모여 대의원을 뽑고, 당과 관련된 여러 행사도 한다.

예비선거 제도도 주마다 다른데, 크게 개방형 예비선거와 폐쇄형 예비선거로 나뉜다. 개방형은 말 그대로 아무나 가서 투표할 수 있다. 그런데 개방형조차 주마다 다르다. 민주당원이든 공화당원이든 무당파든 아무나 투표할 수 있는 완전 개방형이 있는가 하면, 무당파만 참여할 수 있는 제한적인 개방형도 있다. 최초의 예비선거로 가장 많은 관심을 모으는 뉴햄프셔 예비선거는 완전 개방형이다. 2000년 공화당 예비선거에서 조지 W. 부시 후보에 맞선 존 매케인 후보가 돌풍을 일으킨 것도 뉴햄프셔에서 무당파와 민주당원의 지지에 힘입어 조지 W. 부시 후보를 압도했기 때문이다. 당원만 참가하는 폐쇄형 예비선거라면 결과는 달랐을 것이다.

대의원을 뽑는 방식도 가지가지다. 민주당은 득표율에 따라 대의원을 분배하지만, 공화당은 승자 독식winner takes all 방식을 취하는데 그것도 주마다 다르다. 주 전체의 득표율에 따라 한 표라도 많이 얻은 후보가 전체 대의원을 독식하는 경우가 있는가 하면, 선거구별로 승자독식 원칙을 적용하기도 한다. 미시간의 공화당 예비선거는 가장 복잡한 승자독식의 형태를 취한다. 대의원 58명을 뽑는데 이중 48명은 16개 하원 선거구에서 제각기 승자독식을 하고, 나머지 10명은 주 전체의 득표율에 따라 승자독식을 한다.

미국 예비선거의 형태를 다소 장황하게 소개한 이유는 미국이 매우 다양하고 복잡한 사회라는 점을 이야기하고 싶어서다. 미국을 어떤 형태로든 일반화하는 것은 매우 위험하다. 게다가 미국의 사회·법률·제도·정치 등을 담은 내부의 얼굴과 미국의 외교·국방을 담은 외부의 얼굴은 판이하다.

후자의 얼굴에는 우리가 끊임없이 비판해야 하는 오만한 대국주의와 미국 제일주의, 제국주의적 요소가 있다. 그러나 전자의 얼굴에는 민주주의적 제도, 다양성의 인정, 건강한 미국을 떠받치는 시민 의식과 자원봉사 정신 등 우리가 배워야 할 장점이 많다. 이 둘을 혼동하거나 그런 사실을 인정하지 않으면, 자칫 미국을 일방적으로 비판하는 반미주의자나 칭찬만 늘어놓는 친미주의자가 된다. 그러기에 미국 전체의 모습을 보는 게 중요하다. 배워야 할 점은 배우고, 비판하고 극복해야 할 부분은 끊임없이 비판하고 극복해야 한다.

북·미 연락사무소에 대한 오해

―월라드호텔과 북한 대표단

1994년 가을, 거의 두 달 만에 워싱턴으로 돌아와 내셔널프레스빌딩에 있는 사무실에 들렀다. 내셔널프레스빌딩은 워싱턴 DC 14번가와 F로의 교차 지점에 있다. 이 건물 건너편에 유서 깊은 월라드호텔이 있다. 《주홍 글씨》로 유명한 미국의 소설가 너대니얼 호손도 감탄한 호텔이다. 호손은 남북전쟁 때 월간 《애틀랜틱》 종군기자로 취재 활동을 하면서 이 호텔을 보고 다음과 같이 묘사했다.

이 호텔은 의사당, 백악관, 국무부보다 워싱턴과 미국의 중심이라 할 수 있다. 당신은 이곳에서 주지사들과 인사를 나눌 수 있으며, 그 밖에 유명한 사람들과 어깨를 부딪치기도 하고, 장군들의 발을 밟을 수도 있다. 유명한 정치인들과 웅변가들이 귀에 익은 목소리로 말하는 것을 들을 수도 있다. 그리고 이곳에 있다 보면 관직을 찾는 사람들, 배후에서 일을 도모하는 사람들, 발명가들, 예술가들, 시인들, 이런저런 아이디어를 내놓는 사람들과 섞이고, 마침내 자신도 잊어버린다.

1850년 헨리 윌라드가 세운 이 호텔은 워싱턴 사교계와 정치권의 중심이 되었다. 미국 14대 대통령 프랭클린 피어스 때부터 미국 현직 대통령을 주빈으로 모셔 하룻밤을 이곳에서 묵게 하거나 다른 모임을 주도하도록 해왔다.

이 호텔에서는 여러 가지 '역사적인 일들'이 있었다. 대통령으로 당선된 에이브러햄 링컨은 암살 위협 때문에 새벽에 이 호텔로 들어갔으며, 취임식 전날까지 호텔 로비의 벽난로 앞에서 보좌관들과 회의를 했다. 링컨과 그의 가족은 3월 4일 취임식이 있을 때까지 이곳에 머물렀고, 취임식 날에도 링컨의 가족은 축하 퍼레이드를 보기 위해 이 호텔을 찾았다. 미국 대통령은 의회에서 대통령 취임식을 한 뒤 펜실베이니아 애버뉴를 따라 백악관까지 취임 축하 퍼레이드를 벌이는데, 윌라드호텔은 펜실베이니아 애버뉴 선상에 있어 대통령 취임 퍼레이드를 보기에 안성맞춤이다. 의회에서 백악관까지 거리는 2킬로미터쯤 된다. 링컨이 새벽에 몰래 윌라드호텔로 들어간 것이 2월 23일이고 취임식이 3월 4일이니, 열흘을 이곳에 머무른 셈이다. 링컨은 대통령 첫 월급을 받아 열흘 치 숙박비 773달러 75센트를 냈다. 1861년이니 상당한 금액이라 할 수 있다.

1860년 미국과 통상 우호조약을 맺기 위해 워싱턴을 방문한 첫 일본 사절단이 머무른 곳도 윌라드호텔이다. 당시 일본 사절단의 한 사람은 '미국 국무부 장관이 사는 집도 이 호텔만 못하더라'는 글을 남겼다고 한다.

윌라드호텔은 또 다른 이유로도 유명하다. '로비스트'라는 말이 생겨난 배경에 이 호텔이 관련되었기 때문이다. 남북전쟁 때 북군 장군이며 18대 대통령을 지낸 율리시스 그랜트는 백악관 집무실에서 힘든 하루를 보낸 뒤 브랜디와 시가를 가지고 윌라드호텔 로비에서 휴식을 취하곤 했다. 그러자 힘의 근원인 대통령이 머무르는 주변에 권력을 좇고 뭔가를 도모해보려는 무리가 꼬여들었다. 그랜트 대통령은 자신이 쉬는 윌라드호텔 로비에 들끓는 이 무리를 '로비스트'라 불렀고, 여기서 로비스트라는 말이 생겼다는 설이 유력하다.

북한의 공식 대표단이 1994년 12월 초 '미 제국주의의 심장부' 워싱턴을 처음 방문하여 머무른 곳도 윌라드호텔(내가 워싱턴에 있을 때는 윌라드인터컨티넨탈호텔이라고 불렀다)이다. 북한의 관리나 학자들이 이전에 비공식 자격으로 워싱턴을 방문한 적은 더러 있었지만, 북한 정부의 공식 대표 자격으로 워싱턴에 발을 디딘 것은 1994년 10월 제네바 북·미 기본합의 두 달 뒤인 그해 12월 초가 처음이다. 북한 대표단은 북·미 연락사무소 개설을 위한 전문가 회담에 참석하기 위해 첫 공식 방문을 했다.

북한 외교부의 박석균 미주국 부국장을 단장으로 한 대표단 다섯 명은 워싱턴에 머무를 때 숙소를 윌라드호텔로 정했다. 연락사무소 개설을 위한 전문가 회담의 미국 쪽 대표단 단장은 후에 주한 미국 대사를 지낸 토머스 허버드 국무부 동아시아 태평양담당 부차관보가 맡았다.

제네바 북·미 기본합의 후 두 달도 안 된 때여서, 북·미 관계가 원만하게 흘러가는 것 같았다. 12월 6일부터 나흘 동안 열린 북·미 전문가 회담에서 양쪽은 연락사무소를 두는 '장소' 문제를 제외하고 모든 기술적인 문제를 풀었다. 이듬해 봄쯤이면 평양과 워싱턴에 연락사무소가 열릴 것이라는 낙관적인 전망도 나왔다.

1994년 12월 초, 북한의 공식 대표단이 처음 워싱턴을 방문했기 때문인지 한국 언론의 '시시콜콜한 보도'가 잇따랐다. 당시 조선일보에는 다음과 같은 기사가 실렸다.

> 박석균 단장 등 북한 대표단 5명은 9일 회담을 끝낸 뒤 포토맥 강변의 레스토랑에서 허버드 동아태 부차관보가 주최하는 만찬에 참석했다. 뷔페식으로 준비된 레스토랑에서 조선일보 기자들을 만난 이들은 "서울에서 온 조선일보 기자"라고 하자, 기자들이 이 같은 '고급' 레스토랑에서 저녁 식사를 하는 게 잘 믿기지 않는지 약간 놀라는 표정을 지었다.
>
> 북한 대표단은 5박 6일간 워싱턴 윌라드인터컨티넨탈호텔에서 지냈는데, 미 국무부의 주선으로 방 1개에 일반 투숙객의 반값인 하루 150달러씩 주고 방 5개를 사용했다. 북한 대표단은 크레디트카드는 없고 현찰만 갖고 다녀 호텔비와 식사비 등 경비 일체를 현찰로 지불한 것으로 알려졌다.

"기자들이 이 같은 '고급' 레스토랑에서 저녁 식사를 하는 게 잘 믿기지 않는지 약간 놀라는 표정을 지었다"고 기사를 썼다. '약간 놀라는 표정을 지었다'고 했는데 약간 놀랐는지, 많이 놀랐는지, 전혀 놀라지 않았는지 누가 알 수 있을까. 초등학교 아이들의 인상 비평기 같은 게 기사로 나갔다. 호텔비 관련 기사도 은근히 북한을 비하하는 냄새가 풍긴다. 이런 기사를 쓰는 한국 기자들도 해외 출장을 가면 해당 지역 한국 대사관이나 영사관의 도움을 얻어 호텔비를 외교관 대우로 반값만 내는 경우가 많다. 자신은 그렇게 하면서 북한 대표단이 미국 국무부 호의로 호텔비를 반값에 내는 것조차 은근히 야유하고 있다.

북한 공식 대표단의 워싱턴 첫 방문은 분단된 한반도의 양극성을 먼 이국땅에서도 드러나게 했다. 북한 대표단은 회담을 끝낸 뒤 한국 음식점 우래옥에서 워싱턴 지역에 있는 한인 동포들이 마련한 환영식에 참석했다. 환영하는 쪽에서는 '조선민주주의인민공화국 대미 수교협상단 환영 오찬회'라는 이름을 내걸었고, 이에 반대하는 워싱턴 지역 반공동지회 회원 다섯 명은 '빨갱이 교포들은 평양으로 이민 가라'는 피켓을 들고 항의 시위를 했다.

환영 행사를 주관한 한인 동포 단체 가운데 재미함경향우회의 주남훈 회장은 인사말에서 자신도 이산가족이라고 소개한 뒤, "우리와 같은 한과 슬픔이 있는 이산가족의 고통이 하루빨리 없어져야 한다"며 "이산가족이 상봉할 수 있는 하나의 조국을 이루는 그날이 오기를 기대한다"며 울먹였다. 이날 환영식에 나온 북한 대표단의 박명국 외교부 미주담당 과장의 말이 지금도 잊히지 않는다. "워싱턴이 어디 먼 행성 밖에 있는 줄 알았는데, 현대 과학의 발달로 와서 보니 결코 멀지 않았다. 이렇게 먼 곳까지 와서 동포들을 만나니 감개무량하다." 그뿐만 아니라 많은 북한 동포들은 워싱턴이 어디 먼 행성 밖에 있는 멀고도 먼 곳으로 느꼈을 테고, 지금도 그럴 것이다.

북한 대표단이 워싱턴을 방문하여 연락사무소 개설 문제를 논의할 당시, 연락사무소 개설 장소를 제외하고는 모든 문제가 풀린 것처럼 보였다. 그러나 그 뒤 '한국형' 경수로 문제와 남북대화 문제, 북한 대표단이 워싱턴에 오기 한 달 전에 치러진 미국 중간선거에서 공화당이 대승을 거둬 상·하원을 모두 지배하면서 공화당의 대북 강성 기류가 의회를 덮자, 북·미 관계가 악화되기 시작했다. 연락사무소 개설도 이듬해 봄이면 될 것 같았는데 감감무소식이었다.

당시 많은 이들은 심지어 전문가들조차 연락사무소 개설과 관련해 잘못 알고 있었다. 대대수 사람들은 북한이 연락사무소 개설에 적극적인 데 반해, 미국이 브레이크를 거는 것처럼 알고 있었지만 실은 그 반대다. 북한은 처음에 연락사무소 개설이 북·미 관계 정상화를 위한 첫걸음이라 보고, 상당한 정치적 의미를 부여했다. 그러나 북·미 관계 전반이 제네바 북·미 기본합의에서 약속된 대로 진행되지 않자, 연락사무소 개설에 부정적이었다. 연락사무소를 개설해도 북한에는 정치적 상징성 외에 실제적인 소득이 없는 반면, 미국은 북한의 심장부인 평양에 진출해 '무슨 일'을 벌일지 모른다고 우려한 것이다. 특히 미국이 도·감청 장치를 들여올 것이 뻔해서 북한 군부가 연락사무소 개설에 적극 반대한다는 얘기를 북한 외교관에게서 여러 차례 들었다.

제네바 북·미 기본합의문을 보면 북한이 이렇게 생각하는 것도 무리가 아니다. 합의문 제2조에 다음과 같이 규정되었기 때문이다.

쌍방은 정치적·경제적 관계의 완전한 정상화로 나아간다. (1) 합의 후 3개월 내 쌍방은 통신과 금융거래에 대한 제한을 포함한 무역·투자 제한을 완화해간다. (2) 쌍방은 전문가 급 토의를 통해 여타 기술적 문제들을 해결한 뒤 쌍방의 수도에 연락사무소를 개설한다. (3) 북한과 미국은 상호 관심 사항이 진전되는 데 맞추어 양국 관계를 대사급까지 격상한다.

이 구절만 놓고 보면 석 달 안에 상당한 무역·투자 제한을 완화해야 하고, 연락사무소 개설에 이어 양국 관계의 진전에 따라 대사급이라는 정상화 단계도 가능한 것 같다. 그러나 그 뒤 전개된 상황은 그렇지 못했다. 특히 미국의 대북 경제제재 완화 조처는 북한 입장에서 이것도 완화 조처인가 되물을 수밖에 없는 극히 미미한 것이었다. 그렇게 된 데는 미국 내 정치 상황, 남북 관계 등이 뒤엉켜 있었다.

북한 대표단이 묵은 윌라드호텔과 길 하나를 사이에 두고 있는 내셔널프레스빌딩 12층에 한겨레신문 워싱턴지국이 있었다. 한겨레신문이 처음으로 해외에 낸 특파원 사무실이다. 경제력이 시원찮다 보니 해외 특파원을 많이 내보내지 못하고, 우선 워싱턴에 특파원 한 명을 파견한 것이다. 돈 많은 신문사와 방송사에서는 워싱턴지국에 특파원을 2~4명씩 두고, 뉴욕과 로스앤젤레스에도 특파원을 두었다.

비록 내셔널프레스빌딩에서 '가장 작고, 임대료가 가장 싼' 사무실이지만, 'Hankyoreh Shinmun Washington Office'라는 문패도 붙였다. 빌딩 관리실에 알아보니 중고 가구가 있었다. 전화와 팩스, 조그만 소파까지 갖다놓았다. 조금 낡았지만 꽤 괜찮은 가죽 소파다. IMF 사태로 사무실을 폐쇄할 때까지 나는 이 조그만 소파에서 지친 몸을 쉬곤 했다. 길이가 짧아 늘 웅크릴 수밖에 없는 것이 괴로움이라면 괴로움이었다. 그래도 나는 이 사무실에서 참으로 행복하고 바쁜 한겨레 워싱턴 특파원 생활을 했다.

내셔널프레스클럽의 기자회견들

—잘못 알려진 NPC 회견

내셔널프레스클럽은 1908년 3월, 기자 32명이 모여 친목과 언론인 윤리 향상을 목적으로 만들었다. 창립 직후 회원이 급격히 늘어났으며, 1927년 지금의 위치로 옮겼다. 1920년대 말에 시작된 대공황 때는 재정적으로 큰 어려움을 겪기도 했지만, 언론인 조직체로서 명성은 계속 쌓아갔다. 그러나 내셔널프레스클럽도 미국 사회의 다른 분야와 마찬가지로 흑백과 남녀의 차별이 있었다. 1955년에야 흑인 기자들이 회원으로 가입할 수 있었고, 여성 언론인은 1971년까지 회원이 되지 못하는 차별을 당했다.

내셔널프레스클럽의 명물은 'NPC Luncheon Speaker'라는 프로그램이다. 우리말로 옮기면 '내셔널프레스클럽 오찬 연설자'가 되겠다. 둥근 테이블에서 점심을 한 뒤 그날의 주인공이 단상에 올라 연설을 하고, 뒤이어 질문과 답변이 따른다.

'오찬 연설' 자리에 다녀간 주요 인물을 보면 피델 카스트로, 니키타 흐루시초프, 윈스턴 처칠, 골다 메이어 이스라엘 수상, 인디라 간디 인도 수상, 찰스 드골 프랑스 대통령, 보리스 옐친 러시아 대통령, 넬슨 만델라 남아공 대통령, 야세르 아라파트 팔레스타인해방기구^{PLO} 의장, 빌리 브란트 독일 수상 등이 있다.

이 밖에도 여러 나라 대통령과 수상, 미국 안팎의 인사들이 이 자리에 초청받아 연설하고, 질의응답을 했다. 미국인 가운데 주요 인물로는 마틴 루터 킹 목사, 제시 잭슨 목사, 무하마드 알리, 힐러리 클린턴, 지미 카터, 제럴드 포드, 빌 클린턴 등이 대통령이 되기 전 주요 대선 후보로 이곳을 다녀가기도 했다.

한국인으로 오찬 연설 자리에 선 인물은 1965년 5월 21일 검은 선글라스를 쓴 채 연설한 박정희 전 대통령이 처음이고, 1967년 5월 정일권 국무총리가 그다음에 초대받았다. 이 자리에 가장 많이 선 인물은 김대중 대통령으로, 대통령이 되기 전인 1987년 4월, 1994년 5월과 1997년 4월 등 세 번이나 연설했다. 노태우 대통령은 1989년 10월 이곳에 초청되었다.

오찬 연설자는 내셔널프레스클럽 선정위원회에서 결정한다. 보통 연설 3주 전에 결정해 당사자에게 통보하고, 홍보에 들어간다. 그러나 사정에 따라 며칠 안에 결정될 수도 있다. 오찬 연설자 기준은 대통령·수상 등과 같이 한 나라의 '최고위 지도자', 현직은 아니더라도 '정치·사회적으로 큰 영향력이 있는 인물'이다. 연예계나 예술 분야의 탁월한 인물도 이 자리에 초청된다. 내가 워싱턴에 있을 때 NBC TV의 심야 토크쇼 사회자 제이 레노가 오찬 연설자로 초청되어 한바탕 웃음

보따리를 풀어놓고 갔다. 그는 심야 토크쇼의 황제로, 미국에서 수십 년간 군림하던 자니 카슨의 뒤를 이은 인물이다.

오찬 연설은 내셔널프레스빌딩 13층에서 가장 큰 '볼룸'에서 열린다. 이곳에 입장하기는 어렵지 않다. 자리가 한정되기는 하지만, 미리 돈을 내고 표를 사면 어느 사람에게나 개방된다. 표 값은 신분에 따라 다르다. 내셔널프레스클럽 회원은 점심 값으로 16달러만 내면 되지만, 일반인은 35달러를 내야 한다. 학생증이 있으면 회원과 같이 16달러다. 내가 워싱턴에 있을 때 점심 값이다. 지금은 꽤 올랐을 게다. 어느 나라 대통령이 오건, 미리 표만 끊으면 오찬 연설장에 참석할 수 있다. 노태우 대통령이 오찬 연설자로 왔을 때 워싱턴에 있는 한국 인권 문제를 다루는 단체에서 여러 명이 참석했다.

그런데 오찬 연설과 관련하여 잘못된 신화가 한국에 알려졌다. 흔히 이 자리에서 진땀을 흘리게 하는 날카로운 질문 공세가 이어지는 것으로 아는데 그렇지 않다. 어느 사람이나 질문할 수 있지만, 육성으로 하는 게 아니고 종이에 질문 내용을 적어 사회자(내셔널프레스클럽 회장)에게 보내면 이 가운데서 일부를 골라 질문한다. 그러다 보니 자연 질문에 맥이 빠지고, 보충 질문도 뒤따르기 어렵다. 사회자가 봐주려고 마음먹으면 얼마든지 '부드러운 질문'만 고를 수도 있다. 노태우 대통령이 오찬 연설자가 되었을 때 한국 인권을 위해 오랫동안 싸워온 패리스 하비 목사 등이 까다로운 질문을 적어 냈으나 채택되지 못한 것을 목격했다.

내셔널프레스클럽의 기자회견과 관련한 또 다른 잘못된 신화는 볼
룸에서 열리는 오찬 연설과 기자회견을 다른 장소에서 열리는 여러 기
자회견과 구분하지 않는다는 점이다. 오찬 연설보다 한 급 아래인 기
자회견은 '내셔널프레스클럽 뉴스메이커NPC Newsmaker'라는 프로그램이
다. 뉴스메이커의 형식은 오찬 연설보다 직접적이다. 오찬이라는 형식
도 없으며, 뉴스메이커로 나온 인물이 먼저 발언을 하고 기자들과 직
접 일문일답에 들어가는 공식적인 기자회견이다. 이 자리에 참석하는
데도 아무런 제한이 없다. 많은 경우 기자들 외에 자유기고가를 비롯
하여 학생, 민간 기구 관계자도 참석하여 기자들과 똑같이 질문하고
답변을 듣는다.

오찬 연설과 뉴스메이커에 등장하는 인물의 차이는 그 인물의 중요
도에 달렸다고 보면 된다. 정치·경제·사회·예술 분야 등에서 최고 위
치에 있는 인물과 정책 결정자들이 오찬 연설에 초청되는 반면, 뉴스
메이커에는 주로 실무 책임자나 외교관이 참석한다.

오찬 연설과 뉴스메이커 프로그램은 내셔널프레스클럽에서 직접 운
영한다. 그러나 이 외에도 내셔널프레스클럽 내의 방을 빌려 기자회견
을 하는 경우가 많다. 단체나 개인이 돈을 내고 방을 빌려 회견을 한
다. 워싱턴에 온 한국의 정치인이나 단체들이 "내셔널프레스클럽에서
기자회견을 했다"고 할 경우 대부분 이에 해당한다. 내셔널프레스클럽
에 있는 여러 방 가운데 하나를 빌려 기자회견을 하는 것이다.

그렇게 하는 이유는 내셔널프레스클럽이 세계 각국에서 온 특파원
들이 모여 있는 곳에 있고, 위치도 워싱턴 한복판이라 편리한 점이 많

기 때문이다. 오찬 연설과 뉴스메이커에 초청받은 경우를 제외한 기자회견은 대부분 내셔널프레스빌딩 13층에 있는 여러 방 가운데 하나에서 열린다. 젱거 룸, 피터 리사고르, 마거릿 버크화이트, 에드워드 머로, 홀먼 라운지, 퍼스트 어멘드먼트 라운지 등 유명 언론인이나 언론과 관련된 이름을 단 방들이다(퍼스트 어멘드먼트는 미국의 '수정헌법 1조'를 가리키는 말로, "표현의 자유, 언론의 자유, 평화로운 집회의 자유를 구속하는 그 어떤 법률도 제정할 수 없다"는 내용을 골자로 한다. 표현의 자유와 언론의 자유를 최우선시하는, 언론으로서는 금과옥조와 같은 헌법 조항이다).

그 많은 방에서 매일 이런저런 기자회견이 열렸다. 특히 북한 핵 문제, 노근리 학살, 한미 통상 문제 등 주요 현안이 있을 때 워싱턴을 방문하는 한국 관계자들은 방을 빌려 기자회견을 했다. 젱거 룸에서 자주 회견이 열렸다.

1994년 4월 중순 이기택 민주당 대표가 워싱턴을 방문했다. 이 대표는 워싱턴에 와서 북한 핵 문제와 우루과이라운드 협상에 대한 한국 야당의 입장, 미국의 한국 시장 개방 압력에 대한 한국 국민의 정서를 미국의 조야에 직접 전하는 것이 목적이라고 밝혔다.

한국 관리나 민간단체 관계자들이 워싱턴에 와서 하는 일이라는 게 거의 천편일률적이다. 미국 관리 중 가능한 한 높은 사람을 많이 만나고, 의회 쪽에도 가능한 한 서열이 높은 인사를 많이 만나고, 워싱턴포스트 등과 회견하고, 세계 각 나라의 특파원이 모여 있다는 내셔널프레스클럽에 와서 기자회견을 하는 것 등이다. 이런 일정 조정은 주미 한국 대사관 쪽에서 어느 정도 도움을 주는가에 달렸다. 아예 물 먹일 작정을 하면 얼마든지 골탕 먹일 수 있다. 워싱턴에 달리 아는 사람이 없으면 미국 관리와 의회 인사들을 만나고, 워싱턴포스트와 기자회견을 하는 일을 어떻게 주선할 수 있겠는가. 주미 한국 대사관의 정무·의회·공보팀 등은 미국의 카운터 파트너들과 접촉하기 때문에, 시간적인 여유와 의지만 있다면 얼마든지 회동을 주선할 수 있다. 물론 그 자리에서 얼마나 효과적으로 의사를 전달할 수 있느냐는 또 다른 문제다. 미국 관리나 의회 인사들과 나란히 서서 사진 찍는 것으로 워싱턴 방문의 성과를 자랑하는 경우가 많다.

이기택 민주당 대표도 야당 대표 자격으로 여러 사람들을 만났다. 앨 고어 부통령과 피터 타노프 국무부 정무담당 차관, 프랭크 위스너 국방부 정책담당 차관을 만났으며, 의회 쪽으로는 보브 돌 공화당 원내총무, 찰스 롭 상원 동아시아태평양소위 위원장, 리 해밀턴 하원 외교분과위 위원장 등을 만났다.

내셔널프레스클럽에서 기자회견도 했다. 그런데 이 기자회견이 이기택 대표에게는 매우 곤혹스럽고 실망스러운 것이었다. 이 대표를 비롯하여 민주당 관계자들은 아마도 한국에 잘못 알려진 '내셔널프레스클럽 기자회견'을 염두에 둔 모양이었다. 오찬 연설과 뉴스메이커의 차이를 알 리 없고, 뉴스메이커도 아닌 내셔널프레스빌딩 13층의 방을 빌려서 하는 기자회견에 참석자가 어느 정도인지 알 리 없었을 것이다. 뉴스메이커가 되어도 북한 핵 문제 등 민감한 현안이 아니면 그 분야에 특별한 관심이 있는 극소수의 미국 기자들밖에 참석하지 않는다.

이기택 민주당 대표의 기자회견은 오찬 연설도, 뉴스메이커도 아니고 내셔널프레스빌딩 13층의 방 하나를 빌린 평범한 기자회견이었다. 이 대표는 오찬 연설 정도의 의미가 있는 '큰 기자회견'을 염두에 둔 것처럼 '많은 준비'를 했다. 영문으로 연설문까지 준비했는데, 정작 기자회견장에는 외국 기자가 서너 명밖에 보이지 않았다. 그도 그럴 것이 한국 정치의 세세한 부분까지 관심이 없는 외국 기자들이 김대중 전 대통령처럼 널리 알려진 인물도 아니고 이기택 대표의 기자회견장에 나올 까닭이 없다.

기자회견 전날 몇몇 워싱턴 주재 한국 특파원들이 '걱정'을 했다. 내일 외국 기자들이 얼마 오지 않고 자리가 훤히 빌 텐데, 우리라도 참석해서 자리를 채워줘야 하지 않겠는가 하는 얘기까지 나왔다. 서울에서 이기택 대표와 함께 온 민주당 출입 기자는 풀 기자만 올 것이기에 더더욱 그랬다.

이기택 대표뿐만 아니다. 많은 사람들이 한국에서 워싱턴 사정을 모른 채 내셔널프레스클럽의 기자회견이 대단한 것인 줄 알고 와서 낭패를 보고 갔다. 중요한 것은 기자회견의 내용이다. 내용이 기자들의 관심 사항이라면 당연히 많이 몰려든다. 노근리 사건은 AP를 통해 널리 알려진 사건이라, 노근리 대책위 관계자들이 내셔널프레스클럽에서 기자회견을 하면 늘 외국 기자들로 북적거렸다. 그러나 관심거리가 아닌데도 '세계 각국의 기자들' 앞에서 기자회견을 한다는 허영심을 충족하기 위해 내셔널프레스클럽의 기자회견장을 이용했다가는 낭패를 보기 십상이다.

6부
워싱턴-서울, MB와 부시

미국에서 가장 부러운 제도

—약자 보호 정책(어퍼머티브 액션)

내가 미국에 18년 동안 살면서 가장 배우고 싶었던 점은 '어퍼머티브 액션'이라 부르는 약자 보호 정책이다. 어퍼머티브^{affirmative}라는 형용사는 '긍정적'이라는 뜻이 있다. 그래서 어퍼머티브 액션이라 하면 '구조적 차별을 없애기 위해 적극적으로 약자를 보호하는 긍정적 조치'를 뜻한다. 어퍼머티브 액션은 인종·성별·종교·나이 등에 따른 차별, 특히 과거부터 누적돼온 구조적·제도적 차별을 해소하기 위한 적극적이고 긍정적인 조치다. 어퍼머티브 액션을 흔히 '약자 보호 정책'이라고 번역하는 것도 이 때문이다.

이 말이 처음 쓰인 것은 1961년 존 F. 케네디 대통령이 평등고용기회위원회^{EEOC}를 설립하는 행정명령을 내릴 때다. 연방정부의 재정 지원을 받는 정부 프로젝트를 실천하는 과정에서 고용과 취업에 인종차별이 없도록 '긍정적 조치'를 취해야 한다고 밝혔다. 1964년 모든 차별을 금지하는 민권 법안이 통과됐으며, 이 법안의 정신을 더욱 구체적

이고 적극적으로 시행하는 정책과 조치들을 묶어서 '어퍼머티브 액션'
이라고 불렀다.

상대적으로 진보적인 민주당 집권 시절에 마련된 이 조치들은 구조
적·제도적으로 차별 받아온 사회적 약자가 공정한 경쟁을 할 수 있도
록 '특별 배려'하는 것이다. 예컨대 바둑에서 하수에게 접바둑을 허용
하는 것, 골프에서 핸디를 인정하는 것으로 이해하면 된다. 누적돼온
구조적·제도적 차별로 뒤처진 사회적 약자들에게 진정한 평등을 위해
출발점을 앞당겨주는 게 약자 보호 정책이다.

흑인은 수세기 동안 누적된 가난과 차별 때문에 애초부터 백인과
'공정한 경쟁'이 되지 않는다. 이런 조건을 무시한 채 산술적인 기회균
등을 내세워 똑같이 출발점에 세우면 흑인은 백인에 비해 절대적으로
불리할 수밖에 없다. 미국 합참의장을 지낸 콜린 파월은 흑인이다. 그
가 인정했다시피 약자 보호 정책이 없었다면 그는 결코 합참의장에 오
르지 못했을 것이다. 입학과 취업, 진급에서 태어날 때부터 우위에 있
는 백인들과 경쟁해서 이길 수 없기 때문이다.

민권 법안이 통과된 다음 해(1965년) 린든 존슨 미국 대통령이 약자
보호 정책과 관련한 연설에서 진정한 평등이 무엇인지 잘 보여줬다.
그는 민권 법안이 통과되어 모두 공정한 경쟁을 할 수 있다고 생각할
지 모르나, 수세기 동안 계속된 구조적·제도적 차별 속에 현존하는 불
평등을 없애지 않는 한 진정한 기회균등은 없다고 갈파했다.

대표적인 약자 보호 정책이 대학 입학과 취업, 진급, 연방정부의 사
업을 따내는 일에서 일정한 쿼터를 인정해주는 것이다. 예를 들어 명

문 대학 입학에서 흑인, 여성 등 사회적 약자에게 일정한 쿼터를 인정한다. 그러면 이들은 수능^{SAT} 성적이 낮아도 대학 입학이 가능하다. 같은 성적으로 백인 남자들은 입학하기 어려우나, 흑인은 입학이 가능한 것이다. 이는 기계적인 평등주의를 적용하면 불평등한 일이라고 주장할 수도 있다. 실제로 1970년대 후반부터 공화당 중심의 보수주의자들이 '역차별'이라 주장해왔으며, 보수적인 법원들은 약자 보호 정책을 뒤엎는 판결을 내리기도 했다.

약자 보호 정책은 상대적으로 진보적인 민주당과 보수적인 공화당의 가치관과 철학의 차이를 가장 분명하게 보여준다. 또 사회적 약자들이 동등하게 경쟁할 수 있도록 출발점을 옮겨준 것으로, 1960년대 미국의 진보 운동이 이룩한 뛰어난 업적 가운데 하나로 평가된다. 보수주의자들이 반격함에 따라 그 업적의 한 모퉁이가 무너지고 있으나 진정한 의미의 평등이 무엇인지, 그것을 위해 무엇을 해야 하는지 잘 보여준다. 이를 한국에 옮겨 적용해볼 수 있는 곳이 많다. 오랫동안 구조적·제도적으로 차별받아온 여성을 비롯한 사회적 약자들에게 일정한 쿼터로 특별 배려를 하는 것이 진정한 평등이라는 인식이 가장 절실하다.

과거에는 가난한 학생들이 열심히 공부해 명문 대학에 들어간다고 했지만, 지금처럼 족집게 과외에 해외 연수 등 돈이 없으면 뒤처질 수밖에 없는 구조에서는 '공정한 게임'의 정의와 적용하는 규칙도 달라져야 한다. 족집게 과외를 했다면 감점하고, 돈이 없어 해외 연수를 못하면 영어 점수에서 가산점을 주는 접근이 진정한 평등을 추구하는 사회가 아니겠는가. 그렇지 않으면 출발점부터 엄청난 불이익 속에 있는 아이들은 격심한 불평등과 불이익을 당할 수밖에 없다. 한국 사회에는 출발점부터 저만치 독주하는 '신판 귀족'들이 우글거린다.

나는 KBS 사장이 되어 어퍼머티브 액션의 정신을 신입 사원 채용 때 부분적으로 시행해보았다. 놀라운 변화가 있었다. 그 내용을 한겨레 칼럼에서 두 차례 소개했다.

지방대 할당제

KBS 사장으로 5년 2개월 동안 일했다. 우리 사회 한쪽에서는 '좌편향 방송을 주도한 빨갱이'로, 다른 한쪽에서는 '진보로 포장된 보수 꼴통' '미국 스파이' 등 욕을 얻어먹었다. 그런 가운데 KBS는 나의 재임 기간에 '신뢰도 1위, 영향력 1위' 자리를 누렸다. 시대정신인 '자율'을 확대하고, 상명하복의 수직적인 관료 조직을 '참여'의 수평 조직으로 바꾼 뒤 나온 성과다. 큰 보람이었다.

그런데 개인적으로 이보다 큰 보람을 느끼게 한 정책이 하나 있다. 그 성취는 내 마음속에 깊은 울림과 감동, 무지개 같은 아름다움을 준 것이어서 더 소중하다. 지방대 할당제를 중심으로 한 새로운 사원 채용 방식이다. 미국의 '어퍼머티브 액션(약자 보호 정책)' 정신을 KBS에서 실현하고 싶었다. 더군다나 준조세 성격의 수신료로 운영되는 공영방송사로서 '참평등'의 실현과 '다양·균형의 사회 구성'을 위해 마땅히 해야 할 책무이

기도 했다.

지혜를 모아 몇 가지 중요한 변화를 시도했다. 첫째, 지역 방송 요원의 절반은 그 지역 대학 출신을 우선적으로 뽑는 '지방대 할당제'다. 둘째, 선발 전 과정에 응모자의 출신 지역, 출신 학교, 가족 상황에 대한 기록을 모두 없애는 '블라인드 심사'다. 학교 서열과 출신 지역에 대한 선입관과 편견이 천형처럼 각인된 한국 사회에서 그것을 근원부터 없애는 매우 중요한 출발이었다. 셋째, 경제 조건에 따라 영향 받을 수밖에 없는 영어 점수 비율과 중요성을 낮추었다. 넷째, 장애인에게 10퍼센트 가산점을 주었다. 다섯째, 나이와 학력 제한을 모두 없앴다.

이 몇 가지를 도입했는데, 첫해인 2003년 말 공채 때부터 놀라운 결과가 나왔다. 특히 지방대 할당제와 블라인드 심사는 경이로운 답을 내놓았다. 모두 136명을 뽑았는데, 지방대를 나온 신입 사원이 무려 49명으로 36퍼센트를 차지했다. 기자·프로듀서·아나운서는 이전에 지방대 출신이 거의 전무했는데 기자 10명, 프로듀서 17명, 아나운서 4명이 지방대 출신이었다. 장애인도 2000년에 1명 합격한 이후 없었는데, 2003년 말에 4명이 합격했다. 놀랍지 않은가.

5년 동안 신입 혹은 경력 입사자를 출신 학교별로 모아보니, 참으로 다양하고 화려했다. 우선 서울의 이른바 명문대 출신의 '압도적 독과점' 현상이 사라졌다. 5년 동안 606명을 신규 채용했는데, 이 가운데 명문대라는 '스카이(서울대·고려대·연세대)' 출신은 175명으로 29퍼센트에 그쳤다. 서울대가 1위도 못 하고 2위로 밀려났다.

5년 동안 합격자를 낸 대학이 무려 81개나 되었고, 그 구성은 전국에 걸처 참으로 다양했다. 처음 들어보는 학교도 몇 있었다. 1명의 합격자를 낸 대학이 30개, 2명의 합격자를 낸 대학이 14개, 3명의 합격자를 낸 대학이 8개 등으로 구성이 다양했고, 분포는 전국적으로 고르게 나타났다. 무지개처럼 아름다웠다. 어느 대학 출신이건 모두 일을 잘하고 생각도 건강했다.

우리가 채택한 지방대 할당제는 지역 방송 사원의 절반에만 적용된 '부분적'인 것이었다. 전국으로 확대했다면 더 좋은 결과가 나왔으리라 본다. 지방대 할당제, 블라인드 심사 등을 국가와 공기업에서 실시하는 모든 채용 시험에 도입하고, 일반 사기업에서도 적극 따른다면 우리 사회가 지금 골머리를 앓는 교육 문제, 특히 명문대 입학을 위해 어릴 때부터 짊어져야 하는 무한 경쟁과 서열화, 교육 양극화 등의 많은 문제가 해소되고, 전국의 균형 발전도 자연스레 이뤄지리라 믿는다. 의미 있는 결과는 5년 동안 KBS의 직접 체험에서 검증되었다.

명문대-'좋은 일자리' 독점-승자 독식, 그 사슬을 끊어야 한다. 우리 아이들 삶이 너무 처절하다.

-한겨레 2010년 9월 6일

세습과 공정 사회

북쪽의 권력 세습이 논쟁거리다. 그런데 남쪽에도 세습은 차고 넘친다. 족벌 언론, 재벌, 사학 재단, 대형 교회……. 그런데 가장 구조적이고 광범위한 세습은 부모의 경제적·사회적 조건이 학업 성취와 입학, 취업에서 자녀 세대로 '세습'되어 불평등이 구조화·고착화되는 것이다. 이를 보여주는 사례는 얼마든지 있다.

1. 1970~2003년 서울대 사회대에 입학한 학생 1만여 명을 대상으로 분석한 자료를 보면, 전문직·관리직으로 구성된 고소득 직군 자녀들의 입학률이 저소득 직군의 자녀보다 무려 16배(2003년) 높았다.

2. 2004~2010년 서울대 신입생의 아버지 직업의 변천을 보면, 전문직·경영관리직 아버지를 둔 신입생이 2004년에 전체 신입생의 60퍼센트를 차지했는데 2010년에는 64.8퍼센트로 늘었다. 반면 농·축·수산업이나 비숙련 노동에 종사하는 아버지를 둔 신입생 비율은 2004년 3.3퍼센트에서 2010년 1.6퍼센트로 줄었다. '개천에서 용 나는 일'이 불가능해지고 있다.

3. 한 달에 사교육비로 평균 50만 원을 지출하는 고등학생이 내신 성적 3등급 이상에 속할 확률은 사교육을 전혀 받지 않았을 경우보다 2배 이상 높다(김민성 성균관대 교수 '고등학교 내신 성적에 대한 사교육비 지출의 효과').

4. 부모의 소득수준에 따라 아이들의 장래 희망도 큰 차이가 있었다. 부모 소득이 높고 특목고에 다니는 학생일수록 고소득 전문직을 희망하는 반면, 부모의 소득이 낮고 특성화고(옛 전문계고)에 다니는 학생일수록 저소득층 직업군을 희망했다. 가난이 꿈마저 가난하게 만들었다 (올해 10월 권영길 민주노동당 의원 조사).

취업을 비롯해서 살아가는 동안 우리 사회에서 겪어야 하는 학벌, 지역 등에 따른 혹독한 차별을 생각하면 부모의 사회·경제적 조건이 자녀 세대로 세습되고, 이로 인해 신분의 양극화가 심화되는 세습적 불평등 구조를 깨는 것은 '공정 사회'로 가기 위해 가장 먼저 타파해야 할 과제다. 이를 위해 시급하게 제도화해야 할 방법은 구조적 불평등에 갇힌 사회적 약자에게 '할당제'와 같은 적극적 조치를 취하고, '주홍 글씨'처럼 각인된 학벌과 지역에 대한 편견과 선입관을 근원적으로 없애기 위해 '블라인드 심사'를 제도화하는 일이다.

혹자는 할당제가 역차별이라고 주장한다. 특히 효율성과 능력의 극대화가 절대적 가치라고 믿는 시장 근본주의자들은 '강자'가 기회를 갖는 것은 당연하고 자연스런 현상이라 주장한다. 예를 들어 대학 입학을 결정할 때 사회·경제적 조건 따위 헤아릴 필요 없이 '절대 점수'가 높은 학생이 입학하는 것이 당연하다는 얘기다. 인간 사회를 약육강식이 지배하는 정글의 동물 세계와 같은 것으로 보면 이 말은 맞다.

그러나 사람 사는 세상은 '동물의 왕국'과 다르다. 더불어 살아가는 '공동체 삶'을 지향한다. 사회·경제적 조건을 비롯해 여러 조건에서 뒤처진 이들에게 긍정적인 '배려의 점수'를 주어 출발점이 균등하도록 하는 것은 공정 사회, 기회균등 사회를 위한 출발점이다.

미국에서 케네디 대통령이 등장함에 따라 진보의 물결이 일기 시작한 1960년대 초, '어퍼머티브 액션'이 도입되었다. 근본정신은 '기회균등'이었다. 사회·경제적 조건에 따라 만들어진 불평등을 없애기 위해 사회적 약자 집단에 일정한 기회를 강제로 할당하는 정책이다. 흑인으로서 합참의장을 거쳐 국무부 장관까지 지낸 콜린 파월이 "이 자리에 이를 수 있었던 것은 오로지 어퍼머티브 액션 덕분"이라고 고백한 일은 유명한 일화다.

우리 사회가 진정으로 성숙한 공정 사회로 가려면 기회균등을 위한 적극적인 조치가 필요하다. 구조적으로 불평등한 자리에 있는 이들에 대한 적극적인 할당제, 학벌과 지역 등에 대한 편견과 선입관을 근원적으로 없애는 블라인드 심사를 제도화할 때가 되었다.

—한겨레 2010년 11월 1일

미국의 한반도 정책 결정 구조

— 한반도를 요리하는 손들

1991년 봄, 미국 국무부는 핵안전협정 서명 등 북한 핵 문제를 해결하기 위해 대북 정책의 전환을 시도했다. 그때까지 북한과 미국 사이에는 학자 교환, 문화 교류 등 극히 제한된 접촉 외에 본격적인 대화가 없었다. 당시 국무부 동아시아·태평양 담당 차관보 리처드 솔로몬(나중에 미국평화연구소 소장 역임)을 중심으로 백악관, 국방부, CIA 등 관련 부서 차관보급이 대북 정책을 종합적으로 재평가했다.

그 결과 나온 작품이 'NSR-28'이라는 비공개 정책 보고서다. 이 보고서는 선택 가능한 세 가지 방안을 제시했다. '매우 제한된 대북 접촉만 허용하는 소극적 정책 지속, 한국에 배치된 미군 핵무기 철수 등 북한의 요구를 들어주는 유인책을 사용하면서 적극적인 북·미 대화 시도, 외교적·경제적·군사적 수단을 동원한 압박 강경책' 등이다. 국무부는 적극적인 대북 대화를 선호했지만, 강경파는 반대했다. 솔로몬은 훗날 "다른 기관들에게 충분한 지지를 얻지 못했다"고 밝혔다.

여기서 드러나듯 한반도 정책을 둘러싸고 미국 정부 기관의 접근 방식과 시각이 다르다. 대체로 국무부가 온건한 외교적 해결을 원하는 반면, 국방부와 정보기관은 강경책을 선호한다. 1998년에 터진 북한 금창리 핵 의혹 사건은 국방부 쪽에서 대북 강경몰이를 위해 미국 언론에 흘렸다는 게 정설이다. 금창리 사건은 현장 조사 결과 핵 시설과 무관한 것으로 밝혀졌는데, 이를 둘러싼 한반도 제2 핵 위기설 등을 생각하면 대북 강경론이 얼마나 허망하고 위험한지, 첩보 위성에 의존하는 북한 정보가 얼마나 제한적인지 잘 보여준다. 행정부 안의 견해 차이는 부처 간 토론과 협의를 거쳐 조정되는데, 아무래도 결정적인 영향력은 대통령의 생각과 철학, 이를 뒷받침하는 백악관의 외교 안보 팀, 국무부 장관의 손에 달렸다고 볼 수 있다.

북한 문제 등 한반도 정책에 대한 협의는 대략 세 층으로 다뤄진다고 보면 된다. 가장 기초적인 부처 간 협의는 부차관보 회의다. 백악관·국무부·국방부·CIA의 부차관보급이 참가하는 관계 부처 회의로, 각 부처의 아시아 혹은 '코리아' 담당 실무자들이 올린 자료와 대책을 가지고 고위 실무자인 부차관보들이 논의한다. 백악관의 아시아 담당 선임보좌관, 국무부의 동아태 담당 부차관보, 국방부의 지역안보국 아시아 담당 부차관보, CIA의 아시아담당관이 참석한다.

그다음 협의체는 차관 회의다. 백악관·국무부·국방부·CIA의 차관급이 참석하는 가장 중요한 모임이다. 중요 정책이 대부분 차관 회의에서 결정된다. 1주일에 한 번 정도 열리는 이 모임에는 백악관의 안보 부보좌관, 국무부의 정무 담당 차관, 국방부의 정책 담당 차관, CIA의 부국장이 참석한다.

최고 협의체는 주요 각료 회의다. 대통령과 부통령, 백악관 안보보좌관, 국무부 장관, 국방부 장관, CIA 국장 등이 참석하고 군사적 문제가 있을 때는 합참의장도 포함된다. 북한 핵 위기가 최고조로 달한 1994년 6월 16일, 클린턴 대통령 주재로 대북 제재와 군사력 증강을 포함한 군사작전을 논의한 것도 주요 각료 회의다. 그 시각, 북한을 방문한 지미 카터 전 대통령이 김일성 북한 주석을 만나 극적인 핵 동결 합의를 얻어 위기의 순간을 넘겼다. 카터와 김일성의 합의가 없었다면 한반도에 무슨 일이 일어났을지 모르는 참으로 아찔한 순간이었다. 일부 한국 관리들은 당시 상황이 과장됐다고 주장하지만, 그날 주요 각료 회의의 분위기는 매우 긴박했다는 것이 여러 경로를 통해 확인됐다.

남북한이 문제 해결에 주도적이지 못할 때 우리의 운명은 다른 나라에 의해 결정될 수도 있음을 거듭 확인해준 상황이다. 대북 강경책으로 몰고 간 김영삼 정부와 이를 부추긴 수구 언론의 극성도 주원인으로 작용했다. 강경론의 악순환은 한반도 문제를 우리 손에서 더 멀리 가도록 했으며, 한국을 미국의 바지 자락을 붙잡고 늘어지거나 이런저런 몽니를 부리는 아웃사이더로 만들었다. 그 참담한 현장을 워싱턴과 제네바에서 수없이 목격했다.

평화가 오는 것이 두려운 세력들

—미국의 산·군 복합체

미국에서 대북 강경론을 주도하는 세력은 국방부와 정보기관이다. 이들은 평화가 오면 직업을 잃게 되는 집단이다. 냉전이 해체되자 미국 정보기관 내 소련 전문가들이 일거리가 없어져 패닉에 빠졌다는 얘기도 있었다.

그런데 국방부 쪽 사람들이라고 다 똑같은 건 아니었다. 11년 동안 워싱턴 특파원으로 일하면서 많은 사람들과 회견했는데, 그 가운데 잊히지 않는 인물이 진 라로크 전 미 해군 제독이다. 그는 미국의 국방 정책과 군사작전에 대한 문제가 제기될 때마다 TV 프로그램에 나와서 군사작전을 적극 반대했다.

워싱턴의 보수파는 그를 레드 애드머럴Red Admiral, 즉 '빨갱이 제독'이라고 불렀다. 그들의 시각에서 진 라로크 전 해군 제독의 견해는 '너무 과격'했다. 걸프전쟁 때 거의 전 미국이 컴퓨터게임 같은 일방적 전쟁을 지지했는데, 그는 이를 맹렬하게 비판하면서 힘으로 밀어붙이는 미국을 통렬하게 공박했다.

나는 워싱턴 특파원으로 발령받고 넉 달 남짓 지난 1989년 10월에 진 라로크 전 해군 제독과 회견했다. 그는 1987년 북한을 방문해 둘러본 결과 무기 체제가 대부분 낡아 빠진데다, 산업과 기술 수준이 남한과 비교가 되지 않을 정도로 뒤떨어져서 모든 측면에서 북한이 남한을 공격할 능력이 없다고 밝혔다. 따라서 주한 미군의 존재는 분단을 영구화하는 통일의 장애물일 뿐이며, 더는 남한에 주둔할 필요가 없다고 말했다.

그가 소장으로 있던 국방정보센터CDI는 진보적인 퇴역 장교들이 주축을 이루는 민간 국방 연구 단체다. CDI는 엄청난 돈을 삼키는 무기 개발과 국방비 증액, 군비경쟁 등 미국 국방 정책을 끊임없이 비판해왔다. 진 라로크에 이어 유진 캐롤 전 해군 제독이 CDI 소장 자리를 이어받았는데, 그는 북한 핵 위기가 한창 고조되던 1994년 4월 미국의 대북 강경몰이를 맹렬하게 비판했다. 그즈음 로스앤젤레스타임스에 기고한 글에서 유진 캐롤 소장은 당시 북한 핵 위기의 본질을 다음과 같이 분석했다.

미국 국방부는 북한을 새로운 적으로 만들기 위해 매우 잘 짜인 캠페인을 벌이고 있다. 국방부는 지금 '2개 지역 전쟁' 전략에 근거한 국방 예산을 합리화하기 위해 두 적이 필요하다. 북한은 미국 국방비의 1퍼센트도 안 되는 돈을 국방비로 사용하기 때문에, 핵무기라는 무시무시한 것으로 일을 떠벌릴 때 비로소 북한을 만족스러운 적으로 만들 수 있다.

그러나 미국의 양심을 지켜주는 이런 목소리는 소수에 불과했다. 워싱턴을 지배하는 주류의 목소리와 미국의 정치·경제를 지배하는 것은 군·산 복합체로 상징되는 집단이다. 이들은 영화배우 출신 강경 보수주의자 로널드 레이건 대통령이 등장한 뒤 전성기를 누렸다. 예를 들어 1988 회계연도에 맥도널드더글러스 등 11대 군수 업체의 국방부 납품 총액이 무려 500억 달러에 이르렀다. 그해 국방 예산 총액이 2900억 달러였으니, 11대 군수 업체의 납품 총액이 거대 국방 예산의 6분의 1을 차지한 셈이다. 이들 군수 업체 수익의 80~90퍼센트가 국방부 납품에 따른 것이니, 미국 국방 예산은 먹성 좋은 군수 업체의 손쉬운 먹잇감이라 해도 지나친 말이 아니다.

1980년대 말, 냉전 체제가 해체되고 거대한 미국 국방 예산의 근거가 돼온 '악의 제국' 소련이 해체되자, 미국의 군수 업체들은 두려움과 공포에 떨기 시작했다. 생존의 근거가 무너지고 있었기 때문이다. 당시 군수 업체의 심정이 어떠했는지는 공군에 F-16 전투기, 육군에 M-1 탱크, 해군에 핵추진 잠수함 트라이던트 등을 공급하던 미국에서 둘째로 큰 군수 업체 제너럴다이내믹스의 스탠리 스페이스 수석 상임이사의 말이 대변해준다.

"개인적으로 지금 이는 평화의 물결에 매우 감동하고 있다. 그러나 회사 일을 생각하면 가슴이 답답하다."

1990년 1차 걸프전쟁이 터졌을 때 이라크에는 매일 2500회 출격을 감행한 연합군의 공습으로 폭탄 6000개와 무기 2000톤이 투하됐다. 걸프 만에 배치된 미 전투함에서는 개당 230만 달러짜리 토마호크미사

일이 288개나 발사됐다. 하루에 16억 달러씩 든 걸프전쟁을 냉전 해체 뒤 쌓여가던 미국의 무기 재고를 정리한 실습장이라고 비판한 것도 이 때문이다.

1차 걸프전쟁 때나 유고 공습 때 미국은 거의 피를 흘리지 않으면서 최신식 무기로 하늘에서 일방적으로 공격했다. 그 과정에서 무수한 미사일이 발사되고, 그렇게 없어진 미사일 재고를 채우기 위해 새 미사일이 보충되어 군수 업체는 돈을 번다.

전직 CIA 요원으로 있다가 나중에 맹렬한 CIA 비판자가 된 필립 에이지는 1차 걸프전쟁의 위기가 치달을 때 〈적절한 위기의 생산〉이라는 글을 발표했다. 이 글에서 그는 군·산 복합체를 근간으로 한 미국 경제를 유지하기 위해서는 '적절한 위기'가 필요하다고 밝혔다.

실제로 냉전이 해체된 뒤 미국의 국방부와 정보기관을 포함한 강경 매파들은 '적절한 위기'와 이를 위한 '새로운 적'이 필요했다. 새로운 적의 형태는 빌 클린턴 대통령이 취임 뒤 임명한 제임스 울시 CIA 국장의 인준 청문회 때 구체적으로 드러났다. 1993년 2월 미국 상원 정보위에서 직접 들은 그의 발언이 지금도 귀에 쟁쟁하다.

"우리는 분명히 거대한 용(옛 소련을 말한다)을 죽였다. 그러나 지금 우리는 온갖 독사들이 우글거리는 밀림에 살고 있다. 여러 측면에서 한 마리 용을 추적하는 것이 훨씬 쉬운 일이었다."

그가 지칭한 '독사들'은 "제삼세계의 핵무기와 탄도미사일 확산, 유고슬라비아에서 벌어진 것 같은 인종 분규, 마약 거래, 테러, 서방의 중동 석유 의존" 등이다. 그 뒤 북한, 이란, 이라크 등 '깡패 나라들'의 대량 살상 무기 확산 문제가 적극적으로 제기됐으며, '새로운 위협'에는 당시 연 290억 달러 규모의 정보기관 예산과 연 2600억~2700억 달러 규모의 국방 예산이 '필요'했다. 냉전이 끝난 뒤인 2000년에도 미국의 국방 예산은 미국을 제외한 12대 강국의 국방비를 모두 합친 것보다 많고, 연 300억 달러 규모인 중국·영국·독일에 비해 거의 10배나 되었으며, 지금도 별로 다르지 않다.

거대한 국방 예산은 끊임없는 무기 개발과 구입에 쓰였으며, 그것은 군수산업과 국방부를 무기 중독증에 빠지게 만들었다. 무기 중독증의 낭비를 가장 잘 보여주는 예가 B-2 스텔스 폭격기다. 개발비만 450억 달러가 든 이 폭격기는 2000년까지 20대가 생산되었으며, 한 대 값이 무려 22억 달러(약 2조 4000억 원)나 되었다. 비행기와 헬리콥터를 합친 '오스프레이'라는 수송기도 무기 개발에 따른 낭비의 전형으로 2000년까지 개발비만 무려 370억 달러를 삼켰는데, 2000년 4월 초 시험비행에서 추락해 탑승했던 해병대원 18명이 모두 숨졌다. 원래 한 대에 4000만 달러(약 410억 원)가 들 것으로 추정됐으나, 당시까지 개발비를 포함하면 8300만 달러(약 910억 원)가 들었다. 미국 공군의 차세대 공군기로 개발한 F-22도 낭비의 전형이다. 2000년까지 개발비만 700억 달러(약 770조 원)가 들었고, 당시 한 대 값이 무려 2억 달러(약 2200억 원)로 추정되었다.

냉전 체제가 급속도로 해체되던 1989년 말께, 미국 컬럼비아대학의 산업공학 교수 세이무어 멜먼 박사는 뉴욕타임스에 기고한 글에서 국방 예산을 사회 개발비로 전용할 것을 강력히 제안했다. 그에 따르면 미국은 1947년부터 1987년까지 40년 동안 국방비를 7조 6000억 달러 썼는데, 이는 미국 내 모든 공장의 설비와 민간 부문의 사회간접자본 SOC을 모두 합친 금액과 맞먹는다는 것이다. 그러니까 미국에서 사람이 만든 거의 모든 것을 다시 세우기에 충분한 재원을 국방비가 삼켰다는 얘기다. 그것이 국방비 대신 사회 개발비로 사용됐다면 그 사회가 어떤 모습을 띠고 있을지는 재론할 필요가 없다.

미국만의 얘기가 아니다. 남과 북 모두 그동안 소모적인 냉전 대결 속에서 엄청나게 많은 재원을 낭비해왔다. 전쟁·죽음·파괴의 무기가 아닌 평화·생명·건설의 쟁기를 위해 남과 북이 역사와 민족 앞에 참회해야 한다.

정치 낭인 이명박의 '워싱턴 커넥션'

―오만, 무모, 권력 도취, 그리고 '언론 3적'

2000년 6월 귀국할 때까지 한겨레신문 워싱턴 특파원 생활을 포함하여 18년 동안 미국에 머물렀다. 그래서 '이명박'이라는 이름과 존재를 두드러지게 알지 못했다. 그의 이름을 조금 가까이 접한 것은 1999년 워싱턴에서다. 1998년 말 워싱턴에 도착한 그는 1년 동안 조지워싱턴 대학 객원 연구원으로 머물렀으며, 이런저런 이야기가 들려왔다.

1996년 9월 보좌관이던 김유찬 씨가 선거법 위반 사실을 폭로했고, 한 달 뒤 이명박 의원은 선거법 위반으로 불구속 기소되어 1997년 9월 서울지방법원에서 유죄판결을 받았다. 1998년 2월 의원직을 사퇴하고, 한나라당 서울시장 경선 출마를 선언했다. 두 달 뒤 서울고등법원이 선거법 위반 항소심에서 선거법 위반으로 벌금 400만 원을 선고했으며, 이 판결이 대법원에서 확정될 경우 피선거권이 박탈될 것(실제로 1999년 4월 상고가 기각되고 원심이 확정됨)을 우려, 서울시장 경선을 포기하고 1998년 말 워싱턴으로 갔다(그 뒤 2000년 8·15 대사면에 포함되었고,

318

2002년 6월 서울시장 후보로 나섰다).

　이명박 전 의원이 워싱턴에 머무르던 1998년 말부터 1년은 어찌 보면 그의 생애에서 가장 외로운 낭인 시절이 아니었나 싶다. 젊은 시절 현대그룹에서 승승장구하던 그는 '정치 1번지'라는 서울 종로구에서 국회의원으로 당선되었고, 그 뒤 서울시장이라는 또 다른 꿈을 향해 달려가다 보좌관의 고발로 정치 행로에 브레이크가 걸렸다.

　그가 워싱턴에 머무르던 때, 일부 한국 특파원들과 골프를 치면서 가깝게 지낸다는 이야기가 들렸다. 워싱턴에 와 있는 정치 낭인들이 하는 일이 뻔하다. 시간 나면 골프 치고, 일요일에는 한인 교회에 나가고, 평일에는 한인 음식점 등에서 한국 동포와 대사관 직원, 특파원과 식사하거나 술 마시고, 가끔 있는 한국 관련 세미나에 참석해서 귀동냥하고……. 미국의 어느 대학 객원 연구원도 이름만 그럴듯하지 속 빈 강정이다. 대학에서 연구실조차 주지 않는 경우가 대부분이고, 책상 하나와 도서관 출입증을 주는 게 전부인 경우도 허다하다.

　이명박 전 의원의 행동반경도 이와 크게 다르지 않았을 터다. 한국 특파원이나 대사관 직원들과 잘 어울린다는 이야기도 들려왔다. 이명박 전 의원이 외로웠을 때라, 워싱턴에서 어울리던 인사들과는 보통 이상의 인간적 친밀함을 느낄 수도 있었을 것이다. 국회의원선거법 위반으로 정치 생명이 끝날 것 같던 그에게 워싱턴 체류 기간은 그가 자서전에서 밝힌 대로 "역경을 넘기고 정치적 재도약을 할 수 있게 만들어준 시기"다. 그래서 당시 그가 맺었을 인간적 교류와 관계는 '워싱턴 커넥션'이라 불러도 좋을 끈끈함과 친밀감이 있었을 것이다.

다음 명단을 훑어보면 우연이라고 보기 힘든 워싱턴 커넥션의 그림자가 드리운다. 이명박 정권 출범 당시 주요 자리에 1999년 주미 한국 대사관에 근무하던 인사들이 다수 포함되었다.

유명환 전 외교통상부 장관 : 당시 주미 한국 대사관 정무공사
김성환 현 외교통상부 장관 : 당시 주미 한국 대사관 경제참사관
김영호 전 행정안전부 제1차관 : 당시 주미 한국 대사관 행정자치부 주재관
홍석우 전 중소기업청장 : 당시 주미 한국 대사관 산업자원부 주재관

　여기에 또 다른 주요 인사가 있다. 바로 '박연차 게이트' 수사를 진두지휘한 이인규 전 대검 중수부장이다. 당시 주미 한국 대사관 법무협력관이던 그는 이명박 정권 출범 뒤인 2008년 3월 대검 기획조정부장이 되었고, 이듬해 1월 검찰 내 '빅4'로 알려진 대검 중수부장으로 임명되는 등 승승장구했다.
　워싱턴 커넥션을 좀더 구체적으로 확인시키는 인물이 당시 한국일보 워싱턴 특파원을 지낸 신재민 전 문화체육관광부 제1차관이다. 신재민 전 차관은 워싱턴 시절 인연으로 이명박 전 서울시장이 한나라당 대통령 후보로 나선 초기에 그의 캠프에 뛰어들었다. 그는 이명박 후보가 대통령에 당선된 뒤 "워싱턴에서 기자들, 공무원들과 함께 골프 라운딩이 있었고, 운동 후에는 함께 토론을 벌이곤 했다"고 말했다.
　한국일보 워싱턴 특파원을 지낸 뒤 귀국하여 한국일보 사회부장, 정치부장 등 요직을 거친 신재민 전 차관은 한국일보가 경제적으로 매우

어려운 시기에 조선일보로 옮겨《주간조선》편집장을 맡기도 했다. 그는 이명박 대선 캠프에서 정무 기획을 맡았고, 이명박 후보를 매일 아침 만나 1일 보고를 하면서 언론 보도와 정세를 브리핑한 것으로 알려졌다. 매일 아침 만나서 첫 보고를 하는 인물이 가장 힘이 센 실세가 되는 법이다.

그런 인물이기에 자기 힘을 과신한 탓인지, 이명박 정권 출범 뒤 말을 함부로 하기도 했다. YTN, MBC, 그 밖에 언론과 관련하여 정제되지 않은 그의 발언을 보면서 오만, 무모, 권력 도취 같은 단어들이 떠올랐다. 최시중 방송통신위원회 위원장, 이동관 전 청와대 홍보수석 등 이명박 정권 실세 인사들의 특징이기도 하다. 그들은 권력이 무한한 것처럼 말하고 행동해왔다. 지난해 6월 이들이 언론노조와 시민 단체, 야당에게 '언론 3적'으로 지목된 것도 이 때문이다.

신재민 전 차관은 나의 문제와 관련해서도 거침없이 말했다. 나에 대한 사임·해임 압박이 심하던 2008년 7월, 그는 "임명권자인 대통령이 KBS 사장을 해임할 수 있다"면서 "만약 해임 사유가 정당하지 않다고 여기면 무효 소송을 해서 법원에서 판단하도록 하면 된다"고 했다. 이런 발언이 그의 개인적인 생각이나 판단에서 나왔다고 보는 이는 없을 것이다. 당시 정권 내부에는 'KBS 대응책'이 마련되었을 테고, 그 뒤의 일은 지휘부가 없다면 도저히 상상하기 어려울 정도로 일사불란하게 진행되었다. 감사원, 검찰, 국세청, 교육부, 방송통신위원회, KBS 이사회가 지휘자 한 사람의 손끝에 따라 연주되는 오케스트라처럼 일사불란하게, 톱니가 물리듯 착착 '해임'을 향해 움직였다.

'이명박'이라는 이름과 존재를 좀더 가까이 경험한 것은 그가 서울 시장으로 재임 중 청계천을 복원하여 통수식을 한 때다. 2005년 10월 1일, 오후 6시부터 두 시간 동안 청계천 출발점인 광화문 동아일보사 앞 청계광장에서 '청계천 새물맞이 행사'가 열렸다. 노무현 대통령 내외와 여야 대표, 이명박 서울시장, 각계 인사, 시민 대표 등이 참석한 가운데 통수식이 있었다.

이 행사가 열리기 전, 이명박 서울시장과 그의 가장 가까운 정치적 동지 이재오 의원(당시 문광위 소속) 측이 KBS에 이 행사를 생방송으로 진행해줄 것을 요구했다. KBS 임직원들은 KBS의 결산 심사를 하고, 국정감사를 하는 문광위 위원들의 부탁을 거절한다는 것은 참으로 난감한 일이 아닐 수 없다.

그런데 이 요청이 내게 직접 오지 않았다. 당시 KBS 안팎에는 정연주 사장에게 무얼 부탁해서 되는 일이 별로 없다는 소문이 퍼져 있었다. 나는 웬만한 결정권은 본부장과 실무진에게 넘겼다. "가장 힘없는 KBS 사장이 되겠다"는 약속을 지키려고 노력했으며, 자율의 공간을 최대한 넓히려 했다.

통수식 관련 이야기는 나중에 보도본부 간부에게서 우연히 전해 들었다. 보도본부에서는 통수식 생방송이 어렵다는 뜻을 전달했다는 것이다. 보도본부에서 반대한 이유는 간단하다. 오후 6~7시대 방송 편성을 바꾸기 매우 힘들뿐더러, '서울시 행사'를 상당 시간 할애해서 전국적으로 방송하기 곤란하다는 것이었다. 대신 저녁 7시 KBS 1TV 〈뉴스네트워크〉 시간에 현장과 연결하여 길게 뉴스로 다뤄주는 것이 좋겠다는 결론을 내렸다고 한다. 그런 결론이 내려진 것조차 훨씬 뒤에 알았다. KBS는 그때 자율의 시대를 즐기고 있었다.

홍보 효과 측면에서 보면 그 행사를 생중계로 지루하게 보여주는 것보다 시청률이 높은 뉴스 시간에 현장과 연결하여 제대로 보도해주는 것이 낫다. 나는 뉴스에서 다뤄주면 오히려 이명박 시장 쪽에는 잘된 것으로 받아들이겠거니 생각했다.

결국 그렇게 방송이 나갔다. 그러나 이명박 서울시장과 주변 정치권에서는 이 일을 두고두고 괘씸하게 여겼다는 이야기를 그 뒤 여러 경로를 통해 들었다. 정연주 사장이 노무현 대통령의 '코드 인사'고, 그가 이명박 서울시장 등 한나라당 쪽이 잘되는 꼴을 보지 못해 통수식 생중계를 못 하게 했다는 이야기다.

나로서는 좀 억울했지만 어쩌겠는가. 사실이 아니라도 KBS 사장으로 있는 한 피할 수 없는 업보였다.

"수도 서울을 하나님께 봉헌한다"

―MB에게서 부시의 망령이 보인다

조지 W. 부시 전 대통령과 이명박 대통령은 여러 가지 면에서 닮은 점이 적지 않다. '경영인'의 길을 걸은 점, 텍사스 주지사와 서울시장을 지낸 점, 거짓말로 신뢰 붕괴, 종교적 편협함, 부자 감세와 정부 지출 증대로 국가 부채 급증, 네오콘과 같은 강경 우파의 득세, 주변 인사들의 오만 방자함, 집권 여당의 의회 다수 지배, 대북 강경론, 정권 친화적 언론의 토양, 심지어 자기 나라 말을 제대로 사용·표기하지 못하는 점까지 닮았다.

  2008년 미국 대선에서 민주당 버락 오바마 후보가 승리하여 백악관의 주인이 된 것은 단순한 '정권 교체'의 의미를 넘어, 미국의 보수주의 물결에 일대 타격을 가한 역사적 사건으로 해석하는 이들이 적지 않다. 조지 W. 부시 대통령이 집권한 8년 동안 드러난 독선과 오만, 일방주의, 대내외 정책 실패 등으로 1980년 로널드 레이건 대통령 당선 이후 미국 사회에서 지속된 '보수주의 상승세'가 결정적으로 꺾이는 계기가 되었다.

미국 프린스턴대학 역사학과의 션 윌런츠 교수는 〈부시, 최악의 미국 대통령?〉(2006년 3월), 〈부시는 어떻게 공화당을 망쳤는가〉(2008년 9월 미국 음악 잡지《롤링스톤》게재)라는 글에서 부시가 몰락한 과정과 그것이 미국의 보수주의에 어떤 타격을 가했는지 예리하게 분석했다.

컬럼비아대학 역사학과의 에릭 포너 교수는 2006년 12월 워싱턴포스트에 기고한 글에서 부시를 '최악의 대통령'으로 지목했다. 부시는 '테러와 전쟁'을 선포하고, 이를 추진하는 과정에서 법의 무시, 인권침해, 권력 남용, 정치적 리더십의 실종, 잘못된 정책 등으로 최악의 대통령이 되었다고 단언했다. 포너 교수는 부시의 권력 남용과 실정이 법 위에 있다고 자만한 워터게이트사건의 주인공 리처드 닉슨 대통령보다 심했다고 지적하면서, "부시는 미국 역사상 최악의 대통령으로 자리매김할 수밖에 없다"고 결론지었다.

이런 평가는 부시 8년 재임 중 지지율과 의회 의석수의 변화 등에서 구체적으로 확인된다. 2000년 대선에서 부시는 민주당 앨 고어 후보에게 54만 표 뒤졌으나, 선거인단 투표에서 271대 266으로 앞서 힘겨운 승리를 거뒀다. 특히 선거인단이 25개나 되는 플로리다 주에서 537표라는 아슬아슬한 차이로 부시가 이겼지만, 앨 고어 후보에게 유리한 팜비치 지역의 1만 9000표가 무효 처리되지 않거나 재검표 했다면 역사는 완전히 달라졌을지 모른다.

아슬아슬하게 승리한 부시는 2001년 9·11테러가 발생하기 전에 60퍼센트 안팎의 지지율을 유지했고, 9·11 이후 미국 역사에서 가장 높은 90퍼센트 안팎의 지지율을 즐겼다. 뿐만 아니라 1994년 중간선거에서 공화당이 압승을 거둔 뒤 미국 상원과 하원은 공화당의 수중에 있었다. 여소야대의 의회 구성으로 탄핵 소추까지 받은 빌 클린턴 전 대통령과 달리 부시는 행정부와 의회 모두 장악했다. 공화당이 지배하는 의회는 부시의 일방주의에 거의 아무런 제동도 걸지 않았다.

9·11 이후 90퍼센트까지 치솟았던 그의 인기는 2004년 선거 전후 50퍼센트 근방으로 내려갔고, 이라크전쟁의 장기화와 허리케인 카트리나에 무능한 대응, 이라크 침공과 관련된 여러 가지 거짓말에 따른 신뢰의 추락, 부시 주변 인사와 공화당 상층부의 부패 스캔들 등이 잇따라 터지면서 지지율이 지속적으로 떨어져 2006년 11월 중간선거를 전후하여 40퍼센트 아래로 떨어지기 시작했다. 미국에서 대통령 지지율이 40퍼센트 아래로 떨어지면 대통령으로서 원활한 국정 수행이 어려운 상태가 된다.

2006년 11월 중간선거에서 민주당이 상원과 하원의 다수를 탈환한 사실은 부시의 몰락뿐만 아니라, 1994년 이후 유지해온 공화당의 의회 지배와 보수주의 물결의 상승세가 일대 전환기에 이르렀음을 말해주었다. 임기 말 부시의 지지율은 30퍼센트 아래로 떨어졌다. 미국 역사학 교수들이 2006년 예언한 대로 부시는 최악의 대통령이 되었다.

젊은 시절 조지 W. 부시는 알코올의존자로, 로라 부시와 결혼 생활도 평탄치 않았다. 그가 마흔 살 되던 해 빌리 그레이엄 목사에게 감화받아 '거듭난 크리스천'이 되었다고 전해진다. 1987년 미국의 수도 워싱턴에서 아버지 부시의 대선을 지원할 때 그는 미국 사회에서 영향력을 키워가던 '기독교 우파'와 긴밀한 관계를 맺었고, 관계는 그가 대통령 후보가 된 이후 적극적이고 구체적인 동맹 관계로 들어갔다.

텍사스 주지사 시절인 1999년, 그는 목사들을 주지사 공관에 부른 자리에서 "나는 더 높은 자리(대통령)에 가라는 하나님의 부르심을 받았다"고 말했다. 대통령이 된 이후에는 "하나님이 내게 기름을 부어, 미국을 인도하라고 하셨다"는 말도 서슴지 않았다. 대통령 시절, 부시는 "아버지 부시 전 대통령에게 조언을 구한 적이 있는가"라는 질문에 "내가 의지하는 더 높은 아버지 하나님이 계신다"고 답했다.

미국의 시사 주간지 《뉴스위크》는 2003년 3월 10일자 표지 기사로 〈부시와 하나님〉을 다뤘다. 부시가 어떤 과정을 거쳐 거듭난 크리스천이 되었고, 그의 정치 행로에서 어떤 영향을 미쳤는지 자세히 기록했다. 이 기사는 부시의 구체적 발언을 통해 그가 어떻게 '기독교 복음을 전하는지' 전했다.

• 우리가 지금 누리는 자유는 미국이 전 세계에 베푼 선물이 아니다. 그것은 하나님이 인간에게 내린 선물이다.

-2003년 1월 29일 새해 연두교서

• 우리는 지금 선과 악의 대결 속에 있다. 미국은 악의 세력을 구체적으로 지목하여 징벌할 것이다.

-2002년 6월 1일 미국 육군사관학교 졸업식 축사

부시는 특히 9·11 이후 '선과 악의 대결'이라는 표현을 자주 썼으며, 그것은 사담 후세인의 제거, 아프간과 이라크 침공 등에서 구체적 현실로 나타났다. 이처럼 세상을 선과 악의 대결로 보는 견해는 종교적 대립과 분쟁을 야기하고, 조직과 사회, 세상을 '적과 동지'로 양분하는 결과를 낳게 마련이다. 다양성, 평화적 공존과는 거리가 멀다.

부시의 이분법적 세상 보기는 2001년 9월 20일 미국 상·하원 합동회의 중 "우리 편, 아니면 테러리스트 편"이라고 한 연설에서 극단적으로 드러났다. 여기에 "미국은 하나님이 선택한 나라"라는 선민의식, "미국의 군사력과 도덕적 가치가 세계를 지배할 것"이라는 미국 지상주의는 대외 정책에서 독선적인 일방주의로 치닫게 했다.

자기 성찰, 겸허, 상대방 인정의 덕목은 사라지고, 적을 '악마'로 여기는 독선과 오만이 가득했다. 〈부시와 하나님〉을 표지 기사로 다룬 《뉴스위크》도 〈오만의 죄〉라는 기사에서 "부시의 진지한 믿음을 의심하는 이는 거의 없다. 문제는 그가 하나님의 뜻을 이행하고 있다는 확신에 있다"며 그의 독선을 비판했다.

부시의 종교적 편향, '선과 악' '내 편 아니면 적의 편'이라는 이분법은 미국 내 현실 정치에서 두 가지 형태로 구체화되었다. 하나는 근본주의적 성향의 '기독교 우파Christian right' 인사를 주요 직위에 중용한 인사 정책이고, 다른 하나는 기독교 우파적 정책을 대내외 정책으로 구체화한 것이다. 각료뿐만 아니라 대통령이 임명하는 판사들까지 기독교 우파 인사들이 차지했고, 백악관은 복음주의자들로 넘쳤다고 미국 언론이 전했다.

근본주의의 가치와 철학이 담긴 국내 정책들도 구체적으로 시행되었다. 낙태를 반대하는 보수적 인사들이 판사에 임용되었고, 연방 교부금이 기독교 기관들에 풍성하게 지원되었으며, 줄기세포 연구 지원이 금지되었다. 교회 등이 사회복지사업을 할 경우 폭넓은 재정 지원이 따랐으며, 환경보호청EPA과 농무부USDA 등에서 나온 연구 결과가 보수적 가치에 일치하지 않으면 이를 발표하지 못하게 검열했다.

노벨상 수상자 49명을 포함한 과학자 모임에서는 "당파적 목적으로 과학 지식까지 왜곡하는 대통령"이라고 신랄하게 비판했고, 공화당 전략가 케빈 필립스조차 부시 대통령 치하의 공화당이 "미국 역사상 최초의 종교당"이라고 지적했다. 역사적으로 미국 대통령은 국가가 위기에 처하거나 중요한 고비 때 종교적 고백을 하거나 절대자의 도움을 청하는 발언을 해왔다. 그러나 부시처럼 공개적이고 적극적으로, 인사와 정책을 통해 구체적으로 '기독교의 하나님'에 의존한 예는 없었다는 게 정설이다. '국가와 교회의 분리'는 부시에게 그다지 중요한 의제가 아니었다.

부시의 강렬한 종교적 성향과 그것이 내포한 편협함, 세상을 선과 악으로 나누는 이분법의 측면에서 보면 '악의 세력'을 제거하는 것은 하늘의 뜻이다. 그는 사담 후세인과 테러리스트들을 '악'으로 규정하고 이를 제거하기 위해 '어떤 것'도 가능하다고 여겼으며, 이라크가 대량살상 무기를 보유했다는 것을 포함한 갖가지 거짓말과 테러 용의자에 대한 인권침해도 문제가 되지 않았다. 그러나 이라크 침공은 부시에게 몰락의 덫이 되고 말았다.

막강한 힘을 가진 대통령이 균형과 중심을 잃고 종교에 편향되는 것은 이처럼 위험하다. 세계 유일 초강대국의 막강한 군사력을 가진 미국 대통령이라면 더 말할 나위가 없다. 그런 측면에서 이명박 대통령의 종교적 편향, 고위 인사 임명에서 '고소영'이라는 말이 보여주는 특정 종교와 교파에 편향된 '사람 쓰기', 수구 우파 인사들의 각종 자리 점령과 우파 단체에 대한 각종 지원 등은 부시 행정부의 행태와 다르지 않다. 이는 결국 이명박 대통령에게 독이 되고 덫이 될 수밖에 없다.

• 대한민국의 수도 서울은 하나님이 다스리시는 거룩한 도시며, 서울의 시민은 하나님의 백성이다. 서울의 회복과 부흥을 꿈꾸고 기도하는 기독 청년들의 마음과 정성을 담아 수도 서울을 하나님께 봉헌한다.

　　　　　　　　　　　　　　　　　　　　　　　　　　-2004년 5월 30일

• 서울 소망교회 이명박 장로입니다. 이번 집회에는 참석을 못 하지만 영상으로나마 인사를 드리게 돼 기쁩니다. ……예수그리스도 안에서 부산을 축복합니다.

　　-2007년 8월 23일 부산의 '모든 사찰이 무너지게 하소서' 모임에서 방영한 동영상 축사

• 한나라당이 정권을 잃은 지 10년이 돼도 한나라당 이름으로 뭉쳐 있는 것을 보면 하나님이 한나라당을 사랑하는 것 같다. ……결국 10년 동안 정권을 못 잡게 한 것도 하나님의 뜻이다.

　　　　　　　　　　　　　　　　　　　　　　　　　　-2007년 9월 20일

5·18민주화운동 30주년을 맞는 이명박 정권의 행태를 보면 MB 집권 뒤 이 땅의 민주주의, 인권, 언론·표현·양심의 자유가 어느 위치에 있는지 극명하다. 이명박 대통령은 그 자리에 참석하지 않고 총리를 보냈다. 정부가 주관하는 공식 행사 식순에서는 '임을 위한 행진곡'이 사라졌고, 5·18 유가족 대표의 '5·18민주화운동 경과 보고' 순서도 삭제되었다. 게다가 공식 행사 사전 프로그램에 따르면 총리가 기념식장에서 퇴장할 때 "노자, 좋구나"로 시작되는 '방아타령'이 울리게 되어 있었다. 어찌 이런 일이 생겨날까.

아마도 5·18민주화운동을 옷깃 여미며 되새기는 자세로 추모하는 것이 아니라, 민주 항쟁이니 민주화 운동이니 하는 것이 못마땅하여 이를 폄훼하려는 의도가 아닌가 싶다. 문득 2007년 2월, 후보 시절 이명박 대통령이 정책 자문 교수 모임인 '바른정책연구원'이 주최한 조찬 모임에서 한 '빈둥빈둥' 발언이 떠오른다.

"요즘 (나를) 비난하는 사람들을 보면 1970~1980년대에 빈둥빈둥 놀면서 혜택을 받은 사람들인데 비난할 자격이 없다고 본다."

이 발언과 관련해 1970~1980년대 민주화 운동에 참여한 사람들을 지칭하여 '빈둥빈둥 놀았다'고 비아냥한 게 아니냐는 비판이 나왔다. 당시 이명박 전 서울시장과 대통령 후보 자리를 놓고 경쟁하던 손학규 전 경기지사 쪽에서는 "이 전 시장이야말로 독재 권력과 붙어서 정경유착을 통해 자기 재산을 불려온 사람"이라며 "그런 말을 할 자격이 없다"고 비판했다.

민주화 운동, 그 저항 가운데 가장 치열했던 5·18민주화운동 30주년을 홀대하는 이명박 대통령을 포함한 이 정권의 민주 의식, 언론·표현·양심의 자유에 대한 인식이 어떠한지는 역설적이게도 2010년 5월 18일 조간신문에 보도된, 유엔 '의사·표현의 자유' 특별 보좌관의 한국 인권 조사에 대한 기자회견에서 나온 발언에 집약되었다. 라 뤼 특별 보좌관은 "2008년 촛불 집회 이후 한국에서는 표현의 자유가 상당히 위축된 것으로 보여 우려된다"고 밝혔다. 그러면서 국가와 사법제도를 통해 어떤 압박이 가해졌는지, 다양한 의견이 표현되는 기회가 어떻게 차단되었는지 구체적 사례를 보여줬다.

굳이 라 뤼 특별 보좌관의 입을 빌릴 필요도 없다. 이명박 정권 출범 이후 이 땅에서 무슨 일이 벌어졌는지, 그 많은 죽음과 희생을 치르고 이룬 우리의 민주주의, 인권, 언론·표현·양심의 자유가 어떻게 곤두박질쳤는지 날마다 생활에서 보고 있다.

가장 두드러진 현상은 검찰, 경찰, 감사원, 국세청 등 국가 권력기관이 정치권력을 위해 권력을 함부로 휘두르면서 시민의 권리를 위축시켰다는 점이다. 피의사실공표죄는 사문화되었고, 검찰은 이를 비웃으면서 피의 사실을 브리핑했다. 감사원, 국세청은 정권의 요구에 적극 부응했다.

국민의 가장 기본적인 권리인 표현의 자유는 심각하게 위협받았다. 촛불 집회에 참여한 시민 1600여 명이 법적 제재를 당했고, 1840개 단체가 '불법 시위 단체'로 통보받았으며, 이들 단체를 대상으로 각종 손해배상 소송이 진행되었다. 시국 선언을 한 전교조 교사들과 전공노 회원들은 해임·사법 처리 등 겁박을 당했다.

미네르바, MBC TV 시사 고발 프로그램 〈PD수첩〉, 한명숙 전 총리 사건 등이 보여주는 정치 검찰의 무리한 공소 제기, 이명박 대통령의 정치적 직계 혈족(MB 후보 언론 특보 출신)이 장악한 방송과 언론 관련 단체들, 수구 언론에는 급증한 반면 진보 매체에서는 크게 감소한 정부와 공기업 광고의 차별적 집행, 비판적 시민 단체에 정부 보조금 지급 중단…… 민주주의 역류를 보여주는 사례가 꼬리를 문다.

이런 일들을 상징적으로 보여주는 것이 '명박산성'이며, 그 바닥에 흐르는 것은 오만, 독선, 장벽, 소통 부재, 일방주의다. 9·11테러 이후 부시 대통령도 그랬다. 그리고 부시는 망했다.

"다행히 천안함 사태가
인천 앞바다에서 일어났다"

—MB 정권의 전쟁 모험주의

부시 대통령은 2003년 3월 20일 대규모 병력을 동원하여 이라크에 침공한 지 40일 만에 이라크 군사 임무를 완수했다며 항공모함 에이브러햄 링컨 호에서 '임무 완수Mission Accomplished'라는 정치 쇼를 벌였다. 페르시아 만에서 이라크 침공 작전에 참여한 뒤 미국 캘리포니아 샌디에이고 인근 해역에 정박 중인 에이브러햄 링컨 호에 나타나 '승전'을 선언한 것이다.

언론에 공개된 이날 이벤트는 처음부터 정치 쇼의 냄새가 물씬 풍겼다. 우선 항공모함에 착륙할 때 부시는 전용 헬리콥터 대신 '해군 1호'로 알려진 바이킹 제트기를 타고 있었다. 백악관은 전용 헬리콥터가 항공모함과 멀리 있어 불가피하게 바이킹 제트기를 탔다고 설명했지만, 나중에 밝혀진 바로는 전용 헬리콥터가 그리 멀지 않은 곳에 있었다. 바이킹 제트기가 항공모함에 착륙할 때는 일반 전투기가 항공모함에 착륙할 때처럼 쇠줄로 제트기 바퀴를 낚아채서 정지시켰다. 전용 헬리콥터로 내리는 것보다 훨씬 '전투적이고 총사령관 같은' 분위기를 풍기는 장면이었다. 여론을 조작하는 수법이다.

그리고 바이킹 제트기에서 나오는 부시는 조종사 전투복 차림이었다. 그는 다른 전투기 조종사와 함께 사진 촬영을 위해 포즈를 취했으며, 이 장면은 미국 전역에 생방송되었다. 평복으로 갈아입은 부시는 에이브러햄 링컨 호 선상에서 '이라크전쟁 임무 완수'를 선언하는 이벤트를 벌였다. 그가 이 선언을 할 때 항공모함 몸체에는 'Mission Accomplished'라는 거대한 현수막이 걸려 있었다. 부시는 "이라크에서 계속된 전투의 끝을 알린다"고 선언했으며, 이 장면도 미국 전역에 생방송으로 전해졌다.

임무 완수 쇼는 미국 정치 역사에서 가장 어리석고 유치하며, 자기 발등을 찍은 '정치 쇼'로 꼽힌다. 미국의 이라크 침략은 일시적으로 승리한 듯 보였으나 이내 참혹한 내전과 끔찍한 테러가 줄을 이었고, 그 과정에서 미군과 이라크인 사상자가 무수히 발생했기 때문이다. 임무를 완수한 것이 아니라 그때부터 본격적인 분쟁과 파괴, 대규모 살상이 시작됐다.

이라크 침공 뒤 미군의 사망자가 4000명이 넘었고, 이라크 민간인 사망자도 10만 명이 넘었다. 9·11테러로 숨진 미국인 숫자가 2973명인데, '테러와 전쟁'을 선포한 뒤 치른 여러 전쟁 가운데 이라크에서 미군 사망자가 9·11 피해자의 숫자보다 훨씬 많았다. 반전시위가 전 세계로 번졌고, 미국 내에서도 부시의 지지율은 임무 완수 쇼 이후 완전히 내리막길이었다.

부시는 2009년 대통령 자리에서 물러난 뒤 임무 완수 이벤트는 실책이라고 고백했다. 임무 완수 쇼는 부시가 고백하기 전에도 많은 비판을 받았다. 아직 전쟁이 마무리되지 않았고 내전 폭발이 임박한데, 어떻게 임무 완수를 선언할 수 있느냐는 비판이 쏟아졌고, 이 쇼는 부시에게 치명타가 되었다.

이명박 대통령은 지자체 선거를 불과 여드레 남겨놓은 2010년 5월 24일 오전 10시, 용산 전쟁기념관에서 천안함 관련 대국민 담화를 발표했다. 그는 TV로 생중계되는 이 자리에서 "한반도 정세가 중대한 전환점을 맞고 있다"며 "북한은 자신의 행위에 상응하는 대가를 치르게 될 것" "북한의 책임을 묻기 위해 단호하게 조처해나갈 것" "남북 간 교역과 교류도 중단될 것" "북한이 우리의 영토를 무력 침범한다면 즉각 자위권을 발동할 것" 등을 선언하며, 전쟁도 불사 하겠다는 의지를 강하게 드러냈다.

이 연설은 방송을 활용한 '이벤트 정치'의 극치를 보여주었다. 지자체 선거를 1주일 남짓 앞둔 시점에 벌인 이벤트의 노림수는 뻔했다. 이날 연설은 2003년 5월 1일 미국 샌디에이고에서 조지 W. 부시 미국 대통령이 벌인 임무 완수 쇼와 많은 부분 겹쳐진다.

MB와 부시는 여러가지 면에서 많이 닮았다. 사기업 사장 출신답게 장삿속으로 정치의 이득을 따지는 욕구가 남달리 강한 듯 보이는 면도 비슷하다. 이명박 대통령이 어뢰 프로펠러와 어뢰 축이 발견되어 천안함 사건의 범인이 북한으로 밝혀졌다는 보고를 받고 "운이 따르는구나"라고 했다지 않는가. 안보 상황마저 정치적으로 계산하여 득이 된다고 보았으니 "운이 따르는구나"라고 독백했을 것이다.

부시의 임무 완수라는 어설픈 정치 쇼가 그의 몰락을 재촉했듯이, 전쟁기념관에서 전쟁 불사 의지를 불태운 MB의 이벤트도 성공하지 못했다. 선거를 불과 여드레 앞둔 시점에서 이런 발표를 하는 속내를 국민이 모를 것이라고 보았다면, 그리고 전쟁기념관이라는 장소에서 전쟁 불사 의지를 불태우는 이벤트가 자신의 정치적 이득을 극대화할 것으로 보았다면, 이는 국민을 우습게본 오만과 무지에서 비롯된 것이다.

한나라당과 조·중·동을 비롯한 홍보 언론은 여기에 기름을 부어댔다. 김영우 한나라당 의원은 MB가 전쟁기념관에서 대국민 담화문을 발표한 날, 국회 천안함 특위에서 김태영 국방부 장관을 상대로 "국방 장관이 전쟁은 무조건 안 된다고 생각해서는 안 된다" "한반도 평화를 위해, 국민 생명의 더 큰 희생을 막기 위해 전쟁도 불사해야 한다"고 말했다. 조해진 한나라당 대변인도 같은 날 대북한 논평에서 "진정한 평화, 지속적이고 안정된 평화를 구축하기 위해 '필요한 비용'을 치를 각오와 준비가 돼 있다" "우리는 도발에 대한 대응에 주저함이 없을 것"이라고 했다.

조·중·동을 비롯한 수구 언론도 한나라당과 함께 앞서거니 뒤서거니 하며 전쟁의 북소리를 울렸다. 천안함 사건 직후 '전시체제에 준하는 국가적 위기'(조선일보 3월 30일자 사설)를 주장했고, '인간 어뢰'를 비롯한 북풍 몰이에 나섰다. 그 과정과 내용을 보노라면 이건 언론이 아니라 '프로파간다 머신(선동 기계)'이라는 생각을 지울 수가 없다.

MB 정권과 한나라당 인사들은 이 선동 기계가 쏟아내는 이야기를 일반 국민의 여론으로 착각했거나, 이런 선동에 편승하는 것이 정치적으로 유리한 게임이라고 여긴 모양이다. 지자체 선거를 며칠 앞둔 5월 31일 기자 간담회에서 "다행히 천안함 사태가 바로 인천 앞바다에서 일어났다"고 한 한나라당 이윤성 의원(인천지역선거대책위원장)의 '고백'은 천안함 사태를 정치적으로 활용하는 속내를 직설적으로 드러낸 것이다.

그러나 한나라당과 조·중·동의 전쟁 북소리는 시장에서 '자본주의적 방식'으로 제어되고, 젊은 세대를 포함한 많은 국민의 마음을 떠나게 했다. 주식과 외환시장이 매서운 반응을 보였다. 이른바 '천안함 리스크'다. 국민, 특히 젊은 세대는 국민을 세뇌할 수 있다는 듯 독선과 오만을 부리며 북풍 몰이를 하는 MB 정권과 한나라당, 조·중·동, KBS 등을 외면했다.

젊은 세대의 생각이 생생하게 드러나는 인터넷 세상에서는 '전쟁기념관 대국민 담화' 직후 심상치 않은 반응이 나오기 시작했다. "전쟁이라도 불사하겠다는 말인가" "전쟁이 날까 두렵다"는 '전쟁 공포'부터 "선거운동 그 이상도 이하도 아님" "자신들의 부주의와 무능함은 묻어두고 국민에게 투정만 하는 꼴"이라는 냉소적 반응까지 줄을 이었다.

MB가 "운이 따르는구나"라고 독백한 천안함 사건, 그것을 정치적 이득을 극대화하는 데 이용하려던 MB 정권 인사, 한나라당, MB와 동지적 관계에 있는 수구 기득권 언론 등이 한통속이 되어 몰아간 '북풍 게임'은 2003년 조지 W. 부시가 엄청난 군사력을 동원하여 초토화하듯

밀어붙인 이라크 침공 이후 벌인 임무 완수 쇼와 여러 면에서 닮았다.

안보 상황을 정치적으로 활용한 그 불순한 동기, 무력과 강성 대응으로 상대를 제압하려는 전쟁 모험주의, 그 전쟁 모험주의를 대통령이 앞장서서 끌고 가는 모양새, 그런 모양새를 강력한 리더십이라고 착각하는 설익은 인식, 대통령에게 정확한 민심의 소재를 전달하지 못한 압도적 다수의 여당, 권력 비판이라는 본래 기능은 포기한 채 오히려 전쟁 모험주의와 강경 대응을 부추기는 정권 친화적 언론 환경……. MB와 부시는 닮은 점이 참 많다.

오바마가 부시에게서 받은 '치명적 유산'

— MB와 부시의 닮은점, 그리고 부시의 몰락

MB와 부시가 닮은 점이 하나 더 있다. 지금과 후대에 치명적인 부담이 되는 재정 악화와 엄청난 국가 부채를 남기는 것이다. 먼저 부시의 경우를 보자.

미국의 나랏빚(국채)이 매일 어떻게 변하는지 보여주는 '미국 국가 부채 시계US National Debt Clock'라는 웹사이트가 있다. 2010년 6월 28일 현재 미국의 국채는 13,050,592,448,189달러 39센트로 13조 달러가 넘었다. 미국 인구를 3억 8600만 명 정도로 보면 미국인 한 사람이 걸머진 나랏빚이 무려 4만 2283달러(5000만 원 정도)다. 더 놀라운 것은 2007년 9월 이후 매일 늘어나는 나랏빚이 무려 40억 달러가 넘는다는 것이다. 자고 일어나면 40억 달러, 우리 돈으로 거의 5조 원이 늘어나고 있다 (2011년 6월 12일에 보니 미국의 국채가 14조 5000억 달러를 훌쩍 넘어섰다. 1년 사이에 1조 5000억 달러가 늘어난 셈이다).

나랏빚이 늘어나는 것은 정부의 재정 적자가 해마다 크게 늘고, 그

340

누적분에 엄청난 이자가 발생하기 때문이다. 개인의 경우로 비유하면 해마다 발생하는 개인의 빚이 정부의 재정 적자인 셈이고, 개인 적자가 누적되어 개인의 전체 부채가 되듯이 해마다 발생하는 재정 적자가 누적된 총액이 국가 부채다.

개인의 경우와 마찬가지로 정부의 재정이 적자가 되는 것은 수입보다 지출이 많기 때문이다. 미국에서 연방정부의 재정 수지가 심각한 적자 수준으로 돌아선 것은 '보수주의 혁명'을 내걸고 대통령에 당선된 뒤 '부자 감세'로 정부의 세수가 크게 줄어든 반면, '강력한 미국'을 앞세워 국방비가 엄청나게 증가하면서 정부 지출이 크게 늘어난 로널드 레이건 이후다.

미국의 연방 재정 적자, 국가 부채, 국방비 추이

(단위 : 억 달러)

연 도	연방정부 수지	국가 부채	국방비
1980	-731	9077	3034
1981	-738	9978	3173
1982	-1205	1조 1420	3394
1983	-2076	1조 3772	3667
1984	-1852	1조 5700	3817
1985	-2215	1조 8230	4054
1986	-2379	2조 1200	4266
1987	-1683	2조 3500	4279
1988	-1922	2조 6000	4264
1989	-2053	2조 8574	4277
1990	-2776	3조 2333	4097
1991	-3214	3조 6653	3581
1992	-3404	4조 646	3795
1993	-3003	4조 4114	3586
1994	-2588	4조 6924	3386
1995	-2263	4조 9724	3216
1996	-1740	5조 2246	3074
1997	-1032	5조 4131	3053
1998	-299	5조 5261	2967
1999	19	5조 6562	2984
2000	864	5조 6741	3117
2001	-324	5조 8074	3078
2002	-3174	6조 2282	3287
2003	-5384	6조 7832	4049
2004	-5679	7조 3790	4559
2005	-4936	7조 9327	4953
2006	-4344	8조 5069	5359
2007	-3434	9조 76	5274
2008	-6021	10조 242	4944
2009	-1조 4200	11조 9000	4943

*2010년 6월 현재.

표를 보면 미국의 연방정부 적자와 국채의 흐름이 한눈에 들어온다. 미국의 회계연도는 9월부터 이듬해 8월까지다. 그러니까 1981 회계연도 연방정부 적자 738억 달러는 1980년 9월부터 1981년 8월까지 미국 연방정부 적자, 국채 9978억 달러는 1981 회계연도가 끝난 당시 국채 의 총액이다.

레이건이 1981년 2월에 취임했으니 그의 정책이 제대로 반영된 것 은 1982 회계연도부터인 셈인데, 표에서 보듯 1982 회계연도부터 연방 정부 재정 적자와 국채가 크게 늘어나기 시작했다. 레이건이 취임했을 때 1000억 달러 미만이던 연방정부 재정 적자가 해마다 2000억 달러 안팎으로 늘었고, 취임 당시 1조 달러 미만이던 국채가 8년 임기를 끝 낼 때는 거의 3배나 늘었다. 이는 앞에서 밝힌 것처럼 부자 감세로 수 입은 크게 줄고, 국방비 지출은 크게 늘었기 때문이다.

부자 감세의 경제적 논리로 활용된 것이 이른바 '공급사이드경제학' 이다. 아서 래퍼 교수가 주장한 '래퍼곡선' 이론이 차용되었다. 누진세 가 개인의 소비와 기업의 투자를 억제하기 때문에 세금을 대폭 깎아주 면 그 반대 현상, 즉 개인의 소비와 기업의 투자가 늘어나 상당한 생산 력 증대와 경제성장이 뒤따른다는 것이다. 부자와 기업, 보수주의자들 이 좋아하던 경제 논리다.

보수주의 혁명의 기치를 들고 대통령에 당선된 레이건은 부자 감세 를 실시했다. 그 결과 미국의 세수는 크게 줄었다(공급사이드경제학과 래 퍼곡선 이론은 그 뒤 미국 경제학계에서는 실증되지 못한, 별 볼일 없는 이론으 로 정리되었다).

여기에 정부 지출이 크게 늘었다. 레이건은 보수주의자답게 '작은 정부'를 외쳤다. 문제는 항공 산업에 대한 탈규제 등 정부 규제를 없애는 면에서 작은 정부를 추구했으나, 정작 예산의 큰 부분을 차지하는 국방비 지출에서 어마어마하게 '큰 정부'를 지향했다는 점이다. '강력한 미국'이라는 기치 아래 미국 패권주의, 미국 제일주의를 추구하면서 국방비 지출은 크게 증대했다. 레이건 이전에 연 3000억 달러 근방이던 국방비가 레이건이 연임된 1985년 4000억 달러를 돌파했다. 표는 미국의 국방비가 해마다 얼마나 늘었는지, 특히 레이건과 조지 W. 부시 대통령 시절 얼마나 늘었는지 잘 보여준다.

미국의 국방비는 빌 클린턴 대통령 시절에 크게 줄었다. 표에서 보는 것처럼 클린턴 임기 때인 1993 회계연도부터 국방비가 줄기 시작해 그의 임기 말인 1998, 1999년에는 3000억 달러 이하로 줄었다. 조지 W. 부시가 대통령이 된 후 4000억 달러를 넘어선 국방비는 이라크전쟁이 확대된 2006년 이후 미국 역사상 처음으로 5000억 달러를 훌쩍 뛰어넘었다.

미국 국방비가 얼마나 어마어마한 규모인지는 다음의 예를 보면 알 수 있다. 2008년 기준으로 미국 국방비는 전 세계 국방비 총액 가운데 41.5퍼센트로 거의 절반에 이른다. 미국 다음으로 국방비 지출이 많은 나라를 보면 중국 5.8퍼센트, 프랑스 4.5퍼센트, 영국 4.5퍼센트, 러시아 4퍼센트 순이다. 이들 국방비 지출 5대국 다음으로 국방비 지출이 많은 10개국의 국방비를 모두 합치면 전 세계 국방비 가운데 21.1퍼센트를 차지한다.

그러니까 미국을 제외한 중국, 프랑스, 영국, 러시아, 그다음으로 국방비 지출이 많은 10개국 국방비를 모두 합쳐봐야 전 세계 국방비 총액 가운데 39.9퍼센트에 지나지 않는데, 이 숫자는 미국의 국방비에도 미치지 못하는 셈이다. 미국의 국방비 규모는 그만큼 어마어마하다. 2010년 예산 기준으로 보면 미국 국방비는 국내총생산GDP의 4.7퍼센트, 연방정부 예산의 19퍼센트, 조세수입의 28퍼센트를 차지한다.

어마어마한 국방비는 부자 감세에 따른 세수 감소와 함께 연방 재정 악화의 주범이다. 미국 하원의 진보 성향 바니 프랭크 의원은 2009년 2월 '대규모 국방비 삭감'을 주장했다.

"숫자가 모든 것을 말해준다. 우리가 지금 당장 국방비를 25퍼센트 삭감하지 못하면 적절한 수준의 국내 정책을 계속할 수 없을뿐더러, 조지 W. 부시 전 대통령이 도입한 부자 감세를 철폐하는 일은 꿈도 꾸지 못할 것이다."

국방비 지출이 크게 늘어난 반면, 바니 프랭크 의원이 지적한 바와 같이 조지 W. 부시 대통령은 부자 감세를 대폭 도입하여 세수가 크게 줄었다. 클린턴 대통령 시절 국방비 억제 등 엄격한 정부 지출 규제를 통해 연방정부 적자를 없애고 국가 부채를 억제했는데, 조지 W. 부시 대통령은 미국의 재정 상태를 다시 엉망으로 만들었다.

표에서 보는 대로 클린턴 대통령 시절에는 1999, 2000년 연방정부 재정이 흑자로 전환되었고, 국채도 4조~5조 달러 근방에서 비교적 안정적으로 관리되었다. 그러나 조지 W. 부시 취임 이후 연방정부 재정은 다시 급속도로 악화되어 적자 폭이 연 4000억~5000억 달러에 이르렀고, 부시가 백악관을 떠날 즈음 미국 국가 부채는 10조 달러를 넘어섰다. 버락 오바마에게 엄청난 국채와 엉망이 된 재정 상황을 넘겨준 셈이다.

오바마는 이런 재정 여건에 금융 위기를 포함하여 경제 전반이 내려 앉은 경제 조건을 넘겨받았다(그런 경제 조건이 오바마를 당선시킨 주요인이 되기도 했다). 오바마 집권 첫해인 2009년에 연방정부 적자는 사상 처음으로 1조 달러를 넘은 1조 4200억 달러에 이르렀고, 국가 부채는 12조 달러에 육박했다. 대통령 후보 시절 미국 코미디언에게 '텅 빈 머리'라고 조롱받은 조지 W. 부시에게서 버락 오마바가 받은 '치명적 유산'이다.

재정이 악화되고 국가 부채가 눈덩이처럼 불어난 상황에서는 경기 부양책 등 위기에 대처하는 경제 운용에 한계가 있을 수밖에 없다. 위기에 대응하는 적극적 경제정책에 필요한 재원이 없을뿐더러 그런 정책은 결국 더 많은 국가 부채를 유발하고, 경제에 커다란 압박과 악영향을 미치기 때문이다. 특히 국가 부채는 커질수록 이자 부담이 엄청나 배보다 배꼽이 큰 형태가 된다. 미국의 국가 부채가 14조 달러를 넘어섰는데, 이율을 3퍼센트만 쳐도 연간 이자 지급액이 4200억 달러가 넘는다. 연방 재정 적자와 거의 맞먹는 액수다.

클린턴 대통령 시절 '경제 대통령'이라는 찬사를 받은 앨런 그린스펀 전 연방준비제도이사회FRB 의장은 2009년 눈덩이처럼 커지는 미국의 국가 부채에 심각한 경고를 보냈다. 장기적으로 미국 경제에 엄청난 악영향을 미치기 때문이다. 그는 "연방 재정 적자와 국가 부채가 계속 늘어나면 이자 지급액이 늘어나고, 늘어난 이자 지급액은 다시 재정 적자 악화와 국가 부채 증대를 가져오는 악순환이 되며, 그 악순환은 폭발성이 클 수밖에 없다"고 말했다.

결국 미래를 위해 투자해야 할 재원이 눈덩이처럼 불어난 이자 지급액으로, 줄어든 사회·복지 정책과 미래를 위한 투자 제한으로 나타날 수밖에 없다. 재정 악화와 국가 부채 증대는 사회적 약자 계층과 미래 젊은이들을 위한 투자 기회를 박탈하는 결과를 가져온다. 이는 윤리적·도덕적 문제일 뿐만 아니라, 성장 잠재력 잠식이라는 장기적 퇴행 요소로 작용한다.

로널드 레이건, 조지 W. 부시 대통령 시절 '부자 감세'와 '국방비 지출 증가'로 연방정부 재정 적자와 국가 부채가 엄청나게 늘어난 것이 미국에 어떤 영향을 미쳤는지 살펴본 이유는 간단하다. 이명박 대통령이 해온 '부자 감세'와 '4대강 사업' 등에 따른 정부 지출 증대로 정부 재정이 악화되고 국가 부채가 급증하는가 하면, 지방재정과 가계 부채 문제가 심각한 상태로 치달아 그 가는 길이 조지 W. 부시가 망쳐버린 길과 아주 흡사하기 때문이다.

부자 감세, 4대강 토목공사, 그리고 국가 부채 500조

—나라의 곳간이 비워지고 있다

그리스를 비롯한 유럽 여러 나라와 일본에서 금융 위기, 경제 위기가 자주 거론되는 것은 엄청난 재정 적자와 국가 부채 때문이다. 엄청난 부채에 시달리는 빚쟁이가 아슬아슬하게 줄타기를 하며 살다가 한 번 위기가 오면 파산에 이르는 것은 개인의 삶과 나라의 살림이 크게 다르지 않다. 특히 천문학적 규모의 국가 부채는 이자 지급액만 해도 엄청나서, 자칫 통제 불능에 빠지기 쉽다.

MB 정권 이후 정부의 재정 적자와 국가 부채 규모가 급속히 늘어나고, 지방정부의 재정도 피폐해지고 있다. 2010년 7월 경기도 성남시의 지급유예 선언은 지방정부의 재정 상태가 얼마나 급속도로 악화되는지 보여주는 상징적 사건이다. 성남시 사건이 특히 충격적인 까닭은 지자체 재정 자립도(지자체 자체 수입을 전체 예산으로 나눈 것)가 67.4퍼센트로 전국 246개 지자체 가운데 8위를 기록했고, 전국 지자체 평균 재정 자립도 52.2퍼센트를 훨씬 상회한 '부자 도시'에서 발생했기 때문이다.

정부의 재정 적자와 국가 부채 급증 문제는 IMF에서도 우려와 경고음을 보냈다. 2008년 이후 재정 악화 속도가 너무 빠르다는 것이다. 정부 쪽 인사들은 적자와 국가 부채가 GDP에서 차지하는 비율이 다른 나라에 비해 낮기 때문에 재정 건전성에는 문제가 없다고 말한다. 그러나 '부자 감세'라는 수입 감소 요인과 '4대강 사업' 같은 대형 국책 사업에 따른 지출 증대로 대규모 재정 적자가 구조화되고, 재정 악화 속도가 급박하다는 게 심각한 문제다.

이명박 정권은 출범 당시 '재정의 봄날'이라 할 정도로 좋은 국가 재정을 넘겨받았다. 일반 국가 채무는 2007년 말 현재 300조 미만이었고, 2007년에는 재정 흑자가 3조 6000억 원 발생했다. 부자 감세 이전인 2008년 조세 수입도 부동산 세제 개편과 과세 투명성 확대 등으로 23조 원이나 늘었다. 뿐만 아니라 외환 위기로 발생한 공적 자금의 원금 상환이 종료되었고, 각종 연·기금의 운용 수익도 7조 5000억 원에 달했다(한겨레 2010년 5월 21일 〈감세 정책 후유증 본격화… '2008년의 봄날'은 갔다〉, 정창수 좋은예산센터 부소장).

2008년 부자 감세를 비롯한 '이명박 표' 정책이 구체화되면서 2009년에는 정부의 재정 적자 규모가 건국 이후 사상 최대치인 43조 2000억 원을 기록했다. 이는 IMF 외환 위기 직후인 1999년의 재정 적자 20조 4000억 원보다 2배 이상 많은 규모다. 재정 적자가 크게 늘어남에 따라 일반 정부 국가 부채(중앙정부와 지방정부 부채의 합계. 일반 공기업과 지방 공기업 부채는 제외)도 2008년보다 무려 57조 원이나 늘어난 366조 원을 기록했다.

재정 적자와 국가 채무 추이

(단위 : 조 원)

연 도	재정 적자(GDP 대비 비중)	국가 채무(GDP 대비 비율)
2003	1.0(0.1%)	165.7(21.6%)
2004	-4.0(0.5%)	203.1(24.6%)
2005	-8.1(0.9%)	248.0(28.7%)
2006	-10.8(1.2%)	282.8(31.1%)
2007	3.6(0.4%)	298.9(30.7%)
2008	-15.6(1.5%)	308.3(30.1%)
2009	-43.2(4.1%)	366.0(35.6%)
2010	-32.0(2.9%)	407.1(36.9%)
2011	-27.5(2.3%)	446.7(37.6%)
2012	-16.1(1.3%)	474.7(37.2%)
2013	-6.2(0.5%)	493.4(35.9%)

자료 : 기획재정부

＊재정 적자는 중앙정부와 지방정부의 적자를 합친 것. 사회보장성 기금(국민·사학·고용·산재) 적자를 제외한 관리 대상 수지.
＊2010년 7월 현재. 이후는 전망치.

표에서 보는 것처럼 2009년에 재정 적자 43조 원이 발생했고, 일반 정부 국가 부채는 366조 원으로 GDP에서 차지하는 비율이 2008년 30.1 퍼센트에서 35.6퍼센트로 치솟았다.

표에서 보는 국가 부채는 '중앙정부와 지방정부의 부채(일반 정부 국가 부채)'에 국한된 것이어서, 실제 정부가 책임져야 하는 국가 부채의 크기가 축소되어 그 위험성이 간과되고 있다는 비판이 제기되었다. '일반 정부 국가 부채'는 국가 채무의 현실을 제대로 반영하지 못하며, 정부가 책임져야 하는 공기업 부채도 포함해야 한다는 주장이 설득력을 얻는 것도 이 때문이다.

이명박 정부 2년 동안 일반 정부와 공기업 부채는 무려 150조 원이나 늘어났다. 한국은행 자료에 따르면 2009년 말 현재 일반 정부와 공기업 부채 잔액은 614조 1000억 원으로 2008년 말 545조 1000억 원에 비해 69조 원이나 늘었으며, 2010년에는 700조 원을 훌쩍 넘어설 것이라는 전망이 나오고 있다.

공기업 부채가 크게 늘어난 이유는 4대강 사업, 보금자리주택을 비롯한 공공 주택 건설과 같은 토목공사 중심의 SOC 시설 투자에 드는 비용을 공기업에 떠넘겼기 때문이다. 그 결과 2009년 공기업의 부채 비율은 150퍼센트를 훌쩍 넘어섰고, 부채 증가율도 20.4퍼센트로 공기업의 자산 증가율 13.6퍼센트를 크게 웃돌았다.

일반 정부와 공기업 부채뿐만 아니라 정부 보증채무, 3개 국책은행 부채, 통화안정증권, 한국은행 외화 부채, 공적 연금 책임준비금 등 국가가 관리해야 하는 부채도 모두 포함해야 한다는 주장이 계속되었다. 이렇게 '관리 대상 국가 채무'로 범위를 확대하면 실질적인 국가 채무는 1800조 원에 이른다. 2009년 한국의 GDP가 1063조 원이었으니, GDP의 1.8배나 되는 어마어마한 금액이다.

재정 적자와 국가 부채의 악화 요인은 앞에서 언급한 것처럼 부자 감세로 세수가 급격히 줄었고, 4대강 사업 등 대형 국책 사업으로 정부 지출이 크게 늘었기 때문이다. 부자 감세의 핵심적인 내용은 법인세와 상속·증여세 감면, 종합부동산세의 무력화다. 중소기업이 대부분 법인세 면세점 이하의 규모이므로 법인세 감면의 혜택은 대기업과 재벌이 받을 수밖에 없으며, 상속·증여세의 수혜자도 부자들이다. 여기에 우리나라 전체 세대 가운데 종부세 과세 대상이 2퍼센트에 지나지 않는 점을 고려하면 종부세 폐지의 실질적 혜택이 어느 사람에게 돌아가는지 자명하다. 국회예산정책처는 부자 감세를 골자로 한 세제 개편안이 그대로 실시될 경우 2008년부터 2012년까지 세수 감소액이 96조 1000억 원에 이를 것으로 내다보았다. 이명박 대통령 임기 5년 동안 부자 감세에 따른 세수 감소액이 100조 원 가까이 된다는 얘기다. 100조 원이면 GDP의 10퍼센트에 해당하니까, 해마다 GDP의 2퍼센트에 해당하는 세수 감소가 일어난다는 의미다.

세금 좋아하는 국민이 없으니, 감세는 국민에게 영합하는 인기 정책이다. 한 번 내린 세금을 다시 올리는 일은 정치적으로 엄청난 부담이 될 수밖에 없기에, 감세는 신중하게 해야 한다. 게다가 복지를 확대하고, 교육과 육아 문제를 해결하고, 경제 위기에 대응하기 위해서는 정부의 곳간이 든든해야 하는데, 부자 감세로 선심을 써버리면 정부의 재정 운영 폭이 그만큼 좁아질 수밖에 없다. 1997년 IMF 관리 체제 때와 최근의 금융 위기처럼 위기에 적극 대응하기 위해서는 정부의 든든한 곳간, 즉 건전한 재정 상황이 절대적으로 필요하다.

7부
바보 노무현과 나

바보 노무현

—생면부지의 내게 이메일을 보내다

'노무현'을 언제 처음 알았는지 분명하게 생각나지는 않는다. 그가 인권 변호사로 일하면서 학생과 노동자의 편에 서서 싸우던 시절, 그리고 정치계에 뛰어들어 치열하게 살던 시절에 나는 미국에 있었기 때문이다. 지금처럼 인터넷, 트위터 등 전 세계를 실시간으로 엮어주는 미디어도 없었고, 미국에 건너간 초기 휴스턴에서는 국내 신문을 접할 기회도 별로 없었다. 교포 사회에서 나오는 주간지가 있었으나 내용이 빈약했다.

그러다가 1980년대 후반, 서울에서 발간되는 일간지의 휴스턴 판이 등장했다. 그때부터는 고국의 뉴스를 조금 늦게라도 접할 수 있었다. 무엇보다 1988년 5월 한겨레신문이 창간되어 나는 미주 통신원이 되었고(박사 학위가 끝난 해 여름 한겨레신문 워싱턴 특파원으로 발령), 한겨레신문이 우편으로 휴스턴까지 날아오는 행운을 얻었다. 비록 1주일 치 묶음이고, 우편으로 받다 보니 한참 늦기는 했어도 당시 고국의 소식에 목마른 나에게 그것은 오아시스와 같았다. 신문이 오면 거의 빼놓지 않고 다 읽었다. 국민의 정성이 모여 만들어진 신문이 아닌가.

내가 처음으로 노무현을 접한 것은 아마 한겨레신문에서 본 '청문회 스타' 노무현 의원이 아닐까 싶다. 그 뒤로도 3당 합당에 반대하고 '작은 민주당'을 만들었다든지, 총선과 부산시장에 출마해서 번번이 낙선했다든지, 그러다가 종로구 보궐선거에서 당선되었다는 그의 소식은 좀 늦게 도착한 신문을 통해 알았다. 노무현에 대한 나의 인식은 생생하게 살아 움직이는 노무현이라기보다 뉴스 속에 객관화된 노무현이었던 셈이다.

그러다가 비록 간접적이지만 그와 '첫 만남'이 있었다. 언제쯤인지 정확하게 떠오르지 않지만 1998년 무렵이 아닐까 싶다. 종로구 보궐선거에서 당선된 이후 국회의원 신분이었던 것으로 기억한다. 당시 나는 한겨레 워싱턴 특파원이어서 한국 뉴스를 자세히 접하는 것은 물론, 인터넷을 통해 서울 뉴스를 볼 수 있었다.

그가 내게 이메일을 보냈다. "오늘 아침 한겨레에 난 '정연주 칼럼'의 내용이 참 좋은데, 나의 홈페이지에 옮겨서 다른 사람들과 나누어 볼 수 있느냐"는 내용이었다. 나는 "내 글이 많은 사람에게 읽힌다면 참 기분 좋은 일"이라며, 오히려 고맙다는 답신을 보냈다. 그때 칼럼이 무슨 내용인지는 생각나지 않는다.

한참 뒤에 다시 이메일이 왔다. 같은 내용이었다. 그때가 언제인지, 칼럼 내용이 무엇인지도 잘 생각나지 않는다. 그렇게 두 번 이메일로 교신한 것이 그와 나의 첫 만남이다.

그에게 관심을 두기 시작한 것은 부산 출마를 선언하면서 종로 지구당을 포기한 1999년으로 기억한다. 부산에 나가면 떨어질 것이 분명한데 재선이 확실한 종로를 포기한 것을 보고 신념이 강한, 특이한 분이라는 생각이 들었다. 결국 그는 2000년 4월 부산에서 '새천년민주당' 간판으로 출마하여 낙선했다. 그 결과를 보고 나는 5월 5일자 한겨레에 〈지역감정의 슬픈 풍경〉이라는 칼럼을 썼다.

지역감정의 슬픈 풍경

한나라당이 영남에서 싹쓸이한 뒤 나와 출신 지역이 같은 친구에게서 전화가 왔다. "우리가 이번에 DJ를 아주 혼쭐내줬데이." 그의 목소리는 의기양양했다. "DJ를 혼쭐내준" 이번 총선을 가장 뭉뚱그려 보여준 사건은 '바보' 노무현의 낙선과 반인권의 상징적 인물인 정형근의 70퍼센트가 넘는 압도적 득표다. 가슴 에는 슬픈 나라의 풍경이다.

얼마 전 어느 자리에서 몇몇 미국인들이 총선 결과에 대해 물었다. DJ가 파산 직전의 한국 경제를 되살리고, 남북 정상회담을 여는 등 그랜드슬램을 쳤는데 왜 그렇게 됐느냐고 물었다. 총선 며칠 전 월스트리트저널도 "한국의 눈부신 경제 회복도 총선에서 김대중 대통령을 도와주지 못하고 있다"는 기사를 내보냈다. 지역감정을 이해하지 못하는 한 한국 정치를 제대로 이해한다는 것은 불가능하다는 말밖에 달리 할 말이 없었다. 그들이 어떻게 "DJ를 혼쭐내줬데이"라는 말의 진정한 뜻과 그 말에 담긴 온갖 감정의 회오리를 이해할 수 있겠는가?

영남 싹쓸이에 힘입어 한나라당은 다시 제1당이 됐고, 그 승리의 열기에 취한 탓인지 이회창 총재는 대통령 자리가 손에 잡히기라도 하듯 대통령 중임제 개헌 얘기도 했고, 부산에서는 "대통령, 이회창!" 연호가 터져 나왔다. 그즈음 인터넷에는 "이회창씨는 샴페인을 너무 일찍 터뜨렸다. 뭐, 총선 승리가 자기 이름으로 청와대를 가등기한 것과 같다고? 영남에서 승리한 것 말고 다른 지역에서는 다 패했잖아"라는 글이 올라왔다.

대통령 중임제 개헌, "대통령, 이회창" 연호 등을 보면서 1994년 미국 중간선거 뒤의 풍경이 떠올랐다. 뉴트 깅그리치가 이끄는 공화당은 상원에서 9석, 하원에서 무려 54석을 더 얻어 상·하원을 완전히 장악하는 승리를 거뒀다. 공화당이 다수당이 되면서 하원의장으로 등극한 깅그리치는 한 걸음 성큼 나아가 실질적인 대통령 행세를 하기 시작했다. 그의 오만과 독선은 1995년 말 연방정부의 부분 폐쇄로 이어졌으며, 그것은 깅그리치 몰락의 시초가 됐다. 대통령 중임제 개헌 운운과 "대통령, 이회창" 연호 풍경에서 뉴트 깅그리치 같은 오만의 그림자를 본다.

바보 노무현의 낙선, 반인권의 상징적 인물인 정형근의 압도적 득표 등 2000년 한국의 모습을 참담하게 만든 일들이 벌어졌는데도 이번 총선은 많은 희망의 씨앗을 뿌렸다. 시민 연대의 낙선 운동이 상당한 효과를 거뒀고, 386세대를 비롯한 새 얼굴이 많이 등장했으며, 20~30년 한국 정치를 쥐락펴락해온 고물급 중진도 많이 정리됐다.

바보 노무현의 낙선도 절망할 일이 아닌 것 같다. 지역주의의 처참한 희생이 더 '큰 것'을 위한 거름이 될 수도 있다. 부활절을 보내면서 문득 그의 '정치적 부활' 장면이 머리를 스쳤다. 종교적 의미를 빼면 그는 '한국 정치판의 예수' 같다는 생각도 들었다. 예수가 자신이 태어난 유대 땅에서 박해를 받고 끝내 십자가에 못 박혀 죽은 것처럼, 노무현도 자기가 태어난 곳에서 박해를 받고 낙선의 십자가를 졌다.

그러나 그가 지역주의라는 무덤에서 다시 몸을 벌떡 일으켜 정치적 부활을 하지 말라는 법도 없다. 그의 정치적 부활은 같은 지역에서 70퍼센트 이상 압도적 득표를 한 정형근 의원과 대칭 관계, 지역주의의 부분적 극복, 새로운 세대의 새 정치 가능성에서 매우 중요한 의미가 있다.

지역주의 싹쓸이에 대해서도 너무 절망하지 말자. 모순은 바닥까지 완전히 곪아 터져야 청산과 극복이 가능하다. 이번 총선은 지역주의 싹쓸이의 모순이 얼마나 심하게 곪았는지, 그 더러운 냄새가 온 세계로 번져 이제 한국에 관심 있는 사람이라면 웬만큼 알 정도가 됐다. 이만큼 썩고 곪았으니, 청산과 극복의 날도 그만큼 다가선 게 아니겠는가?

ㅡ한겨레 2000년 5월 5일자

11년 전에 쓴 글이다. '바보 노무현'의 '정치적 부활'을 이야기하면서, 그가 '한국 정치판의 예수'와 같다는 구절을 지금 다시 읽어보니 새삼스럽다. 이제 와서 보니 특히 그의 처절한 죽음과 예수의 십자가 죽음이 겹쳐진다. 그가 그렇게 몸을 던지고 2년이 지난 지금, 우리 사회 여기저기서 '노무현의 가치' '노무현의 성취와 좌절' '사람 사는 세상' 이야기가 퍼지는 것을 보며 그가 정치적으로 부활하는 것을 느낀다.

올 5월 21일 저녁 서울광장에서 열린 '고 노무현 대통령 2주기 서울

추모문화제'에 나온 한 시민은 "대통령님은 부활하셨습니다. 주변을 둘러보세요. 여기 온 사람 하나하나가 대통령님이 바란 대로 깨어난 사람들입니다. 이들이 바로 부활의 증거입니다. 그분은 내 마음속에 살아 계십니다"라고 했다.

〈지역감정의 슬픈 풍경〉은 한겨레 워싱턴 특파원 생활이 거의 끝날 무렵에 쓴 것이다. 나는 이 칼럼을 쓰고 한 달 뒤 18년 미국 생활을 접고 서울로 돌아왔다. 서울에 돌아오기 조금 전, 그러니까 노무현 후보가 16대 총선 때 부산에서 낙선한 뒤 '바보 노무현'이 되자 '노무현을 사랑하는 사람들의 모임'(노사모)이 탄생했다는 소식을 들었다. 한국의 척박한 정치 토양에서 감동의 정치도 가능하구나 하는 생각이 들었다. 그러면서도 감동의 파장이 얼마나 번질지는 그리 낙관적이지 않았다.

수구 언론과 싸움

—그 잔인한 왜곡과 거짓

내가 귀국하고 두 달 뒤 그는 해양수산부 장관이 되었다. 뉴스를 접하면서 바보 노무현을 해양수산부 장관으로 발탁한 김대중 대통령의 사람 보는 눈이 남다르구나, 어쩌면 그의 정치적 부활이 가능할지도 모르겠구나 하는 생각이 잠시 스쳐 지나갔다.

그때까지도 나는 그를 직접 만나본 적이 없었다. 그런데 둘 사이에 일종의 '연결 고리' 같은 게 있었다. 조·중·동으로 대표되는 우리나라 '조폭 언론'의 반 언론적 행태에 대해 느끼고 공유하는 강렬한 문제의식이었다. 조·중·동의 반 언론적 행태와 그에 따른 인격 살해의 피해는 직접 당해보지 않으면 모른다. 노무현은 1991년에 이를 경험했다. 《주간조선》은 14대 총선을 앞둔 1991년 10월, 〈노무현 의원은 재산가인가〉라는 장문의 기사를 실었다. '인권 변호사 출신 노무현 의원, 알고 보니 상당한 부자…… 호화 요트 소유'라는 내용을 뒷받침하는 각종 기사로 가득했다.

노무현 의원은 이 기사를 명예훼손으로 고소했고, 1심 재판부인 서울민사지방법원은 1년 뒤인 1992년 12월 《주간조선》의 명예훼손을 인정하는 유죄판결을 내렸다. 판결문을 보면 수구 언론의 왜곡과 범죄적 보도 행태가 어떠한지 적나라하게 드러난다.

판결문은 우선 "진실에 근거하는지 여부를 고려하지 않은 소문을 기사 내용 중간에 인용함으로써, 기사의 전체의 흐름으로 볼 때 원고가 깨끗한 정치인이고 근로자와 농민을 대변하는 인권 변호사라는 일반적인 평가와 달리 재산을 얻기 위하여만 노력하는 부도덕한 정치인이라는 인상을 주고 있다 할 것이므로 피고들은 이 사건 기사에 의한 원고에 대한 명예훼손으로 인한 불법행위의 책임을 면할 수 없다"고 판시했다.

판결문은 구체적으로 "이 사건 기사는 원고가 일반적으로 때 묻지 않은 깨끗한 정치인이고 근로자와 농민을 대변하는 인권 변호사로 알려져 있으나, 정가에는 1년 전부터 원고가 겉으로는 돈이 없어 보이지만 실제로는 이재에 밝아 재산이 상당액에 달하고, 인권 변호사로서 활동도 과장되었으며, 요트 타기를 즐겼고……" "1982년부터 1985년까지는 요트에 정신없이 빠져 시국 사건 변호에는 등한히 하고……" "선거 자금 중 남은 돈으로 자신의 집을 마련하였으며, 노사 분쟁 중재 과정에 노사 양측에서 돈을 받는 등 부도덕한 정치인일 뿐만 아니라, 인권 변호사로서 활동도 과장되었다는 인상을 주고……" "이 사건 광고는 풍자만화와 함께 원고가 상당한 재산가로서 부도덕한 정치인이라는 인상을 주고 있다"는 등 기사의 문제점을 자세히 지적한 뒤 "이러한 기사와 광고가 독자들에게 보도·공표됨으로 인하여 국회의원으로서 원고의 명예가 현저하게 훼손되었음이 명백하다"고 판시했다.

판결문은 특히 기사의 진실성과 관련하여 핵심 쟁점인 (1) 원고의 재산이 상당하다는 내용 (2) 인권 변호사로서 원고의 활동이 과장되었다는 내용 (3) 요트 타기를 즐겼다는 내용 (4) 노사분규 중재 과정에서 이득을 취했다는 내용에 대해 조목조목 문제점을 지적했다. 이 가운데 특히 관심이 높았던 '호화 요트' 부분을 보면 수구 언론의 왜곡과 거짓 보도가 어느 정도에 이르렀는지 잘 드러난다. 판결문은 이 부분과 관련하여 다음과 같이 구체적으로 적시했다.

기사 내용 중 원고가 동료 변호사들에게 부산요트클럽에 가입할 것을 권유하였다는 내용은 과장된 것이고, 원고가 8인승 크루저 1척을 건조한 사실은 인정되지 아니하며, 한편 위 각 증거에 의하면 원고가 건조한 스나이프는 모터 없는 범선으로서 제작비가 금 120만 원이고, 원고가 도움을 준 위 김○○의 요트 공장은 건물의 지하실 50평 남짓한 곳에 위 스나이프의 돛을 만들기 위한 공장에 지나지 않으며, 위 김○○ 등 부산요트클럽 회원이 1986년부터 1988년까지 8인승 크루저 1척을 건조하였으나, 원고는 위 요트의 제작에 관하여 금전적 지원 등 관여하지 않은 사실을 인정할 수 있다.

어떤 사실에 관하여 일면만 부각하고 다른 면을 누락함으로써 타인의 명예를 훼손하는 경우에는 그 내용이 진실하다고 볼 수 없는 바, 원고가 1982년부터 1985년까지 요트를 취미로 즐기기는 하였으나, 원고가 탄

요트는 제작비가 금 120만 원의 범선이고, 원고가 위 김○○에게 요트의 돛을 제작하도록 도움을 준 공장은 건물의 지하실 50평 정도임에도, 이러한 사실은 누락한 채 요트는 일반적으로 모터를 부착한 고가품이고 요트 타기는 호화 사치성 오락으로 인식되고 있음을 이용하여 원고가 부산요트클럽의 회장이 되어 요트를 즐겼고, 아는 사람에게 공장을 차려주어 딩기 5, 6척과 8인승 크루저 1척을 건조하게 하였다고만 게재함으로써, 위 기사 내용은 독자들로 하여금 원고가 1982년부터 1985년까지 사치성 오락을 즐긴 것과 같은 인상을 주도록 의도되었다고 보이고…… 원고의 요트 취미에 관한 위 기사 내용은 전체적으로 진실한 것으로 보이지 않는다.

앞에서도 이야기했지만 수구 언론의 잔인한 왜곡과 거짓, 이로 인한 인격 살해는 직접 경험해보지 않으면 모른다. 노무현은 1991년에 생생한 경험을 했으나, 그것이 끝이 아니었다. 그의 정치 여정에서 수구 언론의 공격은 집요했고, 끝내는 그의 죽음까지 모질게 따라다녔다. 수구 언론뿐만 아니다. 이른바 진보 언론이라 칭하던 곳에서도 그의 죽음 길에 뿌린 저주의 글이 적지 않다. 사실을 확인하지도 않은 채 정치 검찰이 뿌려주는 먹잇감을 덥석덥석 물던 행태는 진보건, 수구건 그다지 구별이 없었다.

"언론의 횡포에 당당하게 맞서겠다"

—일그러진 거울, 언론

노무현은 정치인이라면 거의 예외 없이 피해간 '언론과 싸움'을 마다하지 않았다. "부당한 언론의 횡포에 비굴하게 원칙 없이 침묵하지 않고 당당하게 맞서겠다"는 해양수산부 장관 시절의 발언은 그의 정치 인생에서 중요한 축이었다. 한겨레 2001년 5월 24일자 기사는 노무현의 이런 모습을 잘 보여준다.

노무현 민주당 상임고문이 수구 언론을 정면으로 비판했다. 그는 23일 국민정치연구회 주관 월례 포럼 강연에서 "수구 언론을 그냥 두고서는 한국 사회를 개혁할 수 없다"며 "정치인도 시민 단체·대안 언론 등과 손잡고 수구 언론의 무한 권력을 고쳐야 한다"고 말했다. 그는 거대한 언론 권력이 된 조선일보 등 족벌 신문의 눈치를 살피지 않을 수 없는 정치인임에도 수구 언론의 문제를 정면으로 제기했다. 해양수산부 장관 시절인 지난 2월에도 그는 "언론이 자기들 마음에 안 드는 사람을 부당하게 짓밟고 힘없는 사람의 목소리를 무시하는 등 부당한 권력을 마구 휘두르고 있다"며 "시민과 정치인이 언론의 횡포에서 자유를 찾기 위해 투쟁해야 한다"고 밝혔다.

노무현 고문이 자신에게 돌아올 정치적 불이익에도 이처럼 족벌 신문의 횡포에 맞서 투쟁을 촉구한 배경에는 그 자신 정치 생활을 해오면서 족벌 신문이 '부당하게 휘두르는 권력'을 온몸으로 경험한데다, 그의 말대로 '수구 언론을 그냥 두고서는 아무 개혁도 할 수 없다'는 매우 절박한 인식이 자리 잡고 있는 것으로 보인다.

노무현은 대통령이 되는 과정에서도, 대통령이 되어서도, 대통령 자리를 그만둔 뒤에도 '언론 개혁'에 대한 의지와 열정을 누그러뜨린 적이 없다. 그리고 언론과 싸움을 피하라는 주변의 권고가 꾸준했음도 부인하지 않았다. 2001년 7월 2일 한겨레와 인터뷰에서 그는 다음과 같이 말했다.

나를 아끼는 많은 사람들이 조선일보와 싸우지 말라고 권유해 고민스러웠다. 그러나 내가 생각을 고쳐먹고 매일 조선일보사 앞에 꽃을 바친다고 해서 조선일보가 나를 잘 봐주겠느냐. 차라리 내가 분명한 입장을 밝혀놓아야 나중에 조선일보가 나를 공격해도 그 공정성을 의심받게 할 수 있다.

대통령이 되어서도 그의 '언론과 싸움'은 계속되었다.

우리 사회에서 가장 부실한 상품이 돌아다니는 영역이 어디지요? 내 생각에는 미디어 세계인 것 같아요. 정말 사실과 다른 엄청나게 많은 내용이 마치 사실인 것처럼 기사로 마구 쏟아지고…… 우리 소비자 주권 시대가 장차 해결해야 할 가장 큰 분야가 저는 이(미디어) 분야라고 생각합니다. 나머지는 다 감시받고 있으니까요. 감시받지 않는 생산자, 감시받지 않는 권력자가 가장 위험하거든요. 이건 소비자 행동으로만 제어가 가능한 분야입니다.

임기 마지막 해인 2007년 1월 초, 경제 점검 회의에서 노무현 대통령은 위와 같이 말했다. 그즈음 국무회의에서도 "특권과 유착, 반칙과 뒷거래에 가장 완강하게 저항하는 집단이 언론 집단"이라고 지적하고, 언론을 일컬어 "일그러진 거울"이라고 불렀다.

이처럼 노무현은 '언론과 싸움' '언론 개혁'의 의지와 열정이 대단했다. 그런데 이 분야에서 나는 거의 평생토록 싸워왔다. 1970년 동아일보 기자로 언론계에 발을 들인 뒤, 1975년 봄 해직을 경험하고 들판에서 자유 언론을 외치던 해직 이후, 특히 〈보도되지 않은 민주 인권 사건 일지〉 사건처럼 단순한 사실 보도를 했다는 행위만으로도 구속되던 긴급조치 9호 시절을 비롯하여 한겨레 워싱턴 특파원, 귀국한 뒤 한겨레 논설주간 등을 거치는 동안 나는 한국의 언론, 특히 조·중·동으로 대표되는 수구 언론의 반 언론적 작태가 무엇인지 온몸으로 겪었다. 나는 지금과 같은 언론 구조와 토양이 바뀌지 않는 한 이 땅에서 인간다운 삶을 누리는 것은 불가능하다고 생각해왔다.

'조폭 언론' 조·중·동의 탄생

—노무현과 나의 연결 고리, 언론 개혁

나의 이런 생각은 그동안 써온 여러 글에 담겨 있다. 이제는 보통명사처럼 되어버린 '조·중·동'이라는 표현, '조폭 언론'이라는 표현을 처음 사용한 〈한국 신문의 조폭적 행태〉라는 칼럼에 잘 나타난다.

한국 신문의 조폭적 행태

1970년대 후반, 긴급조치 9호 위반으로 감옥에 간 적이 있다. 자유 언론을 외치다 1975년 동아일보에서 추방된 선배들과 함께 구속됐다. 그때 같은 감옥에 있던 우리나라 조직 폭력계의 거물 몇 명을 관찰할 기회가 있었다. 그들은 막강한 힘과 조직과 돈이 있는 대단한 특권층이었다. 청와대 경호실과 검찰 고위급 인사들이 구치소장 방까지 찾아와 특별 면회를 했고, 교도소에서도 자유롭게 활보하고 다녔다. 왕초를 보살피는 부하들의 극진한 태도를 보면, 그들은 분명 황제였다. 황제의 말 한 마디에 부하들은 죽음도 마다하지 않을, 절대적인 충성심까지 보였다. 이들이 풀려 나갔을 때 교도소 앞에 늘어선 고급 승용차 수십 대와 부하들의 행렬은 영화에서나 봄 직한 장관이었다고 한 교도관이 전해줬다.

한국 조폭의 역사를 보면 신상사파가 명동을 지배하던 1970년대 중반까지만 해도 '주먹'이 지배하는 '낭만적인' 시대였다. 그러나 일본 회칼과 몽둥이가 등장하여 신상사파를 무너뜨린 이후 이 땅의 조폭은 잔인하고 냉혹해졌다. 자기들의 이익과 관할 영역을 확대하기 위해 칼과 몽둥이를 무자비하게 휘둘렀다.

최근 일부 신문의 행태를 보면 이들이 칼과 몽둥이를 마구 휘두르는 조폭의 행태와 무엇이 다른가 하는 참담한 생각이 든다. 실제로 해당 언론사 내부에서조차 "우리가 조폭과 무엇이 다르냐"는 자조 섞인 개탄의 소리도 들린다. 정상회담 이후 조선일보가 보여온 사설과 논평은 무차별적 공격이 주종을 이룬다. 6월 13일자 사설에서 "한꺼번에 너무 많은 것을 얻을 수 있다는 생각을 해서는 안 된다"던 조선일보는 그 뒤 남북 간 각종 회담이 열릴 때마다 사사건건 트집을 잡았다. 첫 국방장관 회담 때는 '긴장 완화'가 빠졌다고 다그쳤고, 이산가족 회담 때는 '면회소 설치' 문제에 진전이 없었다고 호되게 비판했다. 그러다가 일부 회담에서 진전이라도 있을라치면 '과속'이라고 나무랐다. 남북 화해 시대에 대한 극도의 혐오와 저항이 사설과 칼럼 곳곳에 피처럼 배어 있다. 그 모습이 조폭의 격한 칼질처럼 느껴진다. 일부에서 무차별적 비판이 '야성'이라는 이름 아래 정당한 언론 행위처럼 평가되기도 한다.

극우와 수구라는 이데올로기에서 이처럼 격렬한 붓의 칼을 휘두르는 조선일보와 달리 동아일보는 일관성도 없이 자기들의 조직 이익을 위해 마구 칼을 휘두르는, 전형적인 조폭 체질이라고 비판을 받는다. "동아일보 보도가 심상치 않다. 정부 비판의 강도를 높이면서 영남 지역 문제를 집중적으로 부각해 동아일보 내·외부에서 의혹의 눈길을 받고 있다." 미디어오늘이 최근 전한 내용이다. 동아일보 9월 9일자 〈대구·부산에는 추석이 없다〉는 기사에 대한 회사 안팎의 비판을 전한 이 신문은 동아일보가 정부 '때리기', 영남 '달래기'를 하는 원인이 열세에 몰린 영남권 사세 확장을 위한 전략적 포석이라는 분석도 실었다. 그리고 "정부에 요구한 부지 매입과 동아방송 반환 요구가 거절되었기 때문이라는 지적도 언론계 내부에서 강하게 제기되어 주목된다"고 지적했다.

언론 망국론이 어제 오늘의 얘기는 아니다. 군부독재 정권에 빌붙어 온갖 굴종과 왜곡으로 그 정권의 수명을 떠받쳐온 수구 언론, 조폭의 왕초처럼 제왕적 권력을 누리면서 조폭적 행태를 일삼는 세습 수구 언론의 사주들, 이들 사주에게 충성을 바치는 중간 보스들의 노예근성과 이들이 휘두르는 붓의 폭력성, 조폭의 관할 영역 확대를 위한 피투성이 싸움처럼 판매 부수 1위를 위해 벌이는 살인적인 판매 경쟁 양태, 이런 수준의 신문들이 신문 시장을 60퍼센트 이상 장악하면서 이 땅을 황폐화하고 있는 이 처절한 상황이 계속되는 한, 이 땅에 사랑과 평화가 가득한 공동체 건설을 바라는 것은 허망한 일이다. 젊은 언론인들이여, 일어나 조폭적 사주들에게 저항하라.

—한겨레 2000년 10월 11일자

한국 신문의 조폭적 행태 (2)

지난 13일 오후 동아일보 김병관 회장이 고려대 앞에서 보여준 코미디
성 해프닝과 그 이후의 상황은 이 땅의 세습 언론과 세습 사주들의 행태
가 어느 정도에 이르렀는지 매우 희화적으로 보여줬다. 김병관 회장의
횡설수설과 해괴한 행태는 많은 국민에게 조롱을 받고 있는 김영삼 전
대통령까지 나서 한 마디 거들게 할 정도였다. 김 전 대통령은 동아일보
기자에게 "너거 회장한테 술 좀 그만 묵고 다니라 그래라. 그래 갖고 회
사나 학교나 운영이 되겠나"고 나무랐다.

이에 앞서 김병관 회장은 고려대 앞에서 김정일 국방위원장이 '하사'했
다는 CD에 담긴 '심장에 남는 사람'의 가사를 읊조리기도 하고, 그가 주
사파라고 욕하던 농성 학생들과 함께 길바닥에 퍼질러 앉아 '반 아셈'
구호를 외치며 시위를 벌이기도 했다. 그런가 하면 지난번 이 난에 실린
〈한국 신문의 조폭적 행태〉 칼럼 복사본을 흔들며 횡설수설하기도 했다.

김병관 회장의 술주정과 횡설수설은 여기에 그치지 않는다. 인터넷 신
문 오마이뉴스 보도에 따르면 그는 술이 취한 상태에서 동아일보 지면
을 비판한 사내 공정보도위원회 간사인 여기자에게 심한 욕설을 퍼부었
으며, 지난해 9월에는 낮술에 취해 동아일보 편집국을 방문한 드라마
〈왕과 비〉의 여주인공 채시라에게 "대왕대비 마마!"를 외쳤다고 한다.

결국, 이 정도의 지적 능력을 갖춘 알코올중독성 인물이 우연히도 동아
일보 사주 집안의 아들로 태어난 덕에 세습 사주가 되어 신문과 여론을
쥐락펴락해왔다. 그의 해괴한 행태와 술주정이 잠시 배꼽을 쥐게 하는

우스갯거리가 될지 모르지만, 이런 인물이 한국 언론의 주요 부분에서 제왕적 권력을 행사하고 있다는 사실은 처절하고 끔찍하다.

'아비 잘 둔 덕'에 세습 사주가 되어 언론 황제로 군림하는 곳이 어디 동아일보뿐이겠는가? 한국 신문 시장을 60퍼센트 이상 장악한 '조·중·동'은 모두 이런 제왕적 권력을 휘두르는 세습 사주들이 지배하고 있다. 지난 칼럼에서 지적했다시피 그들은 조폭처럼 자신들의 영역을 확대하기 위해 피투성이 싸움도 마다하지 않는다. 그러다가도 자신들의 치부가 드러나면 이를 감추기 위해 똘똘 뭉쳐 침묵의 카르텔을 형성한다. 이번 김병관 회장의 술주정 해프닝은 한겨레와 《한겨레21》, 인터넷 신문 오마이뉴스, 《시사저널》 등에만 보도됐을 뿐 조·중·동을 비롯한 대부분의 일간지들은 침묵했다. 그 침묵은 부도덕하고 파렴치한 조폭성 사주들과 그들이 지배하는 한국 신문의 뒤틀린 현주소를 적나라하게 보여준다. 이들은 자신들이 만드는 신문의 지면을 통해 기업의 투명한 경영과 기업주의 도덕성을 수없이 강조해왔다. 그러나 정작 자신들의 불투명하고 부도덕하고 파렴치한 행동에는 '조폭의 의리'를 발휘하여 한사코 침묵한다.

한국 신문의 개혁에 대해 수많은 처방들이 나왔다. 족벌의 주식 소유에 한도를 두고, 공정거래법을 철저하게 적용하며, 일반 기업과 마찬가지로 정기적이고 철저한 세무 사찰을 하는 것 등이다. 이런 제도적 개선과 함께 세습 언론 내부에서 적극적인 혁파 운동이 있어야 한다. 이를 위해 세습 언론의 노조가 자사 이기주의를 극복하고 대자본의 횡포에 맞서는 참된 노조로 거듭 태어나는 일이 매우 절박하다. 대자본의 상징인 세습 사주의 제왕적 권력에 맞서 제 몫을 하는 온전한 언론으로 태어나려는 노력을 하지 않는다면, 그런 노조는 존재할 이유가 없다.

이 글을 쓰는 오늘은 26년 전 동아일보의 젊은 기자들이 유신 독재의 굴레에서 벗어나기 위해 자유 언론의 햇불을 높이 든 10·24 자유 언론 실천 운동 기념일이다. 오늘의 젊은 기자들은 유신 독재의 굴레가 아니라 언론 황제가 지배하는 대자본의 굴레에서 벗어나기 위해 제2의 10·24 자유 언론 실천 운동을 해야 할 때가 됐다. 동지들, 그렇지 않은가?

－한겨레 2000년 10월 25일자

내가 귀국하고 넉 달 뒤에 쓴 칼럼이다. 이 글 이전에도 나는 한국 언론에 대한 글을 많이 써왔다. 그동안 써온 칼럼을 모은 《기자인 것이 부끄럽다》에 실린 한국 언론 관련 칼럼을 보니 41편이나 되었다. 제목만 보아도 한국 언론의 적나라한 실체가 드러난다.

기자인 것이 부끄럽다

외국에서 본 한국 신문

황색 언론, 황색 정치

'몹쓸 언론'의 청산

'북풍 오적'

TV, 굴레를 벗어라

딴지일보 앞에 부끄럽다

KBS, 죽어야 산다

이지러진 한국 언론

시험대에 오른 언론 개혁

가해자들의 세상

천박, 왜소, 무책임, 부정직한 한국 언론……

언론 문제에 대한 인식과 열정은 노무현과 나를 이어주는 연결 고리처럼 보였다. 그러나 그때까지 나는 노무현을 직접 만나본 적이 없었다. 당시 나는 미국에서 돌아와 한겨레 논설주간 자리를 열심히 지키고 있었고, 다른 역할을 하려 하지 않았다. 가끔 강연 요청이 오면 강연을 했고, 한국언론재단에서 신입 기자들을 모아 연수할 때 '기자 정신이란 무엇인가'라는 주제로 특강을 한 것이 행동반경의 거의 전부였다.

"우리가 미국에 절절맬 이유가 있습니까?"

—불쑥 찾아온 대통령 당선자

노무현을 처음 만난 것은 귀국하고 거의 1년 반이 지난 2001년 말이다. 언론계의 큰 어른 송건호 선생님께서 오랫동안 병고에 시달리다 그해 말 세상을 떠나셨다. 2001년 12월 24일 서울 송파구 풍납동 서울중앙병원에서 선생님의 영결식이 있었다. 그 자리에 노무현 민주당 상임고문이 참석했다. 내 기억으로 정치권에서 온 유일한 인물이 아니었나 싶다. 언론계 후배 입장에서는 송건호 선생님 영결식까지 찾아준 것이 고마웠다.

그날 영결식이 끝난 뒤 잠깐 그를 만나 인사를 나누었다. 그게 노무현과 나의 첫 대면이다. 그런데 낯설지 않았다. 1946년 개띠 동갑이라는 친근함도 있었겠지만, 처음 만났는데도 서로 전혀 서먹서먹하지 않았다. 마치 오랜만에 고향 친구를 만난 느낌이었다. 세상을 보는 눈, 특히 언론을 보는 눈이 같다는 동질감 때문이 아니었나 싶다.

그 뒤 그와 나는 다른 세계에서 열심히 살았다. 그는 대권에 도전하여 온갖 풍상을 겪으며 정면 돌파하고 있었고, 나는 한겨레 논설주간으로서 맡은 일을 열심히 했다. 당시 한겨레 논설위원실에는 뜨거운 토론도 있었고, 재미있고 보람 있는 일도 많았다. 2000년 6월 남북 정상회담과 6·15공동선언, 2001년 9월 11일 미국 뉴욕에서 발생한 쌍둥이 빌딩 테러 사건, 2002년 여름의 월드컵, 2002년 말 '바보 노무현'의 대통령 당선, 2003년 봄 미국의 이라크 침공 등 큼직큼직한 사건 속에서 한겨레의 가치와 정신을 보여주는 사설을 제대로 담기 위해 논설위원들은 토론과 대화를 많이 했다. 주말에 가끔 강원도 둔내로, 충남 꽃지 해변으로 놀러 다니는 여유를 부리기도 했다. 돌이켜보면 참 행복했던 시절이다. 물질적으로는 그리 편하지 못했으나 마음은 평화로웠으며, 워싱턴 특파원 시절처럼 외롭지도 않았다.

바보 노무현이 대통령이 되어가는 과정은 참으로 흥미진진했다. 내가 처음 노무현 후보의 '깊이'를 본 것은 대통령 선거 과정에 방송된 〈MBC 100분 토론〉에서다. 토론에서 그는 여러 쟁점에 대해 답했는데, 그 답이 공부해서 머릿속으로 기억하는 '지식'이 아니라 많은 생각과 고민, 독서를 통해 체화된 것이었다. 이전에 나는 유력한 야당 대선 후보와 자리한 적이 있다. 그는 여러 현안들에 대한 '지식'을 자랑처럼 나열했는데, 그때 나는 이 사람이 과외 공부를 열심히 해서 '외운 것'을 지금 나한테 복습하는구나 하는 생각을 금할 수가 없었다.

그가 기적처럼 대통령으로 당선되었다. 우리 사회의 비주류였던 그가 마침내 대통령이 되었다. 나는 그의 당선 사실 자체가 우리 사회의 변화를 상징하는 것으로 보았다. 우리 사회 주류의 강자 논리를 펴온 조선일보가 대통령 선거 당일 아침 〈정몽준, 노무현을 버렸다〉는 사설을 써서 노무현 낙선을 위해 마지막 안간힘을 썼지만, 먹히지 않았다.

두 번째 만남은 그가 대통령에 당선된 직후인 2002년 말, 여의도 63빌딩에 있는 어느 중식당에서다. 아마 장남 노건호 씨 결혼식 날이 아닌가 싶다. 그날 나는 아내와 함께 63빌딩 중식당에서 두 선배 부부를 만나고 있었다. 그때 노무현 대통령 당선자가 그 식당에 왔다는 이야기를 들었고, 어떻게 알았는지 그가 불쑥 우리 방으로 들어섰다. 그는 대통령 당선자라는 신분의 무거움은 아랑곳없이 털털한 친구처럼 나타났다. 서로 얼굴을 본 것은 두 번째지만 그때도 낯선 느낌은 전혀 없었다. 나는 담담하게 당선을 축하했다.

얼마 뒤 그는 한겨레에도 그렇게 예고 없이 찾아왔다. 2003년 1월 9일 오후, 노무현 대통령 당선자가 불쑥 한겨레에 나타난 것이다. 한겨레는 오전 11시와 오후 2시 사장실에서 임원 회의를 했다. 오전 회의는 회사 경영과 관련된 이야기를 나누고, 오후 회의는 그날 신문 제작과 관련된 이야기를 나누었다. 1면 머리기사를 비롯하여 주요 뉴스가 무엇이고, 사설은 어떤 주제를 다루는지 등 신문 제작과 관련하여 의견을 나누었다. 임원 회의에는 최학래 사장, 조영호 전무(나의 동아일보 입사 동기), 조상기 편집국장, 논설주간이던 내가 함께 했다.

그날도 오후 2시부터 임원 회의가 열렸다. 그런데 회의가 시작되고 얼마 지나지 않아 최학래 사장이 전화를 받았다. 노무현 당선자가 지금 한겨레를 방문하기 위해 공덕동 쪽으로 갑자기 자동차 방향을 바꾸었다는 전갈이다. 노무현 당선자는 "정연주 논설주간과 김선주 논설위원의 칼럼을 좋아하는데, 두 분이 자리를 함께 했으면 좋겠다"는 뜻도 밝혔다고 최학래 사장이 이야기했다. 김선주 논설위원이 곧 임원 회의 자리에 합류했다.

얼마 뒤 노무현 당선자가 한겨레에 도착했다. 대통령에 당선된 뒤 처음 방문한 언론사가 한겨레라는 것은 여러 가지 상징적 의미가 있었다. 주류 언론이자 '메이저'라 부르는 조·중·동을 무시하고 '마이너'인, 그러면서도 국민의 성금으로 만든, 6·10민주항쟁의 귀한 선물 한겨레를 방문함으로써 노무현 대통령 당선자가 언론에 대해 어떤 생각을 하는지 간접적이지만 강렬하게 보여준 것이다. 한겨레 방문은 수많은 언어보다 많은 이야기를 하고 있었다.

인수위에 있던 정치인들이 당황했던 모양이다. 당선자 대변인을 지낸 이낙연 의원이 훗날 내게 당시의 정황을 이야기해주었다. 행사를 마치고 가는 도중 갑자기 한겨레로 가자고 했고, 그런 행동이 주류 언론의 오해와 반감을 살 수도 있겠다 싶어 걱정이 되었다는 것이다. 그는 "신문사 방문이라기보다 북핵 문제 등 현안에 대한 원로·중견 언론인의 의견을 듣기 위한 것"이라며 "한미 관계 조언 등 같은 차원에서 다른 언론사를 방문할 수도 있다"고 기자들에게 설명했다고 한다.

사장실의 원탁 의자에 노무현 당선자가 자리를 잡았으며, 한겨레 쪽에서는 최학래 사장, 조영호 전무, 조상기 편집국장, 그리고 노무현 당선자가 보고 싶어했다는 나와 김선주 논설위원이 참석했다. 이낙연 대변인도 함께 자리했다. 노무현 당선자는 대통령 선거 과정에서 한겨레가 이런저런 역할을 해줘서 고맙다는 둥 그런 이야기는 하지 않았다.

그는 담담하게 이것저것 물어보았다. 내게는 이런 질문을 했다.

"정 주간님은 미국에 오래 있어서 잘 아실 텐데요, 우리가 미국한테 절절맬 이유가 있습니까. 미국이 우리한테 애를 먹인다면 어떤 게 있을까요?"

나는 일반적인 답변만 했다. 짧은 시간에 답할 수 있는 질문이 아니었다. 그는 선거 캠페인 기간에도 그런 발언을 했다.

노무현 대통령 당선자는 한겨레 사장실에서 임원들과 만난 뒤 같은 층에 있는 논설위원실에 잠시 들렀다. 나는 8층에서 노무현 당선자와 헤어졌다. 그는 8층 논설위원실을 나와 6층 편집국에 들러 기자들과 인사를 나눈 뒤 한겨레를 떠났다.

"MBC 사장은 올 생각도 하지 마시오"

—노웅래 MBC 노조위원장의 전화

2003년 새해가 되자 새 정부의 주요 자리를 놓고 언론이 이런저런 인사 관련 기사를 내보냈다. 몇몇 자리에 내 이름도 거론되었다. 그즈음 오마이뉴스 오연호 대표에게서 만나자고 연락이 왔다.

"정 선배, 3월 말에 한겨레 그만두신다면서요?"

나는 2003년 3월 말 주주총회를 끝으로 한겨레를 떠나기로 결심한 터였다. 창간 이후 줄곧 경영진을 맡아온 동아투위 세대가 후배들에게 한겨레를 맡길 때가 되었다고 생각했다. 당시 한겨레에는 최학래 사장과 조영호 전무, 나까지 동아투위 출신 세 명이 경영진으로 있었는데, 2003년 3월 말 주총에서 새로운 경영진이 출범할 예정이었다. 후배들을 위해 자리를 내줄 때가 되었고, 그렇게 하는 것이 한겨레 앞날을 위해 도움이 된다고 보았다.

오연호 대표가 그 이야기를 들은 모양이었다. 그는 내게 한겨레를 그만두면 무엇을 할지 물었다.

"자유롭게 글을 쓰고 싶어."

"어디 정해진 데가 있습니까?"

"아직은 없는데, 좀 쉬었다가 찾아봐야지."

"그럼 오마이뉴스에 써주시지요."

오연호 대표는 내게 만족스러운 제안을 했다. 1주일에 한 편씩 글을 써주면 이에 상응하는 대접을 해드리겠다는 것이다. 참 고마웠다. 오마이뉴스는 노무현 탄생 과정에서 새로운 인터넷 매체의 힘을 보여주면서 명성이 높았고, 경영도 튼실한 편이었다.

나는 그의 제안에 진심으로 고맙다고 말하고, 아주 즐거운 마음으로 그 제안을 수락하겠다고 했다. 그러면서 너무 오랫동안 쉬지 않고 일해왔으니, 한겨레 그만두고 몇 달만 쉬자고 했다. 오연호 대표도 아무 문제없다고 했다.

2003년 2월 중순, 김중배 MBC 사장이 갑자기 사의를 표명했다. 본인의 뜻이 워낙 강해서 끝내 사표가 수리됐다. 나는 2년 가까이 MBC 시청자 위원을 하고 있었다. 김중배 사장이 그만두자, MBC 후임 사장 후보 가운데 내 이름이 거론되기도 했다. 그러던 어느 날, 노웅래 당시 MBC 노조위원장(나중에 민주당 국회의원)이 내게 전화를 했다.

"정연주 선배가 MBC 후임 사장으로 거론되고 있는데, MBC에 올 생각을 아예 하지 마십시오. 이제는 외부 인사가 아닌 MBC 출신이 MBC 사장이 되어야 합니다. MBC 노조는 외부 인사가 오는 것을 단호하게 거부할 것입니다."

참으로 황당했다. MBC 사장으로 정해진 것도 아니고 후보로 언론에 거명되었을 뿐인데, 내가 적극적으로 나선 적도 없는데 심하다 싶었다. 이와 반대로 YTN 노조 쪽에서는 나더러 YTN 사장 후보에 응모하라고 적극 권유했다. 당시 MBC, YTN, KBS 어느 쪽이든 새 정부 쪽에서 어떤 권유나 제안조차 한 적이 없었다.

참여정부가 출범한 뒤, 나는 한겨레를 떠날 준비를 하고 있었다. 사무실 짐도 정리하기 시작했다. 그 와중에도 논설주간으로서 내 몫을 소홀히 할 수가 없었다. 당시에는 미국의 이라크 침공이 임박해서 관련 자료를 챙겨 읽고, 미국의 일방주의를 비판하는 사설을 쓰곤 했다. 미국이 끝내 이라크를 침공했을 때 〈야만의 시대〉라는 통단 사설(보통 때는 사설을 3개 싣는데, 아주 중요한 이슈는 하나의 주제로 긴 사설을 쓰는 경우를 일컫는 말)을 써서 1면에 게재했다. 2003년 3월 21일이었다. 그게 한겨레에서 쓴 마지막 사설이다.

그날 아침, 리영희 선생님께서 꼬불꼬불한 글씨로 쓴 편지를 팩스로 보내왔다. 리영희 선생님은 2년 전 뇌출혈로 쓰러져 오른손을 잘 쓰시지 못했다.

03.3.21

논설위원실 정연주 씨

오늘 아침 사설 〈야만의 시대〉는 한국 언론사에 어쩌면 〈시일야방성대곡 是日也放聲大哭〉 이래 처음의 대사설(명사설)로 후세에 길이 빛날 것을 믿소.

한 언론인으로서, 그 직업 생애에서 그 같은 사설 한 편 남기고 물러날 수 있다면, 그보다 큰 영광과 기쁨은 없을 것이오.

한겨레신문도 이 사설로 그 존재 이유를 재확인했고, 한겨레신문 독자들은 이 '야만의 시대'에 한겨레신문 독자임을, 그리고 훗날에는 그 독자였음을, 두고두고 자랑스럽게 말할 수 있게 되었소.

이 사설이 나간 다음 날, 나는 한겨레를 떠났다. 1975년 3월 17일 내 나이 서른 살, 동아일보사에서 쫓겨나 길바닥으로 내던져졌을 때, 그리고 박정희·전두환 군부독재 정권을 거치면서 나는 다시 기자가 될 수 있으리라는 꿈을 접었다. 기자는 도저히 이뤄질 수 없는 꿈이었다. 그러다가 1987년 6·10민주항쟁 이후 기적처럼 한겨레신문이 이 땅에 탄생했고, 나는 다시 기자가 되어 언론 현장에 돌아왔다.

미국 텍사스 주 휴스턴에서 통신원 1년, 워싱턴 특파원으로 11년, 귀국하여 논설위원과 논설주간 2년 9개월 등 나의 40대와 50대를 한겨레와 함께 했다. 내 꿈과 삶이 고스란히 녹아 있는 곳이다. 막상 떠나려니 왜 그리 눈물이 나던지…….

'개혁적 KBS 사장 후보 3인'으로 뽑히다

―노조, 시민·사회단체의 공개 추천

KBS 사장 자리와 관련하여 내 이름이 등장한 것은 한겨레를 그만두기 얼마 전인 3월 중순이다. 당시 KBS 노조와 시민·사회단체는 KBS의 정치적 독립을 위해 낙하산으로 오는 정치권 인사를 거부하고, 이를 위해 '밀실 인사'가 아닌 '공개 추천 방식'을 통해 사장을 선임하는 것이 필요하다는 입장을 표명했다. KBS 노조는 박권상 사장이 이임한 다음 날인 3월 11일, KBS 이사회에 '공개적이고 투명한 KBS 사장 선임'을 위해 350여 시민·사회단체와 함께 '사장추천위원회'를 구성할 것을 정식으로 요청했다.

KBS 이사회는 3월 14일 임시 이사회를 통해 시민·사회단체와 KBS 노조가 요청한 '사장추천위'를 부분적으로 받아들여 '개방형 국민 추천제'로 새 사장을 뽑겠다고 결정했다. 그러니까 시민·사회단체를 포함하여 각계각층에서 사장 후보의 추천을 받겠다는 것이었다.

이에 따라 시민·사회단체와 노동조합은 11명으로 구성된 '개혁적

KBS 사장 선임을 위한 시민·사회단체-노동조합 공동추천위원회'(약칭 KBS 사장 공동추천위원회)를 발족했다. 강내희 문화연대 상임집행위원장, 김기식 참여연대 사무처장, 김상희 여성민우회 대표, 김영삼 KBS 노조위원장, 박석운 전국민중연대 집행위원장, 박원순 변호사, 신학림 전국언론노조 위원장, 유덕상 민주노총 수석부위원장, 최민희 민언련 사무총장, 최열 시민단체연대회의 공동대표, 최영묵 한국언론정보학회 이사(성공회대 교수) 등이 참여했다.

3월 19일 'KBS 사장 공동추천위원회'는 성유보 민언련 이사장 겸 언론개혁시민연대 대표, 이형모 전 KBS 부사장, 정연주 한겨레 논설주간 등 세 사람을 KBS 사장 후보로 추천했다. 내가 한겨레를 그만두기 사흘 전의 일이다. 나는 그런 일이 진행되는 것을 자세히 알지도 못했다. 1982년 11월 미국으로 건너가 18년 동안 살았고, 귀국해서도 한겨레 논설주간 일에 집중하면서 바깥 일은 거의 하지 않았다. 시민·사회단체 쪽에 아는 사람도 별로 없었다. 아마 시민·사회단체 분들은 한겨레 워싱턴 특파원과 논설주간을 하면서 쓴 글이나 칼럼을 통해 간접적으로 나를 아는 정도였을 것이다.

3월 19일로 기억한다. 휴대전화 벨이 울렸다.

"정연주 한겨레 논설주간이시지요?"

"네, 그렇습니다."

"저는 KBS 노조위원장 김영삼이라고 합니다."

"네, 반갑습니다."

"시민·사회단체와 노동조합이 함께 하는 KBS 사장 공동추천위원회에서 KBS 사장 후보 세 명을 뽑았는데, 정 주간님께서 포함되었습니다. 그 소식을 알려드리려고 전화했습니다."

"감사합니다. 저로서는 영광입니다."

뜻밖의 일이었다. MBC 사장 후보로 이름이 나왔고, KBS 사장 후보 이름으로도 일부 언론, 특히 인터넷 쪽에서 거론되기는 했지만, 이렇게 구체적으로 진행될 줄은 예상하지 못했다. 앞에서도 이야기했지만 오랜 미국 생활 등으로 나의 사람 관계는 매우 제한되었다. KBS 사장 공동추천위원회 사람들도 나에 대한 인식은 직접적인 인간관계가 아니라 나의 글을 통한 간접적인 것이었다. 어쨌든 KBS 사장 공동추천위원회에서 추천한 '개혁적 후보' 가운데 한 명으로 뽑혔다는 사실은 기분 좋은 일이었다.

KBS 이사회는 3월 22일 이들 세 명을 포함하여 자천 타천한 후보들을 대상으로 심사한 뒤 서동구 전 경향신문 편집국장을 사장 후보로 제청했다. 그날은 한겨레 주주총회가 있는 토요일이었다. 이날 주총을 끝으로 나는 한겨레를 떠났고, KBS 사장 후보의 자격도 끝났다. 다음 날, 참으로 오랫동안 기다리던 여행을 떠났다. 마음은 마냥 자유로웠다.

외압은커녕 이사회가
대통령의 뜻을 무시했다
―KBS 사장에 대한 노무현의 생각

노무현 대통령은 3월 25일 KBS 이사회가 제청한 대로 서동구 전 경향 신문 편집국장을 KBS 사장으로 임명했다. 서동구 신임 사장은 다음 날 출근하려 했으나, KBS 노동조합의 저항이 격렬했다. 사장의 출근을 저지하고, 철야 농성을 하면서 서동구 사장의 사퇴를 요구했다. 결국 서동구 사장은 4월 2일 사퇴를 표명했고, 노무현 대통령은 2일 국정 연설에서 "KBS 사장과 관련된 지금까지 임명 과정을 전면 재검토할 의향이 있다"고 밝혔다.

　서동구 사장이 사퇴하고, 노무현 대통령이 국정 연설에서 KBS 사태와 관련하여 자세히 배경을 설명한 데는 이날 아침 조선일보 1면 머리기사와 관련이 있다. 기사 내용은 다음과 같다.

　"노 대통령이 방송 맡아달라 했다"
　"조·중·동이 여론 잘못 이끈다면 바로잡자 했더니"

서동구 KBS 사장, 지명관 이사장에 밝혀

청와대 "인사 불개입" 주장과 배치 파문

서동구 KBS 사장은 1일 오후 지명관 KBS 이사장을 만나 "(내가 대통령에게) 조·중·동이 가하는 공세가 대부분 여론을 잘못 끌고 있다면 왜곡된 여론에 바른 물꼬를 터줘야 개혁의 단초가 잡히지 않겠느냐고 말했다"라고 말했다.

그는 또 "노 대통령을 만나 '신문 개혁을 돕는 길 아니면 도와줄 수 없다'고 하자, 며칠 후 (노 대통령이) '방송 쪽을 맡아달라'고 말했다"면서 "겁이 나서 세 번이나 몸부림치듯 '어렵다'고 얘기했다"고 말했다. 그는 "언론 개혁의 방향과 구도에 대한 내 얘기가 대통령이 느끼기에는 일관성 있고 의지가 강하다고 생각하신 것 같다"고 말했다.

청와대는 그간 KBS 사장 임명과 관련해 전혀 개입하지 않았다고 주장해 왔으나, 이날 서 사장의 발언은 이런 주장을 뒤엎는 것이어서 큰 파문이 예상된다. 지씨가 이사장으로 있는 KBS 이사회는 지난달 22일 사장 후보 46명 가운데 서 사장을 신임 사장 후보로 뽑았으며, 노 대통령은 사흘 뒤인 25일 서 사장을 임명했다. 그간 KBS 노조와 한국기자협회, 한국 PD협회 등 언론 단체들과 한나라당은 "노 대통령의 후보 시절 언론 고문 출신인 서 사장의 임명은 노무현 정권의 방송 장악 음모"라며 비난해 왔다. 현재 서 사장 출근 저지 투쟁을 벌이는 KBS 노조는 2일부터 3일간 파업 여부를 묻는 찬반 투표를 실시할 예정이다.

이런 내용을 전한 뒤 서동구 사장의 발언 내용을 자세히 실었고, 지명관 이사장을 추가 취재한 내용도 실었다. 이날 서동구 사장은 사의를 밝혔고, 마침 국회에서 예정된 첫 국정 연설에서 노무현 대통령은 이 부분에 대해 자신의 견해를 자세히 밝혔다. "개입한 일이 없다, 이렇게 말해놓고 오늘 이와 같은 과정이 밝혀져서 거짓말을 한 것 같아서 낯이 뜨겁습니다. 참 난감합니다." 막 취임하여 권력의 힘이 가장 강할 때인데, 그는 난감해하면서 이야기를 풀어놓았다.

대통령의 국정 연설 중 KBS 사장 관련 발언 내용

오늘 아침 KBS 사장 문제에 대한 보도가 있었기 때문에, 또 이 문제는 대단히 중요한 문제이기 때문에 의원 여러분께 사실을, 과정을 설명드리겠습니다.

당선자 시절에 (박권상) KBS 사장이 3월경 퇴임하겠다는 의사를 전달해왔다고 합니다. 그래서 가급적이면 그냥 임기를 마치시지 왜 그러시는가요 했으나 다른 대답은 받지 못했고, 그렇게 한다는 말만 들었습니다.

제도를 물어보았습니다. 이사회에서 제청하고 대통령이 임명한다는 것입니다. 임명 제청을 거부할 수 있느냐고 물었더니 임명 제청을 거부할 수도 있는 것이 제도라고 얘기했습니다. 부적절한 인사가 KBS 사장이 되지 않도록, 공정하고 유능한 사람이 KBS 사장이 되도록 참모들에게 적절한 사람을 찾아보라고 부탁했습니다.

지금 사장이 된 서동구 씨에게도 개인적인 인연이 있어서 좋은 사람이 있으면 추천 좀 해달라고 부탁을 드렸습니다. 여러 사람을 추천해주셨습니다. 그런데 각기 자기 할 일이 있는 사람들이어서 고심했습니다. 그래서 서동구 씨 당신이 해보시죠, 어느 여론조사를 보았더니 한국의 언론인들이 존경하는 인물 5위 안에 들어가신 분이니 당신이 하면 어떻겠습니까, 이런 제안도 드렸습니다. 그리고 이것을 간접적으로 이사회에 추천도 해보라고 했습니다. 그래서 그 뜻은 이사회에 전달됐을 것으로 생각합니다.

그 이후 노조에서 이의가 있다는 말을 들었습니다. 시민 단체도 가세한다는 말을 들었습니다. 그래서 다시 참모들에게 노조에서 이의를 제기하고 문제가 제기되면, 대통령이 추천한 사람을 강행하는 것은 문제가 있으니 노조의 뜻을 존중해주길 바란다고 다시 한 번 여러분에게 뜻을 전해주었으면 좋겠다고 부탁을 했습니다. 아마 이 뜻도 일부 이사님들에게 전달이 됐을 것입니다. 그러나 제게 돌아온 다음 보고는 이사회가 KBS 노조의 의사를 존중할 의향이 없다는 것입니다. 그래서 그대로 두었습니다. 이사회는 저의 두 번째 건의를 묵살한 것입니다.

개입한 일이 없다, 이렇게 말해놓고 오늘 이와 같은 과정이 밝혀져서 거짓말을 한 것 같아서 낯이 뜨겁습니다. 참 난감합니다. 그러나 저는 이렇게 생각합니다. 개입이라는 것은 압력을 행사하는 것을 의미합니다. 지금 정부 인사에 있어서 많은 사람들의 인사 추천을 접수하고 있습니다. 저 또한 주변 사람에게 지시하거나 부탁해서 이러이러한 사람들을 KBS 사장으로 추천해보라고 말하는 것은 허용된 일이라고 생각합니다. 궁극적으로 올라온 사람을 제청 거부하는 것보다 그렇게 하는 것이 오히려 낫다고 저는 생각합니다.

실제로 이사회는 저의 부탁을 들어주지 않은 것입니다. 지금 이 문제는 또 하나의 갈등 문제가 되었습니다. 이 문제에 관해서는 다시 대화를 하겠습니다. 지금까지 임명 과정을 전면 재검토할 수 있다는 것을 전제로 당사자들과 다시 대화해서 문제를 풀어가겠습니다. 필요하다면 공개적인 대화를 통해서라도 이 문제를 풀어가겠습니다. 그러나 다시 하는 절차에서도 좋은 사람을 추천하고 법에 정해진 대로 이사회에서 토론하고 선임해갈 것입니다. 그 제청이 적절하면 제가 그 제청을 받아드리는 방향으로 절차를 다시 할 수 있을 것입니다.

분명한 것은 법적으로 KBS 사장에 대한 임명권은 대통령에게 있습니다. 제가 그 임명권을 행사하는 데 부적절한 정치적 행위를 한 일이 없습니다. 제게 주어진 권한도 존중해주시기 바랍니다. 그러나 저는 권한을 권한으로서만이 아니라 대화와 토론을 통해서 풀어갈 의향이 있다는 것을 여러분께 밝혀드리면서 이 문제의 오해를 풀어주시고 많은 분들이 도와주시기를 바랍니다.

그는 첫 국정 연설에서 많은 국민이 지켜보는 가운데 KBS 관련 이야기를 솔직하게 했다. 그리고 대화와 토론을 통해 풀겠다고 했다. 그날 저녁 노무현 대통령은 청와대에서 언론노조와 시민·사회단체 대표들을 만나 토론했다. 이날 대화의 내용은 다음 날 KBS 노동조합에서 발표한 〈대통령 간담회 내용〉에 잘 나와 있다.

대통령 간담회 내용

어제 저녁 6시 반부터 사장 공동추천위원회에 참가했던 노동조합, 시민·사회단체 관계자들과 대통령의 간담회가 있었습니다.

노무현 대통령의 국회 연설 이후 노 대통령이 만남을 제안해 마련된 자리입니다. 참석자는 전국언론노조 신학림 위원장, 전국언론노조 KBS 본부 김영삼 위원장, (KBS 노조) 공추위 김현석 간사, 민언련 최민희 사무총장, 참여연대 김기식 사무처장 등 다섯 명입니다.

청와대 쪽에서는 노무현 대통령과 이해성 홍보수석, 유인태 정무수석, 권영만 홍보비서관 등 네 명이 참석했습니다. 크지 않은 원탁에 둘러앉아 저녁을 함께 하며 2시간 20분 동안 격의 없이 대화가 진행됐습니다 (한식이 제공됐는데 양이 별로 많지 않았습니다).

대화 결과는 이미 밝혔듯이 '이사회가 제청하겠다는 의사를 전달해오면 사표를 수리하겠다' '노동조합 측은 현 이사회가 한계를 드러낸 이상 새 이사회가 선임돼 사장을 제청했으면 좋겠다는 의사를 밝혔다'입니다.

발표 내용 그대로 받아들여주셨으면 합니다. 노무현 대통령도 서동구 씨가 상처를 받은 이상 계속 사장직을 수행하는 것은 불가능하다는 점을 명확하게 인식하고 있었습니다. 그러나 향후 어떻게 할지 대통령이 구체적인 방안을 말하는 것은 적절하지 않으므로 믿고 맡기겠다는 반응이었습니다.

대화 초기에는 주로 노무현 대통령이 이번 KBS 사태와 관련해 자신이 의심을 받은 부분에 대해 노조에 섭섭함을 표시했습니다. 또 자신이 거짓말을 한 것처럼 비춰진 데 마음의 상처를 많이 받은 것 같았습니다. 특히 노동조합이 파업 찬반 투표까지 간 것에 서운한 감정을 많이 표현했습니다. 처음에는 우리의 말을 듣고 싶지 않다는 식으로 자꾸 말을 끊었습니다. 그러나 대화가 진행되면서 상호 오해가 있었다는 점이 확인되면서 대화가 잘 진행되었습니다.

그 과정에서 최민희 민언련 사무총장이 KBS인들과 노동조합의 입장을 적극적으로 옹호해준 것이 대화 분위기를 좋게 만드는 데 큰 역할을 했습니다. 특히 노동조합은 사태가 여기까지 온 부분에 일부 측근과 비서진의 잘못된 판단과 처신이 있었다는 점을 분명히 했습니다. 이 부분에 대해서는 노무현 대통령이 제대로 보고받지 않았다는 점을 확인했습니다. 노 대통령은 처음부터 노동조합의 의견을 반영해 일을 잘 추진하라고 비서진에게 당부했지만, 비서진은 모든 것이 '잘돼간다'는 수준의 보고밖에 없었다고 합니다.

어제 만남 역시 홍보수석이 노동조합을 만나 해결하겠다는 뜻을 밝혔지만, 노 대통령이 직접 만나 의견을 듣겠다고 주장해 이뤄진 것이라고 합니다. 상황이 급박하게 돌아가면서 대통령과 만났지만 솔직하게 대화를 나누었고, 상호 이해의 폭을 넓힌 것이 큰 성과였다고 생각합니다.

대통령도 KBS 문제가 잘못된 것에 많은 상처를 받은 것 같습니다. 식사가 끝나자 줄담배를 피우셨고, 술도 많이 드셨습니다. 와인을 더 가져오라고 대통령이 주문하자 주위에서 많이 만류했지만 만류를 뿌리치고 더 드시기까지 했습니다.

2003년 4월 3일

전국언론노동조합 KBS본부

한 표 차로 KBS 사장이 되다

―노조의 환영, 수구 세력의 공격

4월 4일 노무현 대통령은 서동구 사장의 사표를 수리했다. '사장 궐위 시, 30일 이내 그 후임자를 임명해야 한다'는 KBS 정관에 따라 서동구 사장을 뽑은 KBS 이사회가 다시 후임 사장을 뽑아야 했다. KBS 이사회는 4월 9일 새 사장 선임과 관련한 입장을 밝혔다. 공개 추천을 통해 후보자 추천을 추가로 받고, 서동구 사장 선임 때 접수된 추천자 서류는 본인의 철회 의사가 없는 한 유효한 것으로 인정한다고 했다. 따라서 나는 성유보·이형모 씨와 함께 사장 후보에 자동 등록되었다.

KBS 노동조합은 새 사장 선임 조건으로 '정치적 독립성과 개혁성을 겸비한 인물'을 강조하면서 'KBS 출신의 수구적 인물 혹은 이사회 업무를 담당하고 있는 (KBS) 현직 간부가 사장 후보 물망에 오르는 현실'에 날카로운 감시의 눈을 게을리하지 않았다. KBS 이사회에 경고하는 성명서를 발표하기도 했다. 인터넷 신문 프레시안은 4월 10일, 다음과 같은 기사를 실었다.

……지난 3월 KBS 이사회에서 최종 사장 후보로 거명된 사람은 서동구 전 사장 외에 황규환 한국디지털위성방송(스카이라이프) 사장, 정연주 전 한겨레 논설주간, 황정태 KBS 이사 등이며, 이외에 노조와 시민·사회단체가 공동 추천한 이형모 전 KBS 부사장과 성유보 민언련 이사장이 유력 후보로 거론되고 있다.

언론계에서는 노무현 대통령이 KBS 사장 인사에 더 이상 개입하지 않겠다고 밝혔으며, 노조 측도 낙하산 인사를 막았다는 데 일단 만족하는 상태이기 때문에 KBS 이사회에 전권이 있는 것으로 보고 있다. 이 경우 유력한 후보로는 KBS 이사회의 최종 사장 후보 명단에 올랐고, 동시에 노조와 시민·사회단체에서 추천받은 정연주 전 주간과 성유보 이사장이 유력하다.

언론계의 한 관계자는 "이사회가 어떤 판단을 내릴지 알 수 없으나 KBS 이사들의 정서와 노심勞心, 노조와 시민·사회단체의 추천 등을 고려할 때 정연주 전 주간이 유력한 것으로 보인다"고 말했다. 한편 KBS의 한 관계자는 "성유보 이사장이 현 이사들의 지지를 많이 받을 것으로 보인다"고 전망했다.

4월 23일 KBS 이사회는 사장 선임을 위한 이사회를 열었다. 당시 KBS 이사회에 올라온 사장 후보는 60명이 넘었다고 한다. 사장 선임 이틀 전인 4월 21일, 오마이뉴스는 KBS 사장 선거를 'KBS 출신과 동아 해직 기자들의 한판 승부'로 보면서 "개혁성 미흡한 KBS 출신과 개혁 성향의 비 방송인 사이"에서 KBS 이사회의 선택에 관심을 보였다.

KBS 이사회는 모두 11명인데, 당시 사장 투표에 참석한 이사는 9명이었다. 이사 가운데 1명이 직접 사장 후보로 출마했고, 다른 1명은 남편이 사장 후보로 등록되어 제척 사유가 발생했기 때문이다. 이사 9명이 사장을 뽑기 위해 후보 60여 명을 놓고 교황 선출 방식으로 투표했다. 최종적으로 성유보 민언련 이사장, 유균 KBS 정책기획센터장(임원급), 정연주 전 한겨레 논설주간이 남았고, 결승전은 유균 KBS 정책기획센터장과 정연주 사이에 벌어졌다. 사장이 된 후 들은 이야기다. 내가 한 표 차이로 뽑혔다는 것이다.

KBS 노동조합은 이 결과를 환영하는 성명서를 바로 발표했다.

KBS 이사회가 오늘 정연주 전 한겨레 논설주간을 새 사장 후보로 제청했다. 우리는 이사회가 개혁을 원하는 KBS 직원들과 국민의 염원을 반영한 결정을 내린 것으로 판단하고 환영의 뜻을 표한다. 또 결과적으로 '개혁적 KBS 사장 선임을 위한 시민·사회단체-노동조합 공동추천위원회'의 추천 결과를 존중한 이사회의 결정에 감사의 말을 전한다. 이번 결정은 이사회가 정권의 의중을 사후 추인하는 데 그쳐온 종전의 관행에서 벗어나 독자적인 판단을 내린 첫 사례로, KBS 역사에 높이 평가받을 것이다.

우리는 사장 제청자로 결정된 정연주 씨에게 당부한다. 아직 대통령의 임명 절차가 남아 있지만 정연주 씨는 자신이 사장 후보로 제청된 것이 KBS 개혁을 바라는 국민적 여망 때문이라는 사실을 한시도 잊어서는 안 될 것이다.

394

내가 KBS 사장이 되자 한나라당과 조·중·동을 비롯한 수구 언론이 가만있지 않았다. 시민·사회단체와 언론노조에서 추천한 후보 가운데 한 명이고, KBS 이사회 선임 과정이 중립적이었기에 '낙하산 시비'는 할 수 없었다. 대신 그들은 예의 색깔론과 전문성 문제를 들고 나왔다. 한나라당은 내가 사장으로 제청된 날 "비전문성, 친북 편향성, 편향된 언론관, 도덕성" 등을 문제 삼아 나를 비판했고, 조·중·동도 이후 같은 맥락의 비판을 되풀이했다. 특히 1982년 여덟 살, 여섯 살 때 나와 함께 미국으로 건너가 대학까지 마치고 20년 이상 미국에서 살아온 두 아들의 국적 문제를 집요하게 물고 늘어졌다. '낙하산 인사' 타령은 할 수 없으니, '코드 인사'라고 시비를 걸었다.

코드 인사라는 말은 어떤 면에서 옳은 지적이다. 그렇지 않은가. 박정희·전두환의 군부독재 정권을 지내면서 살아가는 방식에 두 가지가 있었을 터다. 민주주의와 인간의 권리, 자유의 가치를 믿고, 이를 억압하는 세력과 맞서 싸우거나, 군부독재 정권에 영합하여 자신의 이익을 좇거나 침묵하는 선택이다. 전자를 선택하는 사람들이 세상과 역사와 우리 사회를 보는 눈은 비슷하게 마련이다. 나와 노무현은 1946년생으로 비슷한 시대에 살았고, 군부독재 정권의 억압에 저항했다. 어찌 세상 보는 눈이 비슷하지 않을 수 있는가. 암울한 시대를 헤쳐온 '코드'가 비슷한 것은 당연한 일이다. 그랬기에 조·중·동과 한나라당 등 수구 세력이 코드 인사 운운했을 때도 한 귀로 듣고 한 귀로 흘렸다.

대통령이 절대 전화하지 않을 두 권력

―그러나 검찰과 언론이 그를 죽였다

KBS 사장이 되기까지 내가 노무현을 직접 만난 것은 앞에서 이야기한 대로 송건호 선생님 장례식, 당선자 시절 63빌딩 중식당과 한겨레 방문 때 등 세 번이다. KBS 사장이 된 후 대통령을 만난 것은 대부분 의례적인 공식 행사였다. 대통령이 KBS 프로그램에 출연하기 위해 KBS 스튜디오에 나온 경우(그런 일이 두 번 정도 있었던 것으로 기억한다), '방송의 날'과 같은 공식 행사장에서 만나는 경우다. 그런 경우는 형식적이고 의례적이어서, 깊은 이야기를 나눌 수 있는 자리가 아니다.

　조금 여유 있게 이야기한 것은 사장 초기 청와대 오찬 때다. 오래전부터 KBS는 해외 동포 가운데 그 사회에 기여하거나 업적을 남긴 인물을 뽑아서 '해외동포상'을 주고, 그분들의 삶을 다큐멘터리로 만들어 방송했다. KBS는 수상자들을 서울로 불러서 시상하고, 마지막 행사로 청와대를 방문하여 대통령 내외와 함께 점심 식사를 했다. 그 자리에 KBS 사장도 참석하는 것이 관례였다고 한다. (나는 KBS 담당자에게 대통령 내외와 해외동포상 수상자들이 함께 식사하는 관례를 바꾸자고 청와대와 의논하게 했다. 그 자리에 군이 대통령이 있어야 할 필요성이 느껴지지 않았다. 이듬해부터는 대통령 영부인만 함께 자리하는 것으로 간소화했다.)

그날 나는 수상자들과 함께 청와대를 방문하여 노무현 대통령 내외와 점심 식사를 했다. 청와대에 들어간 것은 그때가 두 번째다. 첫 번째는 동아일보 사회부 기자 시절인 1973년이다. 동아일보 사회면에 강원도 깊은 산골에 사는 초등학생들이 서울에 와보고 싶어한다는 기사가 실렸고, 그 기사를 보고 어느 대기업에서 시골 학교 어린이들을 서울로 초청했다. 나는 시골 어린이들의 서울 나들이 풍경을 박스 기사로 다뤘다. 그 기사를 본 육영수 여사가 시골 아이들과 그들을 서울에 초청한 대기업 관계자, 기사를 쓴 나를 청와대에 초청했다.

첫 방문 후 40년 만에 청와대를 다시 방문한 셈이다. 점심 식사 때 노무현 대통령은 해외동포상을 받은 분들의 업적을 이야기하면서 자연스럽게 이야기를 풀어갔다. 식사가 끝난 뒤 청와대를 떠날 때였다. 청와대 오찬행사장과 본관 입구는 조금 떨어져 있었다. 노무현 대통령과 나는 맨 앞에서 천천히 걸어 나왔다.

"정 사장님, 제가 앞으로 대통령 하면서 절대 전화하지 않을 사람이 두 분 있습니다."

나는 궁금해서 되물었다.

"두 사람이 누군데요?"

"검찰총장과 KBS 사장입니다. 정치적 중립과 독립이 가장 중요한 기관 아닙니까?"

그렇게 이야기를 조금 나눈 뒤, 청와대 본관 입구에서 헤어졌다. 노무현 대통령의 그 말이 지금도 내 귓전에 쟁쟁하다. 그는 KBS 사장인 내게 그 약속을 지켰다. KBS 보도와 프로그램 중 참여정부에 상당한 타격을 준 경우가 적지 않았는데, 그는 내게 한 번도 전화하지 않았다. 그는 약속을 철저하게 지켰다. 전화를 하지 않았다는 '행위'뿐만 아니라 그런 종류의 '개입'이나 '간섭'도 내게 없었다.

나는 그게 참 고마웠다. 대통령 자리의 무게는 상당하다. 대통령이 직접 전화해서 "정 사장, KBS 요즘 너무 심합니다" 하면 나도 인간인 이상 압박감을 느낄 수밖에 없었을 것이고, 그런 압박감이 나의 언론인 생활을 위축시켰을 것이 분명했다. 내 성격에 그런 전화를 받았다면 KBS 사장을 계속할지 많이 고뇌했을 것이다.

노무현 대통령이 봉하마을 부엉이바위에서 처참한 죽음을 맞았다는 소식을 처음 들었을 때, 내 머리에 맨 먼저 떠오른 것은 "제가 앞으로 대통령 하면서 절대 전화하지 않을 사람이 두 분 있습니다"라는 그 말이었다. 역설적이게도 그는 정치적 중립과 독립을 위해 전화할 수 없다고 한 두 집단, 검찰과 언론에 의해 죽음의 길로 갔다. 그가 죽은 뒤 나는 그것이 너무나 억울했다.

"대통령님, 나오세요"

—전임 대통령을 나오게 하여 인사하는 국민

그는 마침내 대통령을 그만두고 봉하로 내려갔다. 봉하로 가던 날, 그가 밀양역에서 내려 "야, 기분 좋다!"며 환호하던 장면도 TV 뉴스를 통해 보았다. 그리고 봉하마을에 사람들이 몰려들어 "대통령님, 나오세요!"라고 고함을 지르는 풍경, 손녀 서은이를 뒤에 태우고 자전거 타는 모습 등을 언론 보도를 통해 보았다.

수구 언론들이 봉하의 대통령 사저를 두고 '아방궁'이라고 법석을 떨 때, KBS 1TV의 언론 비평 프로그램 〈미디어 포커스〉에서 수구 언론들의 거짓과 왜곡의 실상을 파헤치는 것도 보았다. 사실 나는 〈미디어 포커스〉에서 어떤 아이템을 가지고 제작하는지는 미리 알지 못했다. 알 필요도 없었고, 알려고 하지도 않았다. 임원 회의나 편성 보고 (매주 금요일 오후, 편성본부 간부들이 사장에게 주말과 다음 주에 나갈 주요 프로그램의 내용을 보고하는 자리) 때 어떤 내용이 나가는지 알 뿐이었다. 보고받을 때는 제작이 거의 끝난 시점이다.

나는 평소 그런 방식으로 제작진에게 다 맡겼다. 자율을 확대하는 것이 KBS에 가장 필요한 개혁이라 여겼으며, 이를 통해 창의력이 활짝 꽃피울 수 있고, 사실 보도와 감시·비판 기능을 핵심으로 하는 언론 본래의 기능과 책무도 제대로 할 수 있다고 믿었다. 특히 관료주의와 수직적인 통제 문화, 타율이 강하던 KBS에서 필요한 핵심적인 개혁은 관료주의와 통제 문화를 깨고 자율을 확대하는 것이라고 보았다. 그랬기에 나는 KBS 재임 때 종종 "KBS 사장의 제왕적 권한을 모두 아래로 넘겨주고, KBS를 떠날 때 가장 힘없는 사장이 되어 떠날 것"이라고 말했다.

어느 날 편성 보고 때 다음 번 〈다큐멘터리 3일〉 아이템으로 '봉하 3일'이 나간다는 얘기를 들었다. 당시 봉하에는 노무현 전 대통령을 찾는 사람들로 붐볐고, "대통령님, 나오세요!"라고 고함을 지르는 방문객의 요청에 응하느라 노무현 전 대통령은 정말 바쁘고 기분 좋은 나날을 보내고 있었다. 전직 대통령의 그런 모습은 뉴스거리였다. 〈다큐멘터리 3일〉에서 봉하를 다룬다는 이야기를 듣고, 나는 편성 간부들에게 말했다.

"봉하의 전 대통령만 다루면 또 편파 시비가 있을지 모르니, 이명박 대통령의 '청와대 3일'도 함께 추진하는 게 좋을 듯싶은데……."

내게는 이명박 대통령의 '청와대 3일'을 만들어서 방영하는 것이 아무런 문제도 되지 않았다. 나중에 편성본부 간부들에게 어떻게 진행되느냐고 물어보았더니, 청와대 쪽에서 경호 문제도 있고 해서 부정적인 답이 왔다고 했다. 그렇다면 어쩔 수 없는 일이었다.

그런데 '봉하 3일'이 나간 뒤 청와대와 여당 일부에서 그 프로그램을 보고 분노했다는 이야기가 들려왔다. 도대체 KBS에서는 지금 누가 대통령이냐는 말도 나왔다고 한다. 추측컨대 '봉하 3일'과 촛불 집회에 대한 KBS 보도를 보면서 '정연주는 정말 그대로 둘 수 없다'는 생각을 더욱 굳혔을 것으로 본다. 그 비슷한 이야기를 들은 일도 있다. 그즈음 어느 방송사 사장을 지낸 방송통신위원회의 송아무개 위원이 KBS 후배들과 만난 자리에서 "도대체 요즘 KBS의 촛불 집회 보도는 제대로 된 방송 뉴스가 아니다"라고 강한 불만을 털어놓았다는 이야기를 그 자리에 참석한 KBS 간부에게 직접 들었다. 수도의 한복판에 그 많은 인파가 모여 온갖 발언과 잔치를 벌이는 그 '사건'을 어떻게 다루는 것이 '제대로 된 방송 뉴스'인지 궁금했다.

결국 나는 2008년 8월 11일 KBS 사장 자리에서 강제로 해임되었다. 청와대, 검찰, 감사원, 국세청, 방송통신위원회, 교육부 등 국가권력이 거의 총동원되어 나를 축출하는 작전을 벌였다.

잘 가시라 노무현, 나의 좋은 친구

—이별, 그리고 가슴에 남은 회한

KBS 사장을 그만두고 두 달쯤 지난 그해 10월, 나는 처음으로 봉하를 찾았다. 봉하의 가을 들녘은 평화로웠다. 그날도 봉하는 많은 사람들로 붐볐다. '아방궁'이라 공격받았으나 막상 가보니 그저 소박하기만 한 사저에서 노무현 전 대통령 내외와 함께 점심을 했다. 편하게 만나 이야기를 나눈 건 그때가 처음이다. 나는 식사 자리에서 "참 고마웠습니다"라고 먼저 말을 꺼냈다. 그는 조금 의아해하는 표정이었다.

"기억하실지 모르겠는데, 제가 KBS 사장 되고 얼마 뒤 해외동포상 받은 분들과 청와대에 방문한 적이 있지요."

나는 대통령 재임 중 검찰총장과 KBS 사장에게 전화하지 않겠다고 한 약속을 마지막까지 지켜줘서 참으로 고맙다고 말했다. 그는 자신이 한 말을 잘 기억하고 있었다.

점심 식사 반찬에 뜻밖에도 노란 콩잎을 젓갈에 무친 게 있었다. 내가 어릴 때 어머니가 해주신 바로 콩잎 반찬이었다. 나는 노란 콩잎 무침이 내 고향에서만 해 먹는 음식인 줄 알았다. 다른 곳에서는 먹어보지 못했던 것이다.

"아니, 이 콩잎이 어떻게……."

권양숙 여사가 "이쪽에서도 이렇게 해 먹는다"고 했다. 내가 맛있게 먹자 권 여사는 내가 떠날 때 콩잎무침을 따로 싸주기까지 했다.

점심 식사가 끝나고 우리는 서재로 자리를 옮겨 많은 이야기를 나눴다. 검찰에서 나를 기소한 '특정경제범죄가중처벌 등에 관한 법률 위반(배임)' 이야기, 참여정부 시절에 임명한 인사들이 이명박 정부 들어 줄줄이 자진 사퇴한 이야기, KBS 이야기, 언론 이야기……. 그는 참여정부 시절에 임명한 인사들이 자진 사퇴한 일에 화가 좀 나 있었다. "민주주의는 책임 있는 사람들이 그것을 지키려는 의지와 용기가 있어야 하는데……"라며 말끝을 흐렸다. 그는 특히 두 가지에 대해 많은 이야기를 했다.

"현실 정치로는 세상을 근본적으로 바꾸는 일에 한계가 있다고 봅니다. 세상은 딱 국민의 의식, 시민의 수준만큼 바뀌는 것 같습니다. 대통령도, 정치도 결국 국민의 의식만큼 가는 것 아니겠습니까. 따라서 세상을 바꾸려면 정치보다 국민의 의식을 바꾸고 우리 문화를 바꾸는 일이 훨씬 중요하다는 생각이 요새 부쩍 듭니다. 시민이 깨어나고, 그렇게 깨어난 시민이 중심이 되어 세상을 바꿔가는 시민 문화 운동이 필요하다고 봅니다."

그는 국민의 의식과 시민의 의식 문화에 대해 많은 이야기를 했다. 또 한 가지 그가 강조한 것은 언론이다. 언론이 바뀌지 않고는 결코 세상을 바꿀 수 없다는 생각이 확고했다. 그러면서 나더러 "정 사장님, 정 사장님은 평생 언론인이고 글을 잘 쓰시니 시민의 의식을 바꾸는 차원의 하나로 시민 언론 운동을 한번 해보시면 어떻겠습니까?"라고 권유했다. 이야기하는 도중에 비서가 들어와서 사저 밖에 새로 모여든 방문객들이 "대통령님 나오라고 난리입니다"라고 말했다. 그는 "잠시 나갔다 오겠습니다. 이게 제 중요한 일과거든요"라며 자리에서 일어났다. '잠시' 다녀오겠다고 한 그는 한 시간 뒤에 돌아왔다. 기다리는 동안 권 여사와 많은 이야기를 나눴다. 그가 돌아온 뒤 무슨 이야기를 그렇게 오래 하셨느냐고 물었다.

"오늘은 인류 역사와 시민, 진보에 대해서 좀 이야기했지요."

그러면서 그날 한 이야기를 요약하는데, 나는 이분이 독서를 굉장히 많이 한다는 느낌을 받았다. 서재를 둘러보니 손때 묻은 책이 가득했다. 내게도 읽어보라며 책 한 권을 주었다. 폴 크루그먼의 《미래를 말하다》였다.

그날 잊히지 않는 풍경이 하나 있다. 이런 이야기가 오갔다.

"제가 KBS 사장 할 때 어느 언론사에서 인터뷰를 나왔습니다. 기자가 오기 전에 인터넷 검색을 해보니, 지난 1년 동안 조·중·동에서 가장 심하게 비판과 욕설을 한 인물 1등이 노무현 대통령이고, 2등이 KBS 사장 정연주라고 했습니다."

"아, 그래요?"

"그런데 저는 조·중·동에게 비판과 욕을 얻어먹으면 '아, 내가 옳은 일을 하고 있구나' 생각이 듭니다. 조·중·동의 생각과 내 생각이 너무 다르고, 그들이 잘못했다고 비판하는 내용들이 내 눈에는 정말 잘된 것이거든요. 그래서……"

말이 끝나기도 전에 노무현 전 대통령이 말 그대로 파안대소했다. 그 파안대소하던 노무현의 환한 모습과 웃음소리가 지금도 내 가슴과 귓전에 남아 있다.

봉하에서 헤어지기 전, 그는 내게 다시 한 번 "시민의 의식을 바꾸는 언론 운동 같이 합시다"라고 했다. 나는 "좋은 숙제를 주셨습니다" 하고 헤어졌다. 그때 나는 배임 혐의의 형사재판이 막 시작되었고, 6000쪽이 넘는 검찰의 수사 기록을 읽고 검토하느라 정신이 없었다.

해를 넘기고 새해가 왔는데, 나는 여전히 배임 혐의 형사사건에 묶여 있었다. 그렇게 세월이 흘러가는데, 노무현 전 대통령을 향한 이명박 정권의 혹독한 가해행위와 언론의 칼질이 시작되었다. 언론의 경우 수구와 진보 언론을 가리지 않았다. 검찰과 언론은 그야말로 검·언 복합체처럼 주거니받거니 온갖 모욕과 가해행위를 서슴지 않았다.

그가 부엉이바위에서 뛰어내려 세상을 하직했다는 소식을 접한 뒤 나의 머릿속은 백지처럼 텅 비었다. 그리고 너무나 미안했다. 검찰과 언론의 모욕과 가해행위가 그처럼 혹독했던 그 봄, 나는 봉하로 내려가 '오랜 친구' 같은 그를 만나 위로하고 힘을 북돋워주었어야 했는데, 그렇게 하지 못했다. 그것이 얼마나 큰 회한으로 남는지 그냥 눈물이 쏟아졌다. 봉하로 가서 조·중·동 이야기에 파안대소하던 그때처럼 이야기 나누면서 힘을 북돋웠어야 했는데, 왜 그렇게 하지 못했는가. 나는 그가 아주 강한 사람이라 혼자 그 일을 너끈히 감당하리라 생각했는데, 실제 그의 또 다른 면에는 마음이 여리고 부드러운, 눈물 많고 부끄러움 많은 사람이라는 걸 왜 헤아리지 못했을까. 회한이 가슴을 쳤다. 내가 가서 그와 함께 이런저런 이야기를 나누었다면, 혹시라도 그는 여전히 지금 우리 옆에 함께 있으면서 "정 사장님, 나와 함께 시민의 의식을 바꾸는 시민 언론 운동 같이 합시다"라고 그 덜덜한 목소리로 이야기할 것만 같은 생각이 자꾸 들었다.

그 봄에 봉하를 찾지 못했던, 그래서 그를 그렇게 보낸 나는 지금도 너무나 미안하고 죄스럽다. 무엇보다 "정치적 독립과 중립을 보장해주기 위해 대통령 하는 동안 절대 전화하지 않겠다"던 검찰과 언론에 의해 그가 죽음을 당했고, 두 집단 가운데 하나인 언론 집단에 내가 속해 있다는 점이 너무나 미안하고 죄스럽다.

그 미안함과 죄스러움, 회한을 눈곱만큼이라도 씻기 위해 그를 기리는 '사람사는 세상 노무현재단'이 출범했을 때 기꺼이 재단이사 자리를 맡았고, 그의 성과와 한계까지 제대로 헤아리는 평가를 위해 관련 자료들을 모으는 '노무현재단 사료편찬특별위원회' 위원장 자리도 맡았다. 그러나 이것은 나의 죄스러움과 회한을 씻어주기에는 어림도 없는 참으로 조그만 일에 지나지 않는다.

잘 가시라 노무현, 나의 좋은 친구.

정연주의 기록

동아투위에서 노무현까지

초판 1쇄 발행 2011년 8월 16일
초판 2쇄 발행 2011년 8월 30일

지은이 정연주
펴낸이 우좌명
펴낸곳 출판회사 유리창
출판등록 제406-2011-000075호(2011.3.16)
주소 413-756 경기도 파주시 교하읍 문발리 파주출판도시 535-7
　　　　　세종출판타운 402호
전화 031)955-1621
팩스 0505)925-1621
이메일 yurichangpub@gmail.com

ISBN 978-89-966804-0-6 03300

ⓒ 정연주 2011